国家自然科学基金项目（项目编号：70672114）
中南财经政法大学基本科研业务费创新团队培育项目
中南财经政法大学MBA学术基金

Study on Motivation and Measures of Transformation from Traditional Enterprise to Solution Provider

—Taking a Large-scale Automobile Manufacturer D as an Example

基于顾客价值的制造企业全面解决方案及转型研究

——以大型汽车制造商D公司为例

杜 鹏 王友超◎著

图书在版编目（CIP）数据

基于顾客价值的制造企业全面解决方案及转型研究：以大型汽车制造商 D 公司为例/杜鹏，王友超著．—北京：经济管理出版社，2016. 3
ISBN 978 - 7 - 5096 - 4286 - 3

Ⅰ. ①基…　Ⅱ. ①杜…　②王…　Ⅲ. ①汽车工业—工业企业管理—研究—中国
Ⅳ. ①F426. 471

中国版本图书馆 CIP 数据核字(2016)第 057842 号

组稿编辑：杨雅琳
责任编辑：杨雅琳
责任印制：司东翔
责任校对：雨　千

出版发行：经济管理出版社
（北京市海淀区北蜂窝 8 号中雅大厦 A 座 11 层　100038）
网　　址：www. E - mp. com. cn
电　　话：（010）51915602
印　　刷：北京晨旭印刷厂
经　　销：新华书店
开　　本：720mm × 1000mm/16
印　　张：14
字　　数：274 千字
版　　次：2016 年 7 月第 1 版　　2016 年 7 月第 1 次印刷
书　　号：ISBN 978 - 7 - 5096 - 4286 - 3
定　　价：58. 00 元

联系地址：北京阜外月坛北小街 2 号
电话：（010）68022974　　邮编：100836

前　言

随着国内外市场竞争的日趋加剧，很多企业都在积极寻求新的经营模式或者可持续发展道路，而从产品供应商转型为解决方案供应商是企业经营模式转型的重要方向。因此，中国企业竞争的需要和可持续发展的愿望迫切呼唤基于解决方案的理论支持。

从现实情况看，解决方案的理论研究远远滞后于企业实践的需要。20 世纪 80 年代，市场上出现了解决方案供应商的雏形；随后，越来越多的企业试图转型成为解决方案供应商。但与此同时，理论界关于解决方案现象的研究却非常匮乏，国外只有少数咨询顾问和高校学者做过理论分析或案例研究，而国内也仅有个别学者进行过文献综述，这些研究不仅没有形成完整的理论体系，而且对传统的产品供应商转型为解决方案供应商也不足以提供理论支持。因此，本书拟通过传统的产品供应商向解决方案供应商转型的个案研究，从理论上探讨企业转型的主导逻辑和主要措施。

本书采取理论与实证相结合的研究方法。首先，对解决方案现有的理论成果进行了系统梳理，同时对解决方案、企业转型主导逻辑、组织结构和营销组合策略的相关文献进行了回顾和评述，为研究问题和研究框架的提出提供了坚实的理论基础。其次，通过深度访谈和资料分析，对与之相关的转型主导逻辑、组织结构和营销组合策略三个问题进行了探索性研究。最后，采取案例研究方法进行了研究，考虑研究问题的性质、研究机会的稀缺性以及案例企业的典型性，在对案例的研究中，从“局内人”的视角，对三个尚未被引起足够重视的问题进行了理论联系实际的探讨和研究。

本书对解决方案现有理论成果的梳理，将为后续研究者提供比较全面的基础性资料和参考文献，有利于后续研究者的参考和进一步研究。对传统制造企业基于解决方案供应商转型时，什么样的主导逻辑驱动着转型、企业最基础的组织结构会怎样演变、企业直接与客户产生交互的营销组合策略会怎样演变三个问题的探讨，将补充和完善解决方案的理论体系，并为传统企业向解决方案供应商转型的实践提供理论和方法指导。

本书由七章构成：第一章是导论，旨在说明研究背景、研究的问题、研究的意义和创新点，同时进一步阐述了本书的基本思路和内容结构安排。第二章是全面解决方案的理论基础，即文献综述，旨在系统地梳理解决方案领域的前期研究成果，并在此基础上提出本书拟研究的问题，同时也对研究问题相关的文献进行了综述。第三章是研究设计，旨在说明本书的研究方法与研究设计。对案例研究方法、数据来源、研究过程和质量检测方法进行了设计。第四章至第六章是本书的核心部分，对案例企业的背景进行了简要介绍，并分别针对企业转型的主导逻辑、组织结构和营销组合策略三个主题介绍了案例企业的转型历程，随后从"局内人"的视角出发进行了案例剖析，又利用相关基础理论进行了理论解释和文献对比，得出了与解决方案现象有关的一些结论。第七章是结论与展望，主要对本书所涉及的有关理论和现实问题进行归纳总结，并在此基础上简述本书的理论贡献、管理启示、研究不足以及后续研究方向与建议。

本书的主要研究结论如下：第一，解决方案的界定。解决方案是由企业和顾客共同创造的、满足顾客个性化和本质需求的、为顾客兑现价值主张的产品和服务无缝连接的整合体。第二，传统制造企业向解决方案供应商转型的主导驱动逻辑。效率逻辑自始至终发挥着主导作用，合法性逻辑和权力逻辑体现的是转型主导逻辑如何实现的问题。第三，传统制造企业向解决方案供应商转型的组织结构演变。伴随着企业对解决方案业务重视程度的逐步提高，组织会由一元的职能制到弱矩阵式到强矩阵式再到二元矩阵式与项目制并举的组织结构演变，并最终形成由强矩阵式为主的产品业务单元、强项目制为主的解决方案业务单元和弱矩阵式为主的战略中心三部分构成的组织架构。第四，传统制造企业向解决方案供应商转型的营销组合策略演变。转型过程中营销组合策略表现出越来越强的整合性、互动性和战略性趋势，由此解决方案产品的营销组合应该像解决方案产品本身具有整合性一样，需要企业根据内外部条件的要求对既有营销组合进行整合运用，它适合采用整体营销组合策略，在这个营销组合的模型中，4C 组合是核心层，4E 组合是形式层，战略性 4P、4R、科特勒 6P 中的 2P 等都是延伸层。

本书的创新点体现在以下四个方面：

第一，拓展了"整体产品"的内涵。本书发现原有的整体产品概念实际上是站在卖方立场上的"产品和服务的捆绑"，并没有考虑卖方与买方之间要通过交互才能共同创造客户价值，并且还要兑现价值主张。另外，整体产品必须是一系列能为顾客创造价值要素的、无缝连接的整合体，而不是各种要素捆绑在一起的组合体。因此，"解决方案"实质上是赋予了时代内涵的"整体产品"，本书对"整体产品"的概念进行了与时俱进的扩展。

第二，拓展了二元组织模式理论的解释范畴，并将二元组织模式的组织结构具体化。目前，二元组织理论更多的仍是理论分析，本书通过案例研究，将二元组织模式具体化，不仅便于研究者更好地理解这种现象，而且将主要应用于产品技术创新范畴的二元组织模式扩展到主要是商业模式创新的解决方案的现象上来，拓展了理论的解释范围。

第三，构建了针对解决方案产品的整体营销组合概念模型。现有的研究成果对解决方案这种产品还未曾探讨过营销组合策略问题，本书构建起了适合于解决方案产品的三层次整体营销组合概念模型，必将为后续研究者对解决方案产品营销问题的研究提供一些借鉴。

第四，从一个新的视角进行了研究。以往对于解决方案这种企业现象的研究者主要是咨询公司的顾问以及高校学者，但他们终究是“局外人”，对一些事件中隐含的微妙意义会有一些理解上的障碍，笔者以“局内人”的身份历时7年去观察一个企业的转型过程，这是非常难得的机会，也使解决方案的研究得以从一个新的视角去进行解释和探讨。

本书在案例研究和理论推导上虽然力求符合质的研究原则，也初步得出了一些对传统企业向解决方案供应商转型的有价值的理论和启示，但不可否认，本书也存在局限性，如选择的样本本身、样本数量和研究方法等。同时，由于理论界对解决方案的研究刚刚起步，本书虽然做了一些研究，但仍存在诸多研究空间。

本书不仅面向企业管理人员和有志于从事企业管理的人士，而且还运用本领域内最新的、最主流的研究方法和来自我国企业的实地调查数据，对相关问题进行了实证研究，从而也非常适合从事管理研究的专家与学者。

笔者深信，通过本书的学习，读者必将对全面解决方案的内涵与范围有更为深入、全面的了解和认识。同时，本书也会对有效实施全面解决方案的研究或实践提供必要的指导和帮助。本书适合经济管理类研究生、MBA以及高校和研究机构研究人员作为参考书使用，也适合企业中高级管理人员、战略管理人员和市场营销人员以及有志于从事企业管理工作的人士作为学习和提高的工具书。

目　录

第一章　导　论

第一节　研究背景与研究意义

一、研究背景

本书所做研究为国家自然科学基金项目——“顾客价值主导的全面质量营销管理系统及评价模型研究”（70672114）的子项目，为全面质量营销未来的研究领域提供理论借鉴。全面质量营销的核心是“基于顾客价值的质量”，而解决方案也强调“顾客价值”，由此可知，两者具有契合点。

本书的研究背景主要有以下几点：

1. 市场的发展需要企业向解决方案供应商转型

20 世纪 80 年代以来，随着社会生产力不断增加，商品极大丰富，在许多市场产品和服务大同小异，既有同类产品的激烈竞争，又有替代产品的围追堵截，任何产品都很难拥有绝对竞争优势，卖方市场逐渐转变为买方市场。激烈的竞争促使生产者和经营者为顾客想得更多，服务得更多，企业开始为顾客份额而不仅仅是市场销售份额而竞争，一个以顾客为中心的时代正在来临。与此同时，走出短缺经济时代的顾客日趋理性，消费意识逐渐觉醒，拥有了更多的消费主动权，期望自身的需求获得更全面的满足，但大多数企业提供的只是满足顾客某一方面特定需求的单一产品，还有很多相关需求尚未得到充分满足，因此，顾客需求的满足无论是宽度还是深度都非常有限。为了适应新的市场环境，许多企业开始从以往产品、服务、信息、融资等单一要素的提供转向了产品、服务、信息、融资等要素整合解决方案的提供，试图满足顾客一系列的核心诉求，全面解决顾客面临的问题。

2. 传统企业的转型需要解决方案的理论支持

解决方案式营销最早是由 IBM 于 1993 年明确提出并进行实践的，随后国内外不少企业也纷纷探索运用这种模式，并逐渐取得了丰厚的利润。但不可回避的现实是，目前理论界对解决方案领域的关注非常少，国外与解决方案相关的理论研究主要源自咨询公司和欧洲少数高校学者，国内相关研究少之又少，其理论没有形成完整的体系，现有的研究结论也还需要充分的验证。当前，中国国内的许多产业正在走向成熟，市场竞争日趋加剧，很多企业在积极寻求新的经营模式或可持续发展道路，而从产品供应商转型为解决方案供应商是企业经营模式转型的重要方向。因此，中国企业竞争的需要和可持续发展的愿望也迫切呼唤基于解决方案的理论支持。

3. 自身工作环境的驱使和非常难得的研究机会

合著者之一的杜鹏副教授曾在湖北中烟工业公司工作过一年，同时为武汉钢铁（集团）公司、东风汽车股份有限公司、湖北中烟工业公司、海信集团、好孩子集团等国内大型制造业企业常年提供全面解决方案有关的管理咨询服务；王友超博士的另一个身份是国内大型制造企业员工，所属企业面临激烈的市场竞争，正积极地从传统产品供应商向解决方案供应商转型，作为其中的一员，王友超博士有幸经历着这个转型过程，转型过程中的种种变革引导企业朝着一个欣欣向荣的良性方向发展，正是这种积极的变革效果激发了两位作者对解决方案理论研究的浓厚兴趣。同时，王友超博士所属企业是行业内的龙头企业，所在行业的其他企业也开始出现类似的转型需求，但尚未开始转型，所在行业是国民经济的支柱性行业，因此，所属企业的转型过程具有行业唯一性、代表性和典型性，作为"局内人"，这也是一个非常难得的研究机会。

鉴于理论发展、企业实践和自身所处环境的共同需要，有必要对解决方案的相关理论进行系统梳理，并且对传统制造企业如何向解决方案供应商转型展开研究，以便更好地完善解决方案理论体系，指导中国企业转型实践。

二、问题的提出

1. 解决方案的理论研究亟待深入和完善

迄今为止，西方学者对解决方案领域的研究主要集中在以下四个方面：

（1）解决方案的内涵研究。目前的研究主要包括定义、基本特征、分类及价值来源等，虽然形成了一些一致意见，但仍没有一个规范和统一的界定，亟待从理论上对其内涵和外延进行探究，从而进行科学界定。另外，对解决方案的内容、结构、维度及其测量也有待深化研究。

（2）解决方案的前置因素研究。学者们大多采用案例研究法从供应商的角度或者从顾客的角度对前置因素问题进行了探讨，但笔者认为，从供应商和顾客两个方面综合起来研究这一问题可能更为合适。同时，还有哪些重要的前置变量尚未被识别也有待进一步研究，并通过实证加以验证。

（3）解决方案供应商的能力要素研究。研究者们基于各自的背景对解决方案供应商应该具备的能力进行了识别，达成了部分一致意见，但这个领域的研究还处于初级阶段，还需要更多的探讨，如能力的普适性研究、能力的动态性研究、能力之间的关系研究、能力与企业绩效的关系研究、能力的构建与测评研究等。

（4）基于解决方案供应商的转型研究。目前，大部分学者都认为向解决方案供应商转型需要从组织结构和业务变革两方面展开，但究竟如何展开这两方面的转型却有不同的意见。在组织变革上，笔者认为，伴随着业务变革的进程，解决方案业务的组织形式应该是企业转型不同阶段的产物，组织形式也会表现出不同的特征，所以不能一概而论解决方案业务的组织形式，它的实施路径是渐进的过程，但这个观点需要加以验证。在业务变革上，究竟需要哪些变革、如何实施这些变革，还需要一个比较完整的理论框架为企业转型提供指导。

从上面的梳理可以看出，关于解决方案的理论研究还处于起步阶段，其理论尚不成体系，不足以指导企业的实践活动。现实中传统企业面临激烈的竞争正试图朝着解决方案供应商转型，因此，现实的需求与理论研究的滞后性形成了巨大反差，对于解决方案理论的相关研究就显得非常重要与迫切。

2. 基于解决方案供应商转型的理论研究需求非常迫切

（1）基于解决方案供应商的转型研究是解决方案理论研究中最迫切的部分。解决方案理论的现有研究成果中，对内涵的界定实质上已基本形成一些比较一致的认知，而解决方案的前置因素和解决方案供应商的能力要素更大程度上是企业已经成为解决方案供应商后再来探讨的更有意义的问题，因此，企业如何成为解决方案供应商是亟须解决的问题，所以理论界加强基于解决方案供应商的转型研究以便更好地指导传统企业的转型实践是当前最迫切的理论问题。

（2）在当前中国的经济结构和笔者大型制造企业“局内人”身份的双重背景下，研究传统制造企业基于解决方案供应商的转型问题具有特别意义。在中国的 GDP 构成中，第二产业占据了 46.3% 的比重①，这意味着制造业占据了中国经济的半壁江山，因此，在中国传统企业基于解决方案供应商的转型更大意义上是指传统制造企业的转型。王友超博士是传统大型汽车制造企业的员工，所在行业是国民经济的支柱性行业，所属企业面临激烈的市场竞争正积极地从传统产品供

① 中华人民共和国国家统计局：《中国统计年鉴 2010》，中国统计出版社 2010 年版。

应商向解决方案供应商转型，杜鹏副教授常年追踪该企业，深度剖析，为其提供向全面解决方案转型的咨询服务。这正如社会学家默顿所说的，研究者应该对生活中不期而遇、异乎寻常而又有关全局的社会事实给予充分关注，因为这往往可能是发展新理论或者扩展现存理论的研究契机①。鉴于此，笔者以“局内人”的身份对传统制造企业基于解决方案供应商的转型展开探索性的研究，试图对解决方案的理论体系进行补充和完善，同时对中国制造企业基于解决方案的转型实践提供一定的思想和方法借鉴。

（3）要研究基于解决方案供应商的转型，“向哪里转型”的问题已经回答了，但“为什么转型”和“怎样转型”仍有待进一步研究。“为什么转型”实际上要回答转型的驱动力问题，而“怎样转型”实际上要回答转型的实施路径问题。转型的驱动力不仅会影响企业转型的方式，也会进而影响到企业转型的效果，因此对它的研究至关重要。对企业怎样实施转型，有两个方面是非常关键的：一是企业的组织结构，二是企业的营销组合策略。企业的组织结构是企业正常运营的基础，没有组织的存在，就谈不上服务于顾客，也谈不上基于解决方案供应商的持续转型；营销组合策略是企业服务于顾客的工具，是顾客能直接感受到的企业的外在表现，最能体现企业转型的变化。因此本书在研究传统制造企业怎样基于解决方案供应商转型时，主要从组织结构和营销组合策略两个方面进行讨论。

具体来说，本书将对以下问题展开研究：一是传统制造企业向解决方案供应商转型的主导驱动逻辑是什么；二是从企业内部视角来看，传统制造企业在向解决方案供应商转型的过程中，支撑企业正常运行的组织结构将会如何演变；三是从企业外部视角来看，传统制造企业在向解决方案供应商转型的过程中，直接与外部客户产生关联的营销组合策略将会做出怎样的调整。

三、研究意义

1. 理论意义

（1）填补了国内对解决方案理论研究的不足。目前，解决方案的理论研究主要源自于国外咨询公司和欧洲少数高校学者，中国国内的研究少之又少，现有的理论成果不仅比较零散，而且还需要更多的验证。本书的主题是基于解决方案供应商的转型，虽然前人已经做过一些研究，但对是什么主导逻辑驱动了这种转型、企业最基础的组织结构会怎样演变和企业直接与客户产生交互的营销组合策略会怎样演变并没有涉入过或者没有深度涉入过，因此本书的成果将直接对解决

① 默顿：《经验研究和社会学的理论》，载于米尔斯等，《社会学与社会组织》，何维凌等译，浙江人民出版社 1986 年版。

方案的现有理论成果进行验证、补充和完善，为匮乏的解决方案理论添砖加瓦。

（2）深化了企业转型的理论体系。对基于解决方案供应商的转型进行研究，是对企业转型理论的具体化和深化，其研究结论对传统企业的转型更具实践上的指导意义。同时，对转型主导逻辑、组织结构及营销组合策略的探讨，也必将为企业转型理论的进一步研究和发展提供有意义的借鉴。

（3）系统地梳理了解决方案现有理论成果，为后续研究者提供了基础性资料。2010 年，在多个知名的国外学术数据库（EBSCO、ScienceDirect、Emerald、JSTOR、Oxford Journals、SAGE、Wiley 等）以“Solutions”为关键词或者通过倒查文献的方式搜索到的与“解决方案”主题直接相关的文献不会超过 50 篇；中国国内以“解决方案”或“方案”为关键词，通过“中国期刊全文数据库”、“万方数据库”、“重庆维普中文科技期刊全文数据库”3 个知名数据库搜索到的与“解决方案”主题直接相关的文献不会超过 10 篇，中外理论界对解决方案领域的研究都非常匮乏，并且迄今为止还没有人进行过系统的梳理。本书对解决方案现有的理论成果进行了全面的梳理，为后续研究者提供了比较完善的基础性资料和参考文献，有利于后续研究者的参考、借鉴和进一步研究。

2. 实践意义

（1）研究基于解决方案供应商的转型对中国经济发展和中国企业成长具有特殊意义。西方发达国家的经济结构中第三产业占主导地位，而中国则是第二产业占主导地位，要实现中国经济结构的转型，第二产业的制造业服务化是必经之路，而解决方案供应商正是服务逻辑主导的。因此，通过基于解决方案供应商的转型理论来指导中国制造企业的转型实践，使中国企业在业务转型实践中少走弯路，将有助于企业完成业务转型这一艰难痛苦的蜕变过程而获得新生，实现其持续成长，进而推动中国经济的转型和持续快速发展。

（2）为制造企业基于解决方案供应商的转型实践提供理论和方法指导。自从 IBM 获得基于解决方案供应商的转型成功以来，虽然全球都掀起了做解决方案供应商的浪潮，纷纷鼓吹自己向顾客提供的是“解决方案”，但事实上是，很多企业并没有真正理解什么是解决方案，也更谈不上知晓如何转型成为一个解决方案供应商。本书的研究必将为制造企业基于解决方案供应商的转型实践提供一些可供借鉴的思想和方法。

（3）直接为卡车行业（甚至资本品行业）的制造企业基于解决方案供应商的转型提供实践参考。国内卡车行业特别是中重型卡车行业的大型汽车制造商，有着相似的发展起源（国企背景），相似的通过合资换技术、提升管理水平的发展路径，因此，本书通过国内一家知名大型汽车制造企业转型历程的个案研究获取的研究成果，可直接作为国内卡车同行的转型经验借鉴。同时，卡车产品具有经济学中资本品的属性，因此，卡车企业的转型经验也可为资本品乃至更多行业的制造企业转型提供实践参考。

第二节 全面质量营销的研究现状

目前关于解决方案的定义可以归纳为两种观点：一是从供应商角度提出的定制与整合观点，认为解决方案是在顾客参与下完成的、根据顾客需求设计的，符合顾客特殊要求的、超越产品功能利益的个性化服务整合体。这个整合体包含了三个方面的利益要素以及要素组合：产品或服务固有的“功能利益”以及延伸功能利益、产品或服务获得过程的“程序利益”和交易双方缔结的“关系利益”（张莺迁，2005）。二是从供应商与顾客互动角度提出的过程观点认为，解决方案是由顾客—供应商一系列相关的过程构成的，包括顾客需求定义、产品和（或）服务的定制及整合、这些产品和（或）服务的展开、展开后的顾客支持，所有这些都是为了满足顾客的商业需要（Kapil、Ajay、Sundar，2007）。全面质量营销的核心是“基于顾客价值的质量”，而全面解决方案强调“顾客价值”，两者在顾客价值契合。全面质量营销是解决方案的前提。

随着全球经济一体化的不断发展，市场竞争的不断加剧，质量作为一种新的竞争武器显得日益重要。20 世纪 90 年代以后，西方营销学者开始关注质量问题，从不同的角度探讨营销与质量的结合点，其研究可以归纳为以下几个方面：

一、营销在质量管理中的作用研究

营销在质量管理中的作用研究是 20 世纪 90 年代初期“全面质量营销”研究的重点内容，以 Philip Kolter（1991）为代表的学者们对此进行了大量研究（见表 1－1）。学者们从不同的角度论述了营销者在质量管理中的作用，归纳起来，主要表现在以下八个方面：

（1）识别市场需求。通过营销活动和市场调查，正确识别顾客的现实需求和潜在需求。

（2）传递需求信息。在公司内清晰、准确地传达顾客的要求，将顾客需求准确、迅速地传达给产品设计者和其他有关部门，以创新产品和服务，满足市场需求。

（3）参与企业战略和政策的制定。以帮助企业通过卓越的质量管理，赢得竞争。

表1-1 学者对营销在质量管理中的作用研究回顾

研究者	时间	研究结论
Ishikawa	1990	营销管理在全面质量管理中的重要作用： ①营销是质量管理的入口和出口；②营销部门要起全公司质量管理的中心作用；③营销部门要切记自己是代表公司与顾客接触的；④不能适应消费者需求的企业不能生存；⑤商品要靠质量来销售
Kolter	1991	营销者在质量管理中的六大作用： ①通过市场调研，正确识别顾客的现实需求和潜在需求；②将顾客需求准确、迅速地传达给产品设计者；③及时满足目标顾客对产品购买需要，使顾客获得更高的让渡价值；④在产品使用等方面对顾客进行指导和帮助；⑤经常主动保持顾客联系，使顾客满意度能得到持续；⑥收集顾客对产品、服务及其他方面的改进意见，并及时进行反馈
Oakland	1992	①营销者在全面质量管理中有责任通过市场研究方法去辨别顾客对产品或服务适宜程度的关键特征；②市场营销是全面质量管理的开始
Hooley	1993	营销在质量管理中扮演三种角色： ①明确顾客需求，并与顾客进行有效沟通，寻求和发现决定顾客满意的潜在因素；②根据顾客需求和自身能力，选择目标市场，做好合理定位；③实现组织资源与顾客需求的匹配，弥合顾客需求和传递（感知、生产、设计、信息）之间的差距，实现顾客满意
ISO9000：1994	1994	①营销职能在确定对产品质量需求中起主导作用，该职能应预测市场对产品或服务的需求；准确确定市场需要和销售地区，这对于确定产品或服务的等级、质量、数量、价格和投放市场的时间十分重要；通过对合同或市场需要的评审，准确地确定顾客的要求，包括对顾客未说明的期望和倾向进行估计；在公司内清楚而准确地传达顾客的要求。②营销职能应向公司提出正式的产品要求说明或提纲（如产品建议书）。产品建议书将顾客的要求和期望转换成一套初始规范，作为下一步设计/开发工作的基础。③顾客信息反馈。营销职能应建立一个连续的信息监控和反馈系统，并按规定程序对产品或服务质量信息进行分析、整理、说明和传递。这种信息将有助于确定与顾客经验和期望有关的问题的性质和程度。此外，反馈回来的信息可为更改设计和寻求适宜的管理措施提供线索。④联合开发。在新产品和新材料的开发中，使用者事先提出的质量要求通常是定性的，而不是准确和定量的。在这种情况下，可与顾客通过反复的样品提供、试用和评价过程来联合开发，以便明确这些要求

续表

研究者	时间	研究结论
O'Neal	1990	营销在质量战略中的角色： ①营销沟通通过改进产品/服务质量以获得非价格竞争优势；②营销通过市场研究和跨职能协作改进质量
Schmalensee	1991	
Morgan 和 Pircy	1996	
Eugene	1995	全面质量管理的成功有赖于营销的参与，全面质量管理中营销的目标就是将顾客需求整合到质量规划中去，实现顾客满意
William 和 Richard	1996	营销获得了引领全面质量努力的机会，营销驱动全面质量目标的实现：以最低的传递成本实现最大程度的顾客满意
庄贵军	1998	市场营销在质量管理中的作用： ①通过市场调研，测量产品或服务的质量；②市场营销通过促销工作，可以为高质量的产品或服务有效开拓市场；③市场营销的售前服务、售中服务、售后服务是质量管理不可或缺的一部分；④控制消费者的心理预期；⑤控制产品的技术或功能含量
王志学和王弘钰	2000	市场营销在以质量为中心的企业里有两个责任： ①市场营销管理必须参与制定有关的经营战略策略和政策；②营销必须在提供服务质量之外传递市场营销质量
陈炜	2003	①外部营销推动质量管理；②内部营销推动质量管理
Lai 和 Cheng	2005	市场营销在质量管理中发挥着重要作用： ①市场营销连接外部环境中的顾客需求和组织内的各职能部门。它确保将从外部环境收集的顾客信息有效地应用于提高质量的战略，把顾客感知和顾客需求精确有效地告知组织的其他成员。②当其他部门不能有效地满足顾客需求的时候，市场营销还负责在整个组织中满足顾客需求等相关情报的交流、确保决议和行动的一致性，当其他部门不能有效地提供顾客满意的时候，给予理念和方法上的指导。③在组织范围内共享市场信息和情报有利于整个组织的合作、追求共同的目标——顾客满意

资料来源：根据相关文献整理而成。

（4）反馈顾客信息。建立信息监控和反馈系统，并按规定程序对产品或服务质量信息进行分析、整理、说明和传递，为更改设计和寻求适宜的管理措施提供线索。

（5）实施质量战略。执行生产质量和市场营销质量标准，保证给顾客及时、准确的货物供应，指导顾客正确使用企业产品，并保证企业每一项市场营销活动，如市场营销研究、推销培训、广告、顾客服务等，都能达到高标准。

（6）保持与顾客的沟通。建立“回声”系统，将企业信息及时传递给顾客，并及时回应顾客的意见和要求。

（7）保证顾客满意。售后保持同顾客接触，以确认顾客得到并保持满意。

（8）实施内部营销。以保证企业内部各部门间的协调。

在对前期研究成果进行归纳总结的基础上，笔者认为还可以进一步根据不同的战略定位（差异化战略/成本领先战略）对营销在质量管理中的作用进行细分。实际上，质量可分为客观质量和感知质量；营销在质量管理中的地位和角色不仅取决于企业追求的质量战略类型，而且与企业外部界面（如顾客、供应商、分销商）、内部界面（员工、其他职能部门、组织结构）的各个方面有关。因此，营销在质量管理中的地位和角色可以分为以下四种类型：

1）客观质量/差异化战略中的营销角色。主要通过提高产品/服务品质获得非价格竞争优势。通过市场调研，正确识别顾客的现实需求和潜在需求；将顾客需求准确、迅速地传达给产品设计者；与目标顾客就产品/服务传递的价值进行沟通，并反馈信息（见图1－1）。

2）感知质量/差异化战略中的营销角色。强调倾听顾客的声音，与其他职能部门进行正式、非正式的沟通，管理顾客质量评价过程（见图1－1）。

营销的角色

差异化质量战略	内部界面	外部界面	优势来源
客观质量	市场研究、竞争情报、营销测试	沟通	研发、产品工程、产品设计
感知质量	市场研究、顾客诉求、与顾客合作	顾客管理：期望、交易经验感知绩效	顾客知识和信息、沟通技巧、公司形象

图1－1 差异化质量战略中营销的角色

3）客观质量/成本领先战略中的营销角色。将质量管理的方法和理念引入营销，控制营销过程质量（见图1－2）。

4）感知质量/成本领先战略中的营销角色。要比竞争者更有效地管理成本，提供物美价廉的产品/服务，管理顾客感知价值，与顾客有效互动，降低顾客感知风险（见图1－2）。

营销的角色

	内部界面	外部界面	优势来源
客观质量 成本领先	营销过程质量	质量信息	流程设计、质量控制
质量战略 感知质量	营销成本最小化	低价信息	低质量成本、沟通技巧

图 1-2 成本领先的质量战略中营销的角色

二、营销与质量的关系研究

1. 质量管理实践中的营销缺位

近年来，公司的实践表明全面质量管理（Total Quality Management，TQM）并不能有效地传递期望利益和绩效（Greising，1994；Jacob，1993），甚至连获得美国质量奖的企业也不能取得良好的财务绩效（Weisendanger，1993）。另外，营销经理们也没有抓住在质量管理中发挥重要作用的机会。Orsini（1994）和Schmalensee（1991）指出，质量管理中，营销职能被忽略了，质量管理只重视技术层面，而没有意识到营销的重要性。大量研究表明：营销在企业流程中的作用微乎其微，而这些流程直接影响与顾客的互动（Webster，1992；Homburg 等，1999）。造成这一现象的主要原因在于：营销职能的缺位、营销与质量管理之间的冲突、营销者不能完全理解质量（Cravens 等，1988；Kordupleski 等，1993；Morgan、Piercy，1998）。

Kordupleski 等（1993）对营销与质量管理分离的原因进行了详细分析。他们认为，一个成功的企业必须倾听顾客的声音，并积极有效地为顾客服务。但实际上，绝大多数质量计划对顾客的关注并没有我们想象得那么好，质量改进并没有给顾客带来多少利益。参与质量活动的人员有质量控制工程师、制造运营经理、组织行为专家，唯一缺少的是与顾客最近的部门——营销。

2. 营销领域对质量研究的不足

虽然质量管理文献不断提出要求更新和拓展营销的定义和职能，但是营销文献中对质量问题的关注却不够（O' Neal、LaFief，1992；Magrath，1992）。通过对营销文献的回顾，笔者发现营销领域对质量的研究主要集中于产品质量（Bayton，1958；Kuehn、Day，1962；Bucklin，1963；Cardozo，1965；Cravens、Holland、Lamb、Moncrief，1988）、服务质量（Gronroos，1983；Parasuraman、Zaithaml、Berry，1985；Bowen、Schneider，1988；Zaithaml、Berry、Parasuraman，

1988；Moore、Schlegemilch，1994）和顾客满意（Peterson、Wilson，1992），关于营销与质量关系的研究较少（Phillips、Chang、Buzzell，1983；Orsini，1994）。

学者们对营销领域中质量研究的不足，形成了以下两种观点：

一种观点认为营销没有顺应全面质量管理变革带来的挑战和机遇。Kordupleski、Rust 和 Zahorik（1993）认为，营销部门对质量管理没有多大兴趣。传统的观念认为营销关注组织外部环境和市场需求的变化，而质量管理注重企业内部流程，二者之间并没有共同点或相互契合的地方。将质量管理应用于组织的软因素（如营销）（Lawton，1992）是十分困难的。Magrath（1992）认为，大多数营销者反对"项目文化"（Program Culture），他们认为质量理所当然应该是制造和工程设计部门的事（Cravens、Holland、Lamb、Moncrief，1988），如果营销参与质量项目，无疑是对其他部门的干涉（Morgan、Piercy，1992）。

实际上，部门本位主义是推进质量运动的一个主要障碍。营销人员的主要职责是明确顾客需求，并比其竞争对手更好地满足顾客需求。质量改进中营销的参与能够改进流程、传递顾客利益、扩大市场份额。营销能够反映"顾客的声音"，这一点在质量管理中长期被忽视，其结果是导致"内部导向"，对顾客需求置之不理，即使是在服务领域，顾客改进也仅限于通过技术手段对内部流程的改造，而不是以顾客需求为中心。顾客感知质量与流程质量（内部质量）的联系被低估了。质量导向的企业也进行顾客调研，但不知道如何将顾客需求反映到质量流程中去，缺乏一个联结顾客满意和内部流程的纽带。

另一种观点认为全面质量管理中的"全面"已经包括和融合了营销理念、方法和技术。许多企业的质量活动都与营销有关，但并不是所有的活动都由营销主导或者冠以营销的名义（Raymond、Barksdale，1989），Morgan 和 Piercy（1992）认为，由于全面质量管理已经渗透到组织的各个层面，所以与营销相关的质量活动包括在公司的质量努力中。

3. 质量与营销的结合研究

20 世纪 90 年代中期以后，营销学者们开始将研究视角转向对以往不够重视的全面质量问题的研究，并对营销和质量的结合进行了大量探讨。

（1）营销和质量结合的必要性研究。Griffith（1993）指出，营销与质量管理的结合能够明确顾客需求和期望、提供顾客满意的产品/服务、创造顾客价值、持续改进质量。1994 年，Allan C. Reddy 出版了《全面质量营销》一书，他在分析了美国本土企业在国内市场份额萎缩的现状之后指出，美国经济正面临着来自外国竞争者的强烈冲击，而这种竞争是以质量为基础的。美国企业要面对挑战，必须将质量改进引入到营销职能中去，使质量管理与营销结合。这一点在不少学者中产生了共鸣。Dean 和 Bowen（1994）认为，全面质量管理必须关注顾客满意。Mosad Zineldin（2000）研究了全面质量管理与全面关系管理的关系，认为企业必须以顾客满意作为长期利益的经营哲学，通过营销过程的努力来提高产品和服务的质量。Eugene（1995）认为，从长期看，全面质量管理的成功有赖于营销的参与。全面质量管理和营销的目标就是将顾客需求整合到质量规划中去，实现顾客满意。他还举例分析了全面质量管理与营销在制造业、顾客服务、财务、人力资源、专业服务、信息系统、高等教育中结合的可能性。Johnson 和 Chavala（1996）在《营销中的全面质量》一书中认为，发达国家的市场已经相当成熟，市场增长缓慢；国际间贸易环境的宽松和发展中国家的兴起，为国际市场提供了更多机会；发展中国家服务业对经济增长的贡献已经超过了制造业，质量管理与消费者联系更加密切；消费者期望的动态性和异质性，使得企业不得不重新定义质量，并将质量作为一种重要的战略工具；从长远看，企业要获得可持续的竞争优势，需要进行全面质量管理（Holistic Quality Management），将营销与质量管理结合起来。

（2）营销与质量结合的可行性研究。不少文献指出，营销与质量的结合是可行的，因为它们的共同点在于通过质量实现顾客满意（Webster，1994；Day，1994；Gummesson，1994，1998；Spencer，1994；Dean、Bowen，1994；Idris - Ashari、Zairi，1999）。

Lai Kee - hung、Weerakoon 和 Thilaka S.（1998）在对文献回顾的基础上，指出全面质量管理和市场营销是两种互补的商业哲学。质量管理系统强调的是组织准确发现、理解顾客需求，并通过实现顾客满意最终盈利的能力。考虑质量的多重维度的本质和特定情景下的差异，公司执行质量管理时应该“倾听顾客的声音”。营销概念的核心是市场交换，强调的是对顾客和组织间交易行为的管理。营销能促使组织更有效地实现基于交易的目标（Houston，1986）。营销观念要求企业采取积极态度，注重顾客和竞争者等外部环境的变化，并将这些信息在企业内共享，据此迅速做出响应（Kohli、Jaworski，1990）。

由于市场营销在联结外部环境中的顾客需求和组织内的相关部门的独特角色（Ruekert、Walker，1987），使其他部门接受顾客聚焦的质量观念变得更容易。它确保将从外部环境收集的顾客信息有效地应用于提高质量的战略，把顾客感知和顾客需求精确有效地告知组织的其他成员。当其他部门不能有效地满足顾客需求的时候，市场营销还负责在整个组织中顾客需求等相关情报的交流、确保决议和行动的一致性，当其他部门不能有效地提供顾客满意的时候，给予理念和方法上的指导（Mills，1986）。在组织范围内共享市场信息和情报有利于整个组织的合作、追求共同的目标——顾客满意。

Idris - Ashari 和 Zairi（1999）对全面质量管理和市场导向的要素对比分析

后，认为两者在八个方面具有共性：顾客导向、管理者承诺、跨职能协作、知识和学习、理想化设计、市场优势、测评体系和顾客满意（见表1－2）。最后，他们认为全面质量管理和市场导向的整合具有可行性，并且两者的结合可以为企业带来可持续的竞争优势和经营绩效。

表1－2 全面质量管理和市场导向的共同点

全面质量管理	共同因素	市场导向
供应商管理	顾客导向	技术导向
质量工具	管理者承诺	营销组合
运营	跨职能协作	竞争者导向
全员参与	知识和学习	顾客关系
产品/服务的可靠性	理想化设计	创新导向
持续改进	市场优势	战略定位
质量培训	测评体系	品牌化
授权	顾客满意	国际营销
团队		营销调研
标杆管理		

资料来源：Idris－Ashari M.，Zairi M.. Achieving Sustainable Performance Through TQM and Market Orientation：A Proposed Framework for Empirical Investigations. International Journal of Applied Strategic Management，1999，2（2）：1－33.

国际标准化组织（ISO）于2000年12月5日正式发布了ISO9000：2000组织标准，进一步强调了“顾客满意”的重要性，提出了八项质量管理原则，这些原则中蕴含了丰富的营销思想，从而使质量管理与营销管理实现了内在的融合（见表1－3）。

表1－3 质量管理与营销管理的契合与互动

ISO9000（2000）质量管理原则			营销思想
原则		注释	
1	以顾客为关注焦点	组织依存于顾客，组织应当理解顾客当前和未来的需求，满足顾客要求并争取超越顾客期望	顾客导向：以消费者为中心的市场营销观念，营销管理的实质是需求管理，通过市场调研与分析，满足并超越顾客需求
2	领导作用	领导者确立组织统一的宗旨及方向，他们应当创造并保持使员工能充分参与实现组织目标的内部环境	营销领导：营销领导者要把握整体战略方向，协调内部顾客，调动其积极性

续表

ISO9000（2000）质量管理原则			营销思想
原则		注释	
3	全员参与	各级人员都是组织之本，只有他们的充分参与，才能使他们的才干为组织带来收益	内部营销：使员工满意程度提升并认同企业的价值观，从而更为积极充分地参与外部营销，带来企业绩效
4	过程方法	将活动和相关的资源作为过程进行管理，可以更高效地得到期望的结果	动态营销策略：总结、探寻、培训的目的在于找到最适合顾客与最有效的方法
5	管理的系统方法	将相互关联的过程作为系统加以识别、理解和管理，有助于组织提高实现目标的有效性和效率	整合营销：要求把所有活动都整合并协调起来，具有整体性与动态性特征
6	持续改进	持续改进总体业绩应当是组织的一个永恒目标	动态营销策略：验证和反馈，找到最适合目标顾客的不断改进的动态过程
7	基于事实的决策方法	有效决策是建立在数据和信息分析的基础上	市场营销调研：把市场营销调研作为市场预测和营销决策的依据，营销决策来源于大量的市场调查数据
8	与供方互利的关系	组织与供方是相互依存的，互利的关系可增强双方创造价值的能力	关系营销：其精髓是与利益相关者建立长期的、彼此信任的互利互惠关系

资料来源：陈炜：《论质量管理与营销管理的契合与互动》，《新疆财经学院学报》，2003 年第 2 期，第 59－62 页。

Don Bathie 和 Josh Sarkar（2002）试图通过一个共同的核心价值——顾客中心将营销和质量融合。他们认为，全面质量管理是一个组织以质量为中心，以全员参与为基础，目的在于通过让顾客满意和本组织所有成员及社会收益而达到长期成功的管理途径（见图 1－3）。传统营销把营销视为一项职能，以交换为核心，强调理解顾客价值、创造顾客价值、价值沟通和传递（见图 1－4）。关系营销包括顾客保留、顾客价值导向、长期利益、强调顾客服务、顾客关系、全员关注质量，关系营销视营销为一种过程。营销范式从交易向关系的转变为全面质量管理和营销结合提供了条件。全面质量管理是组织质量管理的一种手段，它需要借助营销向顾客传递产品质量的卓越性信息，以顾客需求为中心，不仅强调功能质量，更注重适用质量，通过营销手段实现顾客满意；营销也需要借助全面质量管理从关系角度整合提升价值链或商业生态系统中各成员之间的产品、服务质量以及关系质量。

陈炜（2003）认为，在传统的质量观中，质量管理主要是生产部门的事情，

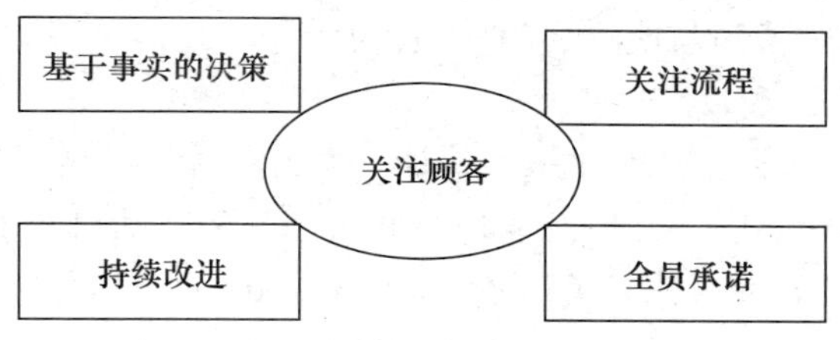

图 1-3 全面质量承诺

资料来源：Bergman, Klefsjo. An Evaluation of Quality Culture Problems in UK Companies. International Journal of Quality Science, 1998, 3 (3): 275-286.

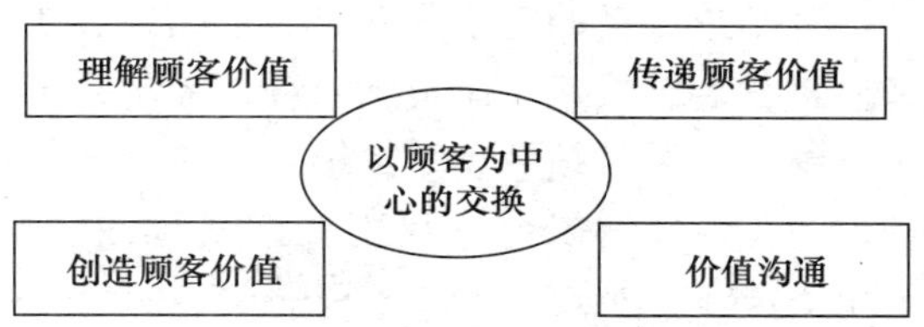

图 1-4 关注顾客的交换

资料来源：Don Bathie, Josh Sarkar. Total Quality Marketing (TQMK) - A Symbiosis. Managerial Auditing Journal, 2002, 17 (5): 241-244.

虽然市场营销部门可以在质量管理中起一定的作用，但只是辅助性的。“面向顾客”的质量概念有助于根本改变这种状况，不但能够帮助质量管理者真正树立起产品质量的市场观念，更主要的是关注内外顾客及利益相关方，从而更充分地发挥市场营销在质量管理活动中的作用。质量管理与营销管理共同的出发点是“顾客满意”。顾客满意所代表和提供的是掌握控制市场主动权的经营、管理、思维模式，更好地协助企业达成经营目标的一种“质量界定标准”，它具备了经济领域内最具前瞻性的分析、预测作用。因此，把握顾客满意是把握质量和营销的本质，是正确执行质量管理和营销管理的根本所在。

（3）质量与营销结合的条件。Edward U. Bond 和 Ross L. Fink（2003）从关注焦点、产品观、产品评价标准、质量定义、顾客满意观 5 个方面比较了营销和质量管理的差异。在此基础上，他们认为为实现顾客满意，营销与质量的结合需要以下五个条件：①构建战略地图，将顾客满意与公司战略联系起来，公司产品和质量计划都要以顾客满意为目标。②每个员工具有高度的认同感，从公司整体利益出发配置资源、实现公司目标。③流程弹性化，打破职能间的界限障碍，使信息无障碍、及时、准确地传递，同时组织结构扁平化，跨职能协作成为常态。④信息收集和反馈，及时、准确地掌握顾客需求的变化，公司内部、公司与顾客的良性互动。⑤鼓励营销与质量部门的角色互换。

4. 营销与质量关系的实证研究

Morgan 和 Piercy 运用定性（深度访谈）和定量相结合的方法，探讨了营销与质量部门互动的影响因素，以及营销与质量部门的互动对企业绩效的影响。他们将营销与质量的互动划分为关联性（Connectedness）、冲突（Conflict）、沟通（Communication）三个维度；以高层管理者质量领导（Senior Management Quality Leadership）、战略质量规划流程（Strategic Quality Planning Process）、控制系统的一致性（Control System Congruence）为前置变量，以市场不确定性（Market Turbulence）、技术不确定性（Technological Turbulence）为调节变量，以质量绩效、市场绩效、财务绩效作为结果变量的三个维度。实证结果表明，营销与质量管理的互动受高层管理者质量领导、战略质量规划流程、控制系统的一致性的影响显著，但这种互动对市场绩效、质量绩效和财务绩效影响较弱。

Wuthichai 和 Susan（2004）的研究旨在比较市场导向、质量导向对企业绩效影响的差异，探讨市场导向与质量导向之间的关系；竞争优势对市场导向、质量导向对企业绩效影响中的调节作用，以及竞争优势对企业绩效的影响。通过对 1487 家制造企业的调查，Wuthichai 和 Susan（2004）有如下发现：①市场导向不直接影响企业绩效，市场导向通过竞争优势的调节作用间接影响企业绩效。Pelham（1997）、Becker 和 Homburg（1999）的研究也证实了这一点。②质量导向不仅直接影响企业绩效，而且还有间接影响（Powell，1995；Voss 等，1997；Longbottom，1998；Terziovski、Samson，1999；Douglas、Judge，2001）。③质量导向与竞争优势不存在联系。Raju 和 Lonial（2002）发现质量导向对竞争优势的影响受到市场导向的调节，其原因可能在于竞争优势是由顾客评价而不是由企业评价。如果不能提供满足顾客需求的产品/服务，质量导向型企业就没有竞争优势。Johnson 和 Gustafsson（2000）认为，市场导向是外部导向，质量导向是内部导向，一个组织需要将二者结合才能获得竞争优势，提升企业绩效。

通过梳理，笔者发现，对营销与质量关系的研究主要集中在两者的比较研究、影响互动的因素研究以及两者互动与企业绩效关系方面的研究，从企业经营流程角度的研究比较少见。在实践中，营销经理们也没有抓住在质量管理中发挥重要作用的机会。从企业实际来看，为什么营销人员没有参与质量改进过程？我们认为，部门间的割裂、部门本位主义是推进质量运动的一个主要障碍，其结果是导致质量管理的“内部导向”，无视顾客需求。一些企业认为，贴近消费者是营销的任务，而营销者参与质量项目，会被视为对其他部门的干涉。实际上，从顾客需求出发，质量被定义为满足顾客需求的能力。营销人员的职责是明确顾客

需求，只有营销与质量结合起来，才能提供顾客所需要的质量，才能全面地、比其竞争对手更好地满足顾客需求。

笔者认为，质量改进中营销的参与将改变企业的经营流程，由“从内到外”的“质量标准—生产过程—营销”的经营模式，转为“从外到内再到外”的“市场需求—质量改进—满足需求—质量反馈（新的需求）”的不断循环上升经营过程。在企业高层的领导下，协调内部各个部门的关系，从质量营销的角度重构企业的组织文化，实现经营流程再造，是实现营销与质量结合的关键。

三、全面质量营销的概念研究

质量与营销的结合研究引发出对新概念的探讨和研究。1994 年以后，理论界正式提出了“质量营销”、“全面质量营销”的概念，并从理论和实际操作层面上从不同的角度对“质量营销”或“全面质量营销”的内涵进行了探讨和研究（见表 1－4）。

目前，国内外学者有关全面质量营销的研究大多侧重于营销策略整合、企业经验总结或顾客需求满足等某一个侧面。综观以上定义，学者们从不同的研究领域和视角对全面质量营销进行了界定，反映出不同学者对全面质量营销内涵理解方面的差异。关于全面质量营销的界定大致分为两个视角：一是以质量为导向，将全面质量管理融入营销职能，重点在全面质量管理；二是以市场为导向，将营销融入质量管理，以营销引领质量管理。

笔者认为，两种导向之间应该有着内在的联系（这一点需要进一步研究和验证）。应从营销和质量管理互动的视角界定全面质量营销。全面质量营销应包括两方面内容：一是全面质量管理的方法和技术在营销职能、营销组织、营销流程和营销活动中的应用；二是营销方法和技术在提高质量方面的应用。一方面，市场营销在质量管理中发挥着重要作用。市场营销连接外部环境中的顾客需求和组织内的各职能部门，以确保从外部环境收集的顾客信息能有效地应用于提高质量的各项战略中。不仅要将顾客感知和顾客需求准确、有效地告知组织的其他成员，而且当其他部门不能有效地满足顾客需求、不能达到顾客满意时，市场营销还将担负起顾客的代言人和保护者的职能，促进整个组织中对顾客需求等相关情报的交流、处理和运用，确保理念与行动的一致性。另一方面，也需要强调质量管理在营销中的作用。首先，全面质量管理强调对包括产品和服务传递过程在内的整个商业流程的持续性改进，以实现顾客满意的承诺。营销中质量管理方法的引入将促进营销全过程的质量改进和提高，从而实现顾客满意目标。其次，有效的营销执行应该考虑相关利益群体，运用全面质量管理的思维模式，能有效地构建对顾客满意有重要影响的利益群体的互利互

表 1-4 不同视角下的全面质量营销定义

作者（时间）	定义	视角
Reddy（1994）	全面质量营销是通过质量的营销整合策略来获得市场份额和顾客满意的一种重要手段	将全面质量管理融入营销职能，重点在全面质量管理
孙毓霜（2000）	全面质量营销是质量管理与市场营销相结合的一种新型管理理念，是质量工具和方法在营销中的应用	
冉春娥（2002）	全面质量营销管理是在全体员工的参与下，通过动态的过程管理，使营销质量得以全方位提高	
刘艳红和张平淡（2003）	全面质量营销是全面质量管理在营销管理中的应用，其实质是营销，只不过十分重视全面质量管理，把全面质量管理的思想、方法与手段融入营销管理过程中。全面质量营销追求顾客满意与公司利润率的平衡	
黄祖辉、吕佳和刘东英（2004）	把全面质量管理运用到市场营销上，赋予全面质量管理以新的内涵，这就是全面质量营销。全面质量营销是指组织根据市场（顾客）需求，以顾客满意为导向，创造、提供并出售满足顾客需求的质量的一种社会和管理过程。全面质量营销的实质是从消费者需求角度定义产品“质量”，并在生产、流通等过程中实现、维持或提升“质量”，然后辅以营销手段将产品“质量”销售给消费者，从而满足其不断变化的多样化的需求	
McCune（1998）	全面质量营销通过营销过程驱动质量绩效，最终实现顾客满意	将营销融入质量管理，营销领导质量管理
Iris Mohr - Jackson（1998）	全面质量营销是承诺在组织范围内持续改进企业流程、传递顾客感知价值、最终实现顾客满意的一种管理理念，它要求营销在整个流程中扮演重要角色	
侯贵生（2000）	全面质量营销，是以建立顾客满意系统为核心的营销战略，其战略指导思想是，企业的生产经营活动都要从满足顾客的需求出发，以提供满足顾客需求的产品或服务为企业的责任和义务，以满足顾客需求，使顾客满意为企业的经营目的。全面质量营销不仅强调工程质量优势，更重视市场导向的质量优势即顾客满意	
裴羽中等（2005）	以顾客需求为先导，通过对所有生产过程、产品和服务进行广泛有组织的管理，按照顾客要求的质量标准，不断提高产品服务质量，从而实现顾客满意的一种新型营销理念	
万后芬（2003，2006）	全面质量营销是以顾客需求为先导，以提高产品和服务质量为重点，通过全过程的营销努力来提高产品质量，驱动质量绩效，以实现顾客满意目标的一种新型营销理念	

资料来源：根据相关文献整理而成。

惠的管理网络。最后，营销注重效果（如创造和保持顾客的能力）和效率（投入/产出），强调“做正确的事”（Doing the Right Things），而质量管理弥补了营销对微观层次的不足，注重流程的持续性改进，即“正确地做事”（Doing the Things Right）。

四、全面质量营销的实施方法研究

对于一个新的理论的研究，不仅要解决“是什么”和“为什么”的问题，更重要的是对“如何做”的问题的研究。2000 年以后，学者们的研究视角开始转向对“全面质量营销”的实施问题的研究。学者们的研究大致可以归纳为两类：

1. 定量研究

Murthy 和 Kuma（1998）、Mohr－Jackson（1996）、孔造杰等（2001）提出，并行工程（Concurrent Engineering，CE）和质量功能展开（Quality Function Deployment，QFD）是质量营销的有力工具，企业可以应用质量功能展开原理，通过质量屋（House of Quality，HOQ）将顾客的需求转化为决定最终产品或服务质量的特性乃至具体的操作要求，从而使最终产品或服务能满足顾客的需求。孙毓霜（2000）认为，因果图法、关联图法、水平对比法、二维分析图法、过程决策程序图法（PDPC 法）也有助于全面质量营销的实施。

2. 定性研究

孙毓霜（2000）在对国内外先进企业及其成功实践经验总结的基础上，提出了全面质量营销的“十二汽缸”法则，具体包括决心、聆听顾客的声音、教育及增强质量意识、招聘及入职培训、人际关系技巧、教练技巧、团队技巧、制度、奖励及赏识、改进活动、标准及尺度、市场策略。诸葛良和俊芳（2002）认为，全面质量营销的实施有赖于员工质量营销意识的形成、企业核心价值观的建立、质量改进的技巧、企业大质量观的战略、保证质量体系有效实施的结构以及相应的制度系统。熊明华（2003）对全面质量营销战略在企业中的应用进行了研究，具体包括以下内容：建设以顾客满意为核心的企业质量文化，培养以质量优势为基础的企业竞争力，完善以顾客利益为导向的营销组合策略，导入以内部市场链为纽带的流程再造体系。

分析发现，目前国内在全面质量营销的实施方法的研究方面还有待进一步深化。现有研究尚处于概念性阶段，缺乏实用化、实证化方面的研究，没有建立起一种顾客需求驱动的质量功能展开的框架模型用以指导实践。全面质量营销的实施是一个系统工程，在实施过程中既要考虑如何以顾客需求，特别是顾客的价值需求为先导，又要考虑如何注重和提高“全面质量”的问题，还必须探讨如何通过内部、外部营销的运作来实现提高“全面质量”，达到顾客满意等问题。笔者认为，应进一步从全面质量营销系统的构建和评价方面进行研究和探讨。

五、研究展望

综上所述，十几年来，学者们对于全面质量营销问题的研究逐步深化，至今已取得一些研究成果。但是从文献回顾看，该领域的研究还不够深入、系统，更缺乏实证研究的支持。笔者认为，全面质量营销研究目前还存在以下研究空间：

第一，全面质量营销的内涵和测量研究。首先，目前对于全面质量营销的研究还较为零散，对于全面质量营销的概念及其内涵均没有规范和统一的界定，所提出的定义大多只是描述性的，没有提炼出总括性的概念，亟待从理论上对全面质量营销的内涵和外延进行探讨和研究，从而对其进行科学的界定。其次，对于全面质量营销的内容、结构、维度还缺乏系统的研究，对全面质量营销的测量没有统一的看法和量表。例如，Edward L. Irving 认为全面质量营销包括明确流程、标杆管理和持续流程改进三个构面；Idris - Ashari 和 Zairi 将全面质量营销划分为顾客导向、市场优势、理想化设计、跨职能协作、管理承诺、团队、顾客满意七个维度；Kee - hung Lai 认为全面质量营销就是市场导向和质量导向的融合，包括顾客满意、全面涉入（Total Involvement）（团队、组织结构、职能整合、数据共享）和流程改进（学习、满意度测量、领导、持续改进、过程质量、价值最大化）三个维度。如何根据全面质量营销内涵的界定，构建全面质量营销的测量模型和测量指标体系，还有待进一步探讨和研究，并通过实证研究加以验证。

第二，全面质量营销前置因素的探索。Morgan 和 Piercy 以高层管理者质量领导、战略质量规划流程（质量计划的正式化程度、质量计划的全面性水平、质量计划的相关性程度、各职能部门和各层次参与质量计划的程度）、控制系统的一致性为前置变量，进行了实证研究。然而，其他的因素，如过程管理、顾客导向、人力资源（内部顾客满意、授权）、环境的不确定性、产业差异等因素没有考虑进去。影响全面质量营销的前置因素主要有哪些？其影响程度如何？都有待进一步进行探讨和研究，并通过实证研究加以验证。

第三，全面质量营销导向的研究。全面质量营销到底是以质量为导向的营销还是以市场为导向的营销？或者是两种导向的结合？质量导向与市场导向之间有什么样的关系？这些问题都将是全面质量营销研究和实施中需要探讨和解决的问题。

第四，全面质量营销与企业绩效的关系研究。Ian 认为全面质量营销能够明确顾客需求和期望，提供顾客满意的产品/服务，创造顾客价值，持续改进质量，但没有进行量化研究。Morgan 和 Piercy 以市场不确定性、技术不确定性为调节变量，用质量绩效、市场绩效、财务绩效作为结果变量的三个维度，研究营销/质量互动对企业绩效的影响。实证结果表明，市场不确定性、技术不确定性与质量/营销互动对绩效影响的调节作用不显著；质量/营销互动对绩效的影响也不显著。

那么，全面质量营销与企业绩效之间到底有没有关系？关系如何？Sittimalakorn 和 Hart 的研究为我们提供了很好的研究思路，即全面质量营销对绩效的影响极有可能是通过其他中介变量来实现的。那么，全面质量营销对绩效的影响是通过哪些中介变量来实现的？在不同领域、不同行业，其中介变量及其影响有什么差异？这些问题也是全面质量营销研究和实施中需要探讨和解决的重要问题，需要通过理论和实证方法进行研究。

第五，顾客价值主导的全面质量营销系统的构建。实施全面质量营销的目的是提高顾客满意度。以 Fornell 的顾客满意度指数模型为基础创建的美国顾客满意指数模型（ACSI），使质量（感知质量）与顾客满意、顾客忠诚联系起来。但是美国顾客满意指数模型主要从顾客角度来测评企业的顾客满意度水平。21 世纪企业管理新思维，要求企业由改进为主的市场驱动型（Market – Driven）思维模式向创新为主的驱动市场型（Market – Driving）思维模式转换。如何运用系统论的思维方式，将 Fornell 的顾客满意度指数模型向前延伸，以顾客价值为导向，以提高产品、服务和营销质量等全面质量为重点，以实现顾客满意为目标，从企业角度构建全面质量营销系统，来促进全面质量营销的实施，提升顾客满意的两个关键因素——感知价值和感知绩效，从而提高企业的顾客满意度水平，达到驱动市场的目的，这是值得探讨的新课题，有必要从理论和实证方面进行研究和验证。

第三节 本书研究思路与结构安排

一、研究思路

清晰的研究思路将有助于所研究问题的顺利解决，它的科学与否直接关系研究的最终质量，因此必须在研究的开始阶段首先确定。本书在梳理前人研究成果的基础上，立足于中国国情和企业实际，综合运用经济学、管理学、社会学、营销学等相关理论和方法，通过遵循“为什么转型？怎样转型？向哪里转型？”这样一个研究思路，将“为什么转型？”和“怎样转型？”通过案例研究的方式结合起来，对传统制造企业基于解决方案供应商转型的主导逻辑、组织结构和营销组合策略演变三个问题展开研究，并将分析性归纳获得的结论同前人的文献进行对比，探索性地得出了基于解决方案供应商转型的研究结论。在本书的整个研究过程中，研究思路如图 1－5 所示。

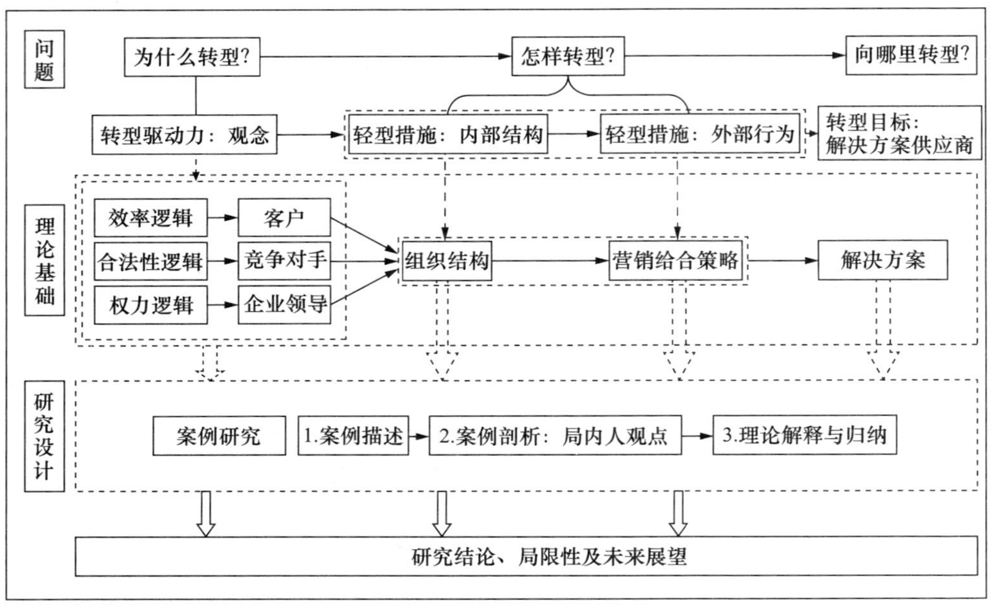

图 1－5　本书的研究思路

二、内容安排

本书共分七章，其研究流程及结构安排如图 1－6 所示。

第一章是导论，旨在说明研究背景、研究的问题、研究的意义和创新点，同时进一步阐述了本书研究的基本思路和内容结构安排。

第二章是全面解决方案的理论基础，即文献综述，旨在系统地梳理解决方案领域的前期研究成果，并在此基础上提出本书拟研究的问题，同时也对研究问题相关的文献进行了综述。本书拟研究的问题如下：传统制造企业基于解决方案供应商转型时，遵循什么样的主导逻辑；组织结构会如何演化；营销组合策略会如何演化。与研究问题相关的理论基础是企业转型及主导逻辑理论、组织结构理论和营销组合理论。

第三章是研究设计，旨在说明本书的研究方法与研究设计。对案例研究方

法、数据来源、研究过程、质量检测方法进行了设计。

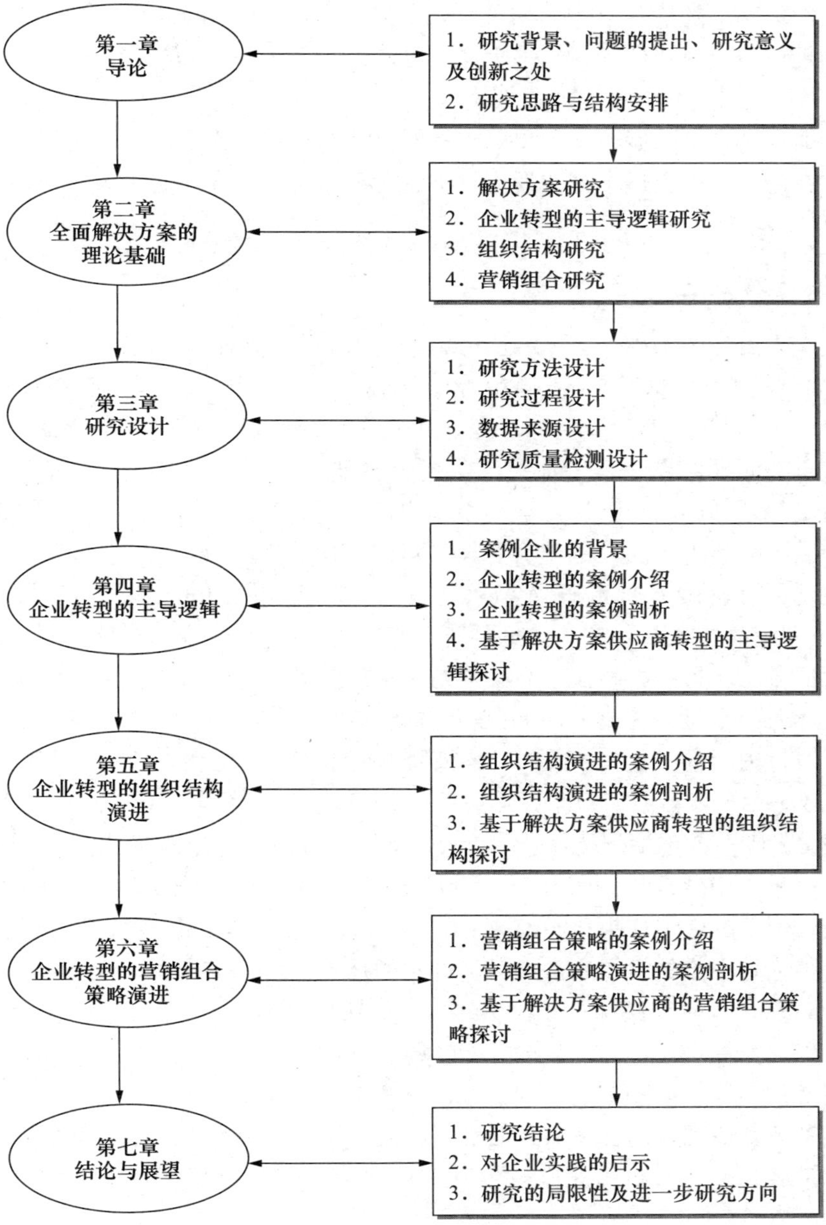

第一章 导论	1．研究背景、问题的提出、研究意义及创新之处 2．研究思路与结构安排
第二章 全面解决方案的理论基础	1．解决方案研究 2．企业转型的主导逻辑研究 3．组织结构研究 4．营销组合研究
第三章 研究设计	1．研究方法设计 2．研究过程设计 3．数据来源设计 4．研究质量检测设计
第四章 企业转型的主导逻辑	1．案例企业的背景 2．企业转型的案例介绍 3．企业转型的案例剖析 4．基于解决方案供应商转型的主导逻辑探讨
第五章 企业转型的组织结构演进	1．组织结构演进的案例介绍 2．组织结构演进的案例剖析 3．基于解决方案供应商转型的组织结构探讨
第六章 企业转型的营销组合策略演进	1．营销组合策略的案例介绍 2．营销组合策略演进的案例剖析 3．基于解决方案供应商的营销组合策略探讨
第七章 结论与展望	1．研究结论 2．对企业实践的启示 3．研究的局限性及进一步研究方向

图 1－6　本书的研究流程与结构安排

第四章至第六章是本书的核心部分，对案例企业的背景进行了简要介绍，并分别针对企业转型的主导逻辑、组织结构和营销组合策略三个主题介绍了企业转型历程的案例，随后从“局内人”的视角出发进行了案例剖析，最后又利用相关基础理论进行了理论解释和文献对比，得出了与解决方案现象有关的一些结论。

第七章是结论与展望，主要对本书所涉及的有关理论和现实问题进行归纳总结，并在此基础上简述本书的理论贡献、管理启示、研究不足以及后续研究方向与建议。

三、创新之处

在前人研究的基础上，笔者认为本书在以下几个方面取得了初步进展：

（1）拓展了“整体产品”的内涵。自从 Levitt 提出“整体产品”概念以后，Kotler 利用五层次结构理论将这个概念进行了深化，但多年以来，营销的思想在不断进步，而理论界对“整体产品”的内涵研究却一直停滞不前，依旧认为整体产品就是基础产品与附加要素（由用户使用基础产品而派生出来的需求所创造出的待满足的衍生产品）的组合。通过对“解决方案”及“营销”概念的辨析，本书发现原有的整体产品概念实际上是站在卖方立场上的“产品和服务的捆绑”，并没有考虑卖方与买方之间要通过交互才能共同创造客户价值，并且还要兑现价值主张。另外，整体产品必须是一系列能为顾客创造价值要素的无缝连接的整合体，而不是各种要素捆绑在一起的组合体。因此，“解决方案”实质上是赋予了时代内涵的“整体产品”，本书对“整体产品”的概念进行了与时俱进的扩展。

（2）拓展了二元组织模式理论的解释范畴并将二元组织模式的组织结构具体化。Duncan 在 1976 年提出二元组织概念后，虽然陆陆续续有学者展开这方面的研究，但总的来说成果比较有限，目前，二元组织理论更多的仍是理论辨析，其主要结论是主流的组织通常进行渐进性的技术创新（如流程、人员、工艺、结构、产品等），保持着机械的组织结构，而突破性创新组织主要致力于突破性的创新（如新产品/服务、新业务、新市场等），一般在企业内部成立“小特区”或“另类组织”。本书通过案例研究，将二元组织模式实例化、具体化，不仅便于研究者更好地理解这种现象，而且将主要应用于产品技术创新范畴的二元组织模式，扩展到了主要是商业模式创新的解决方案现象上来，拓展了理论的解释范围。

（3）构建了针对解决方案产品的整体营销组合概念模型。现有的研究成果对解决方案这种产品还未曾探讨过营销组合策略问题，本书结合样本企业营销组

合策略的转型历程、整体产品的内涵和三层次结构理论，构建起了由各种营销组合组成的适合解决方案产品的三层次整体营销组合概念模型，并且指出不同层次的营销组合发挥着不同的作用，这些作用的有效发挥还依赖不同层级的营销组合之间的融合程度。解决方案既是一种产品，又是一种商业模式，就其产品属性而言必然存在营销问题，因此，整体营销组合概念模型的提出，必将为后续研究者对解决方案产品营销问题的研究提供一些借鉴。

（4）从一个新的视角进行了研究。以往对解决方案这种企业现象的研究者要么是咨询公司的顾问，要么是高校学者，但他们终究来说是“局外人”，对于探究和解释企业组织内部发生的纵向性的变革，作为“局外人”，由于缺乏足够的“共通性”，对一些事件中隐含的微妙意义，会有一些理解上的障碍，因此，采用“局外人”与“局内人”合作的方式，笔者以“局内人”的身份历时 7 年去观察一个企业的转型过程是非常难得的机会，也使解决方案的研究得以从一个新的视角去进行解释和探讨。

第二章　全面解决方案的理论基础

第一节　顾客价值理论回顾及评述

一、顾客价值的研究视角

目前对顾客价值的研究主要沿着顾客视角、企业视角和顾客—企业视角①三个视角展开，如图2－1所示。

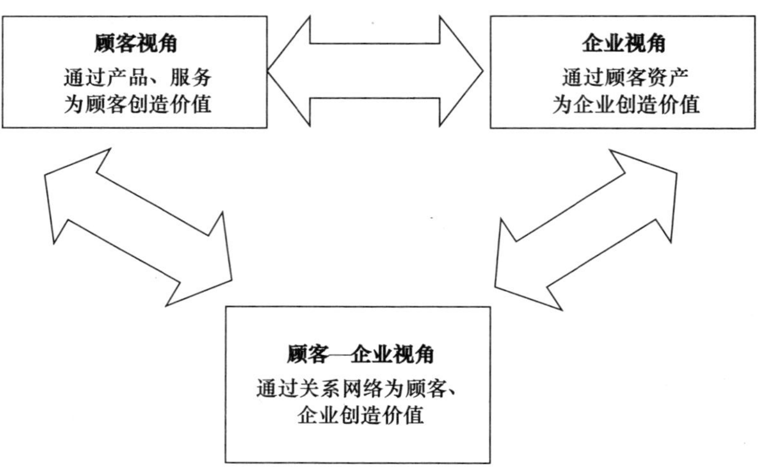

图2－1　顾客价值的研究视角

资料来源：根据相关文献归纳而成。

① Wolfgang Ulaga. Customer Value in Business Markets. Industrial Marketing Management，2001（30）：315－319.

1. 顾客视角的顾客价值

顾客视角的顾客价值研究是顾客价值研究中涉足最广泛的领域。很多学者集中于这一领域的研究和拓展。国外代表人物有 Zeithaml、Jakson、Morris、Gale、Albrecht、Woodruff 等。该视角的顾客价值研究者认为，顾客价值就是顾客心中感知到的价值，是顾客在消费过程中期望或感知到的产品和服务所给他带来的价值。

顾客视角的顾客价值强调从顾客的角度评价企业相对于竞争者而言所提供给顾客的价值，该方面的研究主要受全面质量管理理论研究和竞争优势理论研究的影响。这类研究常常与产品和服务质量、顾客价值管理、顾客满意、顾客忠诚理论、竞争战略的研究联系在一起。关注顾客对企业的产品或服务的需求，探讨企业对顾客所提供的价值的内容、构成方式以及相关因素。

2. 企业视角的顾客价值

该视角把顾客看作企业的一种资产，侧重研究不同顾客或顾客关系能够给企业带来的价值，这种视角的顾客价值衡量了顾客对于企业的相对重要性。对该视角的顾客价值管理就是鉴别出高盈利性顾客，从而配置相应的资源以实现顾客全生命价值的最大化。Blattberg 和 Deighton 称之为顾客终生价值（Customer Lifetime Value，CLV）①。

Hallberg（1995）在其研究中明确指出，不是所有的顾客细分市场都能带来同等的顾客终生价值，企业应当关注能够获利的顾客细分市场。Rust 等分析了如何运用顾客终生价值重塑企业战略的方式来驱动顾客资产（Rust、Roland T.、Zeithaml、Valarie A. and Lemon、Katherine N.，2000），而 Blattberg 等也指出企业在关系管理的活动中，应将顾客资产当作企业有价值的财产来进行管理②（Blattberg 等，2001；Hogan 等，2002）。Niraj 等则从产业市场供应链的角度，提出了顾客盈利能力的模型和测量方法（Niraj、Gupta、Narasimhan；2001）。Blattberg、Malthouse、Neslin（2009）等回顾国外学者对顾客终生价值的相关研究成果，做出了总结：认为企业的营销活动（如定价、顾客购买中得到的回报、促销），以及顾客满意、交互式购买（Cross - buying）和多渠道的购买方式（Multichannel purchasing）等，都和顾客终生价值相关③。

---

① Blattberg 和 Deighton 是较早研究顾客终生价值的学者，他们在此方面发表了许多有影响力的论文。

② Peter C. Verhoef 撰文对 Rust 等的“Driving Customer Equity：How Customer Lifetime Value is Reshaping Corporate Strategy”一书和 Blattberg 等的“Customer Equity：Building and Managing Relationships as Valuable Assets”一书进行了比较，认为两者在顾客关系管理研究方面起到了互补作用，前者关注的是顾客资产的决定性因素的研究，后者关注的是顾客资产的企业相关行为的研究。

③ Blattberg、Malthouse 和 Neslin 在“Customer Lifetime Value：Empirical Generalizations and Some Conceptual Questions”一文中总结认为：顾客满意与顾客终生价值有正向的联系；营销活动、交互式购买和多渠道的购买都与较高的顾客终生价值相关。

国内学者对顾客终生价值的研究大量体现在对顾客终生价值的测量模型的探讨中（李东进、张春雨，2006；周露阳，2006；段燚，2007；吴政、覃正、卢致杰，2005）。此外，刘志强（2008）在对电信市场的研究中，借鉴国内外学者的研究成果，将客户价值定义为企业能够感知到的来自客户的当前及未来为企业创造直接利润和间接利润的总体能力，构建了适合中国电信市场的客户价值度量模型，为电信行业营销再造提供了有价值的思考。王玮彦从顾客终生价值的定义、计算公式和测量步骤分析，指出客户关系绩效管理的核心目标是实现企业的顾客群的顾客终生价值最大化（王玮彦，2002）。吴政等（2005）探讨了 B2C 电子商务网站个体客户终生价值的量化问题，提出了一种新的简便建模方法，使顾客终生价值在实际的 B2C 图书电子商务网站客户关系管理系统中得到了较好的应用。罗青军和何向东（2005）认为顾客终生价值由已实现价值（RV）和未来价值（FV）构成，并以此将顾客分为四种不同的类型，针对每一类型的顾客，提出了企业应采取的不同的营销管理策略。近几年来，研究者更多的是结合具体行业的特点，从价值链的理论出发，探讨顾客资产的管理方法和措施（冯仁德，2005；张庆云等，2008；孙士焱，2007；牟伟，2007；李海莉，2009），张世新等从顾客价值链的角度分析了如何进行有效顾客价值管理、如何提升顾客价值并增强企业的竞争优势（张世新、贺跃华，2006）。倪自银以面向顾客价值的视角，提出了市场资产管理的框架，探讨了市场资产管理与企业竞争优势的关系（倪自银，2007）。

3. 顾客—企业视角的顾客价值

研究重点是用关系营销理论解释顾客价值。顾客与企业的价值交换过程。这种价值交换过程不仅实现了顾客与企业所需的交易，还会形成一些其他的经济与非经济关系。

Gronroos（1997）在论述关系营销思想时指出，关系营销就是使顾客必须感知和欣赏到持续关系中所创造的价值。他认为顾客在感知价值时除了关注企业的供应物外，还应关注相互间的整体关系；顾客价值不仅来源于核心产品和附属服务，还应包括维持关系所做的努力，企业可以通过发展良好和持续的顾客关系来创造顾客价值（刘石兰，2008）。Rust、Zeithaml、Lemon（2000）在研究顾客资产时，也将关系资产看作企业顾客资产的三大来源之一①。

关系营销价值研究主要有三大流派。欧洲的（Industrial Marketing and Purchasing，IMP）产业市场营销流派、美国（American School，也称 Emory）及北欧（Nordic School）服务市场营销流派、英国学者为主的消费品市场营销流派。各

① Rust 等研究中认为，顾客资产的前置变量有三个，即价值资产、品牌资产和关系资产。

流派纷纷从自身研究的领域出发，对营销中的关系价值进行了研究。其中，产业市场营销流派的学者十分注重从企业关系营销实践出发，探讨关系活动中的价值创造问题。Wilson（1995）提出了买卖双方关系的整合模型，Holm 等通过对爱立信瑞典无线电机构与东京数字电话的合作研究，提出并验证了组织市场中价值创造的途径（Holm、Eriksson、Johnason，1999）。与此同时，Christopher、Payne、Ballantyne 及 Peck 等从事消费品市场关系营销研究的学者出版了一些专著，提出了将质量、顾客服务和市场营销相统一（Christopher、Payne、Ballantyne，1991）以及顾客价值链的管理才是关系营销的精髓的思想（Peck，Payne，Christopher、Clack，1999）。关系营销中的顾客价值研究主要服务于顾客关系管理的需要。顾客关系管理的流程就是顾客价值链创造的过程，研究中对关系价值的评价通常还是来自于顾客的感知。

当前，随着顾客关系管理和顾客价值管理理论研究的深入，顾客—企业视角的顾客价值研究内容呈现出多样化的趋势。一方面，一部分学者尝试将供应商试图提供的价值和顾客期望及感知的价值联合起来，分析顾客价值的创造问题。Jeanke 等（2001）曾经提出公司和顾客在购买决策过程中的价值认知的差距模型，认为从满足顾客需求的目的出发，公司对顾客所需要的价值的感知和顾客自身的感知是有差距的。Jeanke 等（2001）通过对 BTB 市场中技术型公司的顾客价值差距分析，呼吁产业市场营销中新产品和服务的设计应该融入顾客的声音（Voice of the Customer），以缩小这种认知的差异，更好地满足顾客需求。我国学者侯伦和唐小我（2008）在 Jeanke 的上述研究基础上，进一步细致定性分析了企业和顾客对于价值认知的差距，为顾客关系管理工作提供了新的思考。另一方面，有学者将顾客视角顾客价值和企业视角顾客价值进行结合研究，探讨顾客价值管理问题。范绪泉（2004）在顾客价值管理过程的研究中，将顾客感知价值和顾客对企业的价值结合起来，将顾客感知价值和顾客资产植入价值网络理论的框架中，分析并提出了顾客价值管理的内容。张进智（2008）从相同视角出发，构建了顾客资产驱动模型，提出了顾客资产的驱动要素。

二、顾客价值理论模型

基于顾客价值含义的多样性，顾客价值概念模型也较多。其中，站在顾客感知的角度分析顾客价值的理论模型较受学者及管理者的推崇。笔者认为具有代表性的模型有 Kotler 的顾客让渡价值模型、Zeithaml 的顾客感知价值模型、Woodruff 的顾客价值层次模型、Ravald 和 Gronroos 的全情景价值模型以及 Jeanke 和 Onno 的顾客价值差距模型。

1. Kotler 的顾客让渡价值模型

Kotler 是营销学理论研究中最具权威性的学者。他在所提出的顾客让渡价值理论的阐述中，使用了顾客让渡价值模型，如图 2－2 所示。他用产品价值、服务价值、人员价值和形象价值四种价值来反映总顾客价值，用货币成本、时间成本、精力成本和体力成本来反映总顾客成本，而且指出，“在一定的搜寻成本和有限的知识、灵活性和收入等因素的限定下，顾客是价值最大化的追求者”。顾客将从那些他们认为能够提供最高顾客让渡价值的公司采购商品[①]。

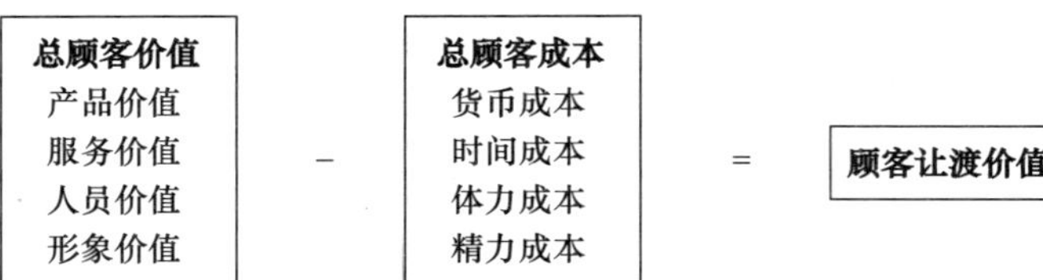

图 2－2　Kotler 的顾客让渡价值模型

资料来源：菲利普·科特勒：《营销管理》（新千年版·第十版），中国人民大学出版社 2001 年版。

顾客让渡价值模型一方面理性化地解释了顾客选择产品供应商的原因，另一方面也为企业提供了实现最大化的顾客让渡价值的方法。

2. Zeithaml 的顾客感知价值模型

Zeithaml 在给出顾客感知价值定义的同时，关注到 Monroe 和 Krishnan（1985）、Peterson 和 Wilson（1985）等就缺乏对顾客感知价值的可操作的测量程序和方法的研究给予的批评。她运用手段—目的链的模型描述了感知质量、价格与价值三个变量之间的关系，如图 2－3 所示。可以从下述方面对模型进行理解：

（1）感知质量被定义为顾客对产品的卓越性（Superiority）或优异性（Excellence）的评价。感知质量是消费者基于产品本身功能的利益到现实中的实际利益而最终形成的对产品的情感上的权衡。感知质量是一个远远高于产品功能特性的高层次的抽象概念。Zeithaml 用产品的内在属性（Intrinsic Attributes）和外在属性（Extrinsic Attribute）两个维度来描述。研究表明，消费者往往用一些较低层次的属性（反映产品本身的物理特性的一些指标，如特征、性能、规格、尺寸等）来描述产品的内部属性，而用一些和产品相关但不一定是产品构成的物理特性的指标来描述产品的外部属性，如价格、品牌、广告的水平等。

---

① 菲利浦·科特勒、凯文·莱恩·凯勒：《营销管理》（第 12 版），梅清豪译，上海人民出版社 2006 年版。

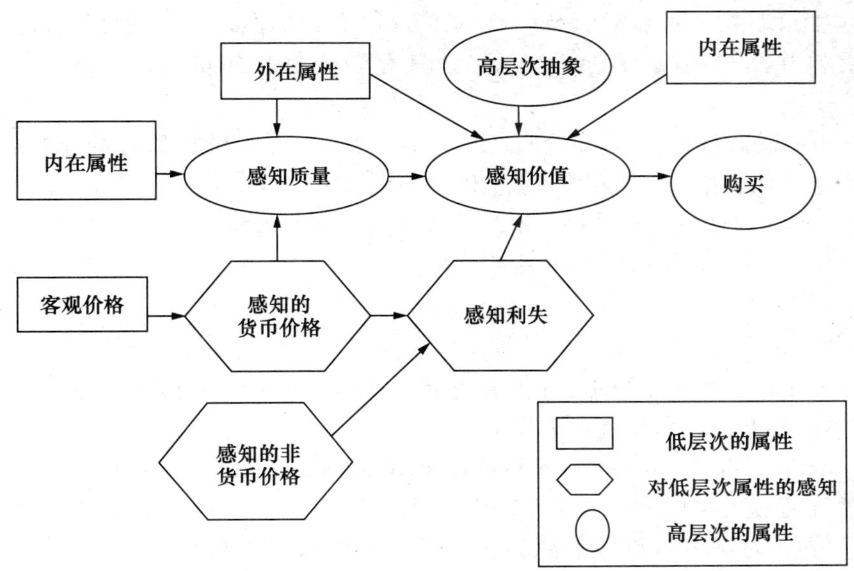

图 2－3 价格、质量和价值手段—目的链模型

资料来源：Zeithaml V. A. . Consumer Perception of Price, Quality and Value: A Means – End Model and Synthesis of Evidence. Journal of Marketing, 1988 (52): 2–22.

（2）感知价格被看作顾客为了获取产品而所做的付出或牺牲。顾客消费的过程中付出的不仅仅是购买产品的货币性的价格，诸如时间、投入的努力、搜寻、心理的付出等非货币性的因素（Zeithaml、Berry，1987），都是其感知利失的指标。

（3）模型在描述质量和价格的关系时，总结了相关学者的研究结果，认为顾客感知的货币价格是感知质量的一个评价指标，它对质量的影响不一定是正向的作用，影响的强弱也受产品的类型、顾客的细分群体的特征而有差异。

（4）模型中，依 Zeithaml 的定义，感知价值被看作顾客在感知利得和感知利失基础上对产品总体效用的评价。价值是一个比质量还要高层次抽象的概念（Zeithaml，1988）。价值的利得构成中包括重要的内在和外在的属性、感知质量以及其他一些高层次的抽象的概念，而价值的利失构成中有货币衡量的价格和非货币衡量的价格两个部分。而且，顾客对价值的感知还和他所处的购买阶段有关（Holbrook、Corfman，1985），顾客在购前准备前期、购买中和购后的消费阶段对价值的感知是有差异的。同时，感知价值会影响产品质量和顾客购买之间的关系。

（5）消费者在搜寻产品信息时，会使用两种线索。产品的内在属性提供的知识为内在线索（Intrinsic Cues），它是产品特有的属性；产品的外在属性提供的线索为外在线索（Extrinsic Cues），具有普遍性，如价格、广告、品牌等要素。

Zeithaml的价格、质量和价值之间关系的手段—目的链模型是对过去相关研究成果的一个总结，它为质量和价值间关系的研究提供了方法，丰富了价值研究的内容。同时，在价格和质量关系的认识方面，将价格看作质量构成的外在指标之一，而且不一定是最重要的外在指标的观点，也是对顾客价值研究的一个重大研究贡献。

Zeithaml的模型也对企业在管理实践中如何认识顾客价值、质量，如何去改善产品的质量、提高顾客的感知价值提出了一些具体可行的思路和方法。

3. *Woodruff的顾客价值层次模型*

和Kotler、Zeithaml等的顾客价值观点不同，Woodruff是从一个动态的角度构建顾客价值模型的（董大海，2003）。他利用了Holbrook（1985）、Zeithaml（1988）等认为顾客对价值的感知受其所处的购买阶段的影响，以及Sheth等（1991）、Holbrook等（1985）和Burns（1993）等认为价值是由多种维度构成的观点，提出了前面曾经提到的其偏好层次论的顾客驱动的顾客价值概念的定义，并构建了顾客价值层次模型（Customer Value Hierarchy Model），如图2－4所示。该模型描述了顾客期望的价值和实收价值的层次对应关系和各层次顾客价值的构成。

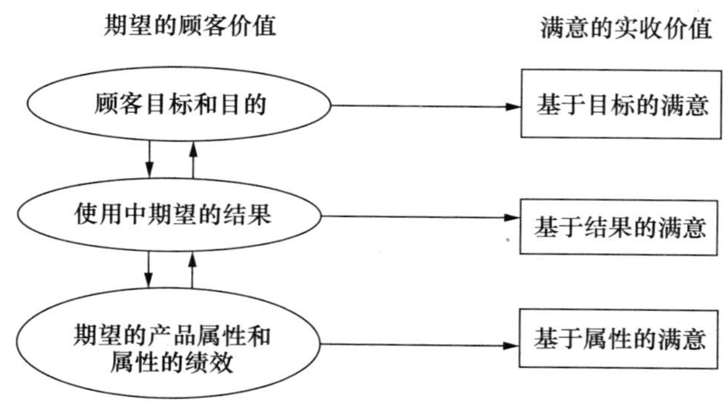

图2－4　顾客价值层次模型

资料来源：Woodruff B. R.. Customer Value: The Next Source for Competitive Advantage. Journal of the Academy of Marketing Science, 1997, 25（2）：139－153.

可以从以下两个要点理解Woodruff的层次模型：

其一，Woodruff借用了Olive在研究中提出的观点，认为顾客对价值的感受在购买、消费某一产品的前后是不完全一样的，存在渴望价值（Desired Value）和实收价值（Received Value）两种价值形式（Olive，1997）。Woodruff 以图 2－4 中所示的方式将这两种价值融合在一起考虑。使用前的期望价值表现为对产品属性、属性的绩效、使用中的结果、目标和目的的认识，使用后的实收价值表现为对上述各方面的满意的感受，他认为可以用顾客对各层级阶段的满意来评价所感受的价值。

其二，Woodruff 运用手段—目的链理论，将顾客对价值的期望看作一个层级的结构，如图 2－4 左半部分所示。从层级的底部开始，顾客起初把产品看作一系列属性和属性绩效的集合。当购买和使用产品时，他们会将对某些属性的期望和结果以使用中的价值或拥有的价值的形式反映出来。最后，在层级的最上层，顾客还会根据自身的目标和目的，期望某些更深层次的结果。反过来，对模型从上而下进行分析，顾客运用其所想达到的目标和目的，会重点关注使用中的某些结果，同样，这些对顾客来说重要的使用结果又会指导顾客对产品的某些重要属性或属性绩效的重视（Woodruff，1997）。

从顾客价值层次模型的原理出发，Woodruff 提出了顾客价值的确定程序（Customer Value Determination Process），如图 2－5 所示。该程序告诉了企业在顾客满意管理实践中应了解顾客的哪些需求和价值，如何去开展这些工作。

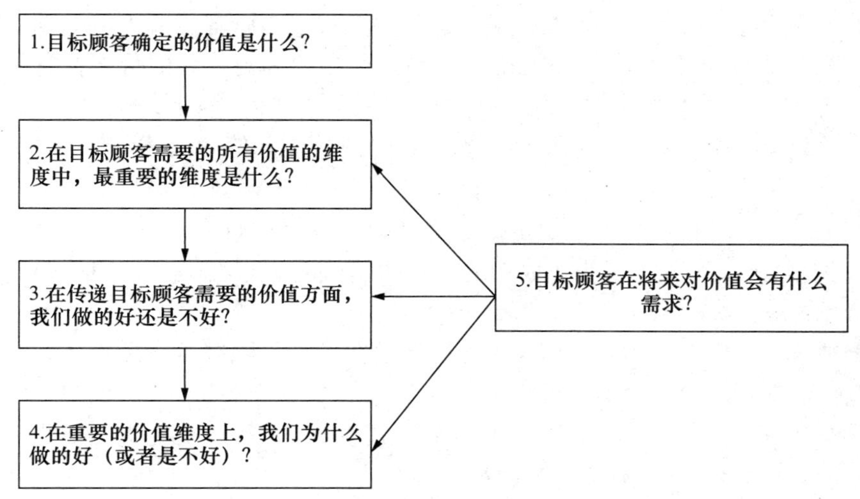

图 2－5　顾客价值确定程序

资料来源：Woodruff B. R. . Customer Value：The Next Source for Competitive Advantage. Journal of the Academy of Marketing Science，1997，25（2）：139－153.

归结来说，Woodruff 的顾客价值层次模型动态地反映了顾客感知价值的变化过程，便于深入研究顾客价值形成的内在机理，详细分析影响顾客价值的各种内在因素，丰富了顾客价值理论研究的内容，对企业通过提供卓越的顾客价值使顾客满意，从而获取竞争优势提供了思考方法和路径。

4. Ravald 和 Gronroos 的全情景价值模型

Ravald 和 Gronroos 的全情景价值模型是从关系营销研究的角度探讨价值的。他们用三个等式表明了全情景价值相关变量之间的关系，如图 2－6 所示。

全情景价值＝(情景利得＋关系利得)/(情景利失＋关系利失)	(1)
顾客感知价值(CPV)＝(核心解决方案＋附加服务)/(价格＋关系成本)	(2)
顾客感知价值(CPV)＝核心价值(Core Value)＋/－附加价值(Added Vdlue)	(3)

图 2－6　Ravald 和 Gronroos 的顾客感知价值模型

资料来源：Ravald，Gronroos. The Value Concept and Relationship Marketing. European Joumal of Marketing，1996，30（2）：19－31.

Ravald 和 Gronroos 认为，构成顾客价值的利得和利失除了要考虑一定的使用情景外，还应考虑关系利得和关系利失对价值的影响。顾客感知价值的动态性的变化和关系成本有关，等式（2）中的价格是产品的客观存在的价格，它原则上在产品送货时交付（刘石兰，2007），随着核心解决方案和附加服务的提供，所发生的关系成本是变化的，并且呈边际成本递减趋势。等式（3）反映的价值构成中，核心价值（Core Value）外的附加价值（Added Value）也是随着关系的发展而变化的，这种价值既可以是增加的（建立了良好的顾客关系），也可以是降低的（关系恶化）。他们认为，成功的关系营销战略要求在关系营销计划过程中同时考虑这三个方面（刘石兰，2007）。

全情景价值模型的提出，将关系营销的思想纳入了顾客价值理论体系，使顾客价值构成的要素更加全面，由于关系是发展变化的，这便又一次说明价值具有动态化的特点。

5. Jeanke 和 Onno 的顾客价值差距模型

Jeanke 和 Onno 在对产业市场的顾客价值研究过程中，提出了他们对顾客价值的思考，如图 2－7 所示。他们认为对顾客价值存在公司的感知和顾客自身的感知两个方面。感知价值是一个动态的概念，随着时间的推移而变化。

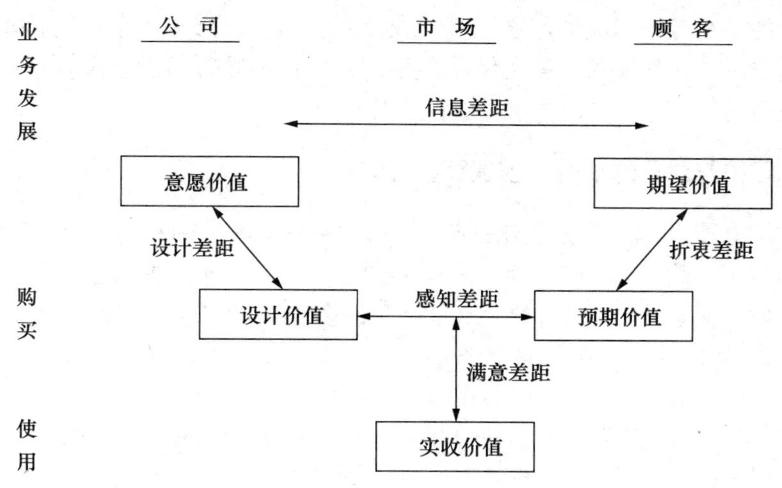

图 2-7 顾客价值差距模型

资料来源：Jeanke W. van der Haar., Ron G. M. Kemp, Onno Omta. Creating Value that Cannot Be Copied. Industrial Marketing Management, 2001, 30 (8): 627-636.

从公司的角度而言，在业务发展初期，即产品和服务的构想阶段，公司基于对顾客期望的分析，对即将设计的产品和服务的价值有一个模糊的意向，即图 2-7 中的意愿价值（Intended Value），而实际设计出的产品和服务所提供的价值（设计价值，Designed Value）和意愿价值之间是会存在差距的。

从顾客的角度而言，起初会对公司的产品和服务有一个期望价值（Designed Value），当产品和服务出现在市场中后，他们会面对实际的产品和服务，根据自己的感知形成新的预期，即图 2-7 中的预期价值（Expected Value），这一预期价值和开始时的期望价值之间是存在差距的，Jeanke 和 Onno 将之译为折衷差距（Compromise Gap）。顾客在购买并使用了产品和服务之后，会形成最终的评价，这就是实收价值（Received Value）。

从图 2-7 中可以看出，公司认知的顾客价值和顾客认知的价值之间在业务发展的不同阶段都是存在差异的。初期阶段，由于公司和顾客之间信息沟通的问题，对价值的初步设想存在信息差距（Information Gap）；产品和服务推向市场后，公司希望通过设计提供的价值和顾客感知到的价值之间，又会由于顾客的理解产生感知差距（Perception Gap）；最终，由于顾客满意的程度问题，实收价值和上述价值之间又会有满意差距（Satisfaction Gap）存在。

Jeanke 和 Onno 的顾客价值差距模型清楚地反映了两个问题：一是价值是有层次的，存在层次间的差距，是一个动态的过程；二是公司和顾客对价值的感知是有差距的，在各个对应的层次上都存在差距。这一思想提示企业重视新产品开发和研究中对顾客的关注，努力缩小各种差距，提高顾客的满意度，使顾客最终感受到较高的价值。

三、营销与质量的结合：创造顾客价值

顾客价值被广泛认为是企业获得竞争优势的来源（Woodruff，1997；Prahalad、Ramaswmy，2004）。在“消费者中心时代”，顾客价值成为制造型企业和服务型企业关注的焦点（Gupta 等，2005）。许多企业的经营模式已经转为提高为顾客创造价值的能力。在创造顾客价值的过程中，营销和质量都扮演着重要角色。

2004 年，美国市场营销学会（The American Marketing Association ，AMA）对营销进行了重新定义①：市场营销既是一种组织职能，也是为了组织自身及利益相关者的利益而创造、传播、传递客户价值，管理客户关系的一系列过程。2007 年 10 月，美国市场营销学会又对营销的定义进行了修正②：市场营销是一种全组织范围内的活动，一组制度的集合，同时也是为了顾客、客户、合作伙伴以及社会的整体利益而创造、传播、传递、交换价值的一系列过程。因此，从价值视角定义营销开始成为主流。同时，市场营销的核心从强调 4P 转为强调关系、网络和互动（Hakansson、Snehota，1995；Gummesson，2002）。近年来，以服务为主导的逻辑已经向传统的以商品为主导的逻辑发起了挑战（Vargo、Lusch，2004，2006）。

在质量文献中，“质量的视野”不断拓展。质量不再被界定为产品的零缺陷，而是通过各个方面的持续改进，创造价值，以满足顾客和利益相关方现有和潜在需求为目标（Dean、Bowen，1994；Grant 等，1994；Curry、Kadasah，2002）。从这个角度看，质量是以顾客为中心，以顾客满意为目标，为顾客提供最大化价值，并通过价值网络传递价值（Gale，1994；Mele、Colurcio，2006）。

Cristina Mele（2007）从理论上分析指出，在顾客价值创造和传递过程中，营销和质量扮演了非常重要的角色。具体表现在以下几个方面：①选择价值主张。价值主张即公司通过其产品和服务所能向消费者提供的价值（Chapelet、Tovstiga，1998）。在选择价值主张时，营销可以解释顾客的需求（Ballantyne、Varey，2006），也可以利用信息收集和反馈侦测顾客的潜在需求，从而可以比竞

---

① Jagdish N. Sheth，Can Uslay. Implications of the Revised Definition of Marketing：From Exchange to Value Creation. Journal of Public Policy & Marketing，2007，26（2）：58 –69.

② 2007 年 AMA 对营销的新定义：http：//www. marketingpower. com/AboutAMA/Pages/DefinitionofMarketing. aspx.

争者提供更优质的产品和服务，更好地满足顾客（Woodruff，1997；Lan、Kandampuny，2004）。另外，顾客价值是由顾客自己定义的，一些质量管理工具可以帮助企业明确顾客需求（Shiba 等，1993；Gale，1994；Johnson、Chvala，1996）。②创造价值营销没有在顾客需求和企业能力之间建立关联，但质量功能展开（QFD）能够将顾客需求和产品技术、功能特性转化为价值主张（Hauser、Clausing，1988），质量管理成为顾客、绩效和价值之间的纽带。③价值传递和沟通。④价值审计。

通过对 ABB、Kodak、3M、IBM、Xerox、Nestle 等 22 家企业的营销、质量部门主管的深度访谈和相关文件分析，Cristina Mele（2007）提出了质量、营销、顾客价值之间关系的理论模型（见图 2－8）。

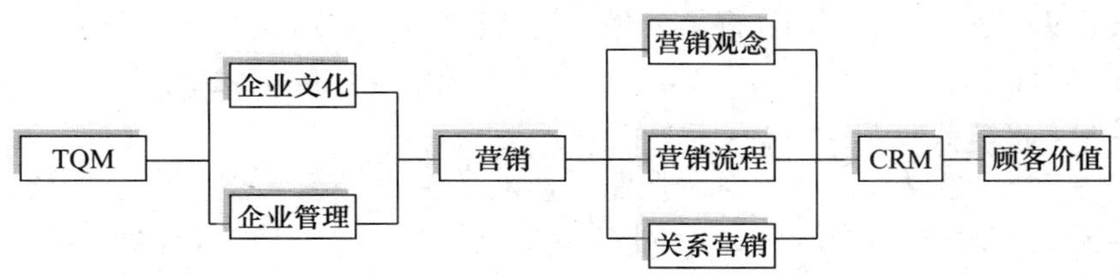

图 2－8　营销与质量的结合在创造顾客价值过程中的作用

资料来源：Cristina Mele. The Synergic Relationship between TQM and Marketing in Creating Customer Value. Managing Service Quality，2007，17（3）：240－258.

四、基于顾客价值的 3Vs 模型

1. 3Vs 模型的提出

随着市场竞争的日益激烈，产品同质化程度越来越高，顾客差异性需求也表现得更加强烈。传统的营销模式已经无法完全解决企业所面临的某些新现实问题，特别是如何根据企业营销部门所制订的计划组织企业资源，有效地满足外部顾客的需求和实现对企业提供的标的物的价值诉求。市场营销的传统理念受到了前所未有的冲击，营销人员在企业中的地位和作用受到了质疑。整个营销组织结构亦迎来了巨大挑战。所面临的问题突出表现在以下几个方面：

（1）企业资源得不到合理与有效利用。基于传统的营销模型而制订出来的企业计划执行的结果已经无法实现企业预期的目标，如产品市场占有率，企业品牌知名度、忠诚度和顾客维系等。与此同时，利用企业资源为顾客创造更高价值的难度也日益增加。

（2）企业的顾客价值定位日益模糊。目标顾客在复杂的市场环境下已经无法准确识别企业所传递的价值所在，而企业对目标价值顾客的界定不明确以及提供的产品或服务没有和顾客的实际需求实现配称。这些都造成了顾客群的流失与忠诚度的退化。无疑，不利于企业开拓新的细分市场以及巩固现有的市场优势地位。

（3）企业创造差异化的能力日益削弱。这主要是企业在传统营销思维模式所进行的战术性细分市场正在面临竞争对手的支解和蚕食。从营销战略到营销战术再到营销技巧的运作模式正在不断地扩散，其他竞争对手的模仿速度也正在加快。与此同时，企业依托差异化营销所获得的优势正在逐步缩小。表现如仿冒产品日益增多、企业运作模式的快速复制与扩散等。

（4）营销的传统地位受到质疑。接近顾客是组织范围内的一种使命，然而营销作为一种职能却丧失了其重要意义，曾经被视为关键性支出的营销费用如今却只被视为一种巨大的成本。更重要的是，营销人员在组织中曾经显赫一时的地位正在逐渐失去，营销的职能和作用正在处于被边缘化的危险中。①

2. 3Vs 模型的结构

进入 21 世纪以来，一方面，企业所面对的营销环境发生了巨大变化，顾客所关注的核心价值正面临着被企业所忽视的危险；另一方面，企业越来越发觉依据主流模型难以有效地发现价值顾客和更好地向其传递核心价值。传统的营销思维模式受到前所未有的挑战。顾客价值营销的迫切性直接给企业营销人员提出了一个富有挑战性的课题。正如 Nirmalya Kumar 所说：“营销的命运取决于营销经理能否将其扮演的角色从以促销为中心的战术家提升到以顾客为中心的变革性创新行动的领导者。”因此，就当今的企业而言，对能否具有识别核心价值并使其满足其价值顾客需求的能力提出了更高要求。

Nirmalya Kumar 在他的最新力作——《营销思变：七种创新为营销再造辉煌》一书中，向读者生动阐述了 3Vs 价值营销模型的内涵及其应用。3Vs 模型即价值顾客（Value - Customer）、价值主张（Value - Proposition）和价值网络（Value - Network）。具体含义是，发现与识别价值顾客，提出价值主张，构建价值网络这样一套以满足和创造顾客价值为核心的营销思维体系。

在 Nirmalya Kumar 的著作中，引入了 Easy - Jet 经典案例，以极强的说服力向读者展示了 3Vs 模型的成功之处。Easy - Jet 作为英国一家小型航空公司，创造性地将 3Vs 模型运用到了极致。首先是有效地识别价值顾客，主要是针对自身特点选择所服务的核心顾客群，包括自掏腰包的商务乘客，如创业家和需要自己掏腰包的小企业主，以及部分休闲旅客。其次是向其传递核心价值。鉴于所服务

① 尼尔马利亚·库马尔：《营销思变：七种创新为营销再造辉煌》，李维安、张世云译，商务印书馆 2006 年版。

的目标顾客对低价和准点的关心，Easy - Jet 毅然剔除了非核心服务项目，如固定座位、机上餐饮以及分销的宽选择等，转而向它的顾客提供低票价、准点、安全以及加快登机流程等方面的服务，甚至提出口号："用一条牛仔裤的价格飞到苏格兰！"这正迎合了顾客"对低成本航空公司诞生以前的航空服务很不满意"的心理，这些服务内容正是它的目标顾客所期盼获得的核心利益和价值诉求。Easy - Jet 正是凭借对 3Vs 模型的理解与运用，紧密围绕价值顾客市场细分。同时，Easy - Jet 相信有效地为价值顾客服务需要独特的价值网而绝非仅仅依靠差异化的营销组合。正是凭借 3Vs 模型的运用，Easy - Jet 创造了它在强手林立的欧洲航空业中的显赫业绩。

图 2 - 9 是 3Vs 模型的框架与结构。价值顾客（VC）说明我们正在或将要为谁服务；价值主张（VP）是为了说明我们能够向外部价值顾客提供什么以及怎样去实现价值承诺；价值网络（VN）表明我们应该如何向外部价值顾客传递和传播核心价值。

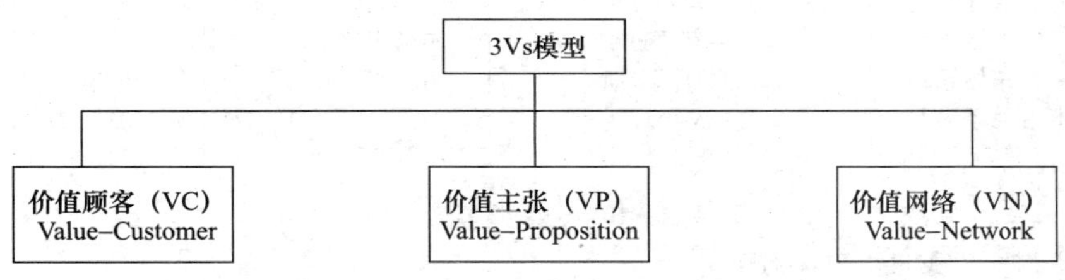

图 2 - 9　3Vs 模型的框架与结构

资料来源：Nirmalya Kumar. 营销思变：七种创新为营销再造辉煌［M］. 李维安，张世云译. 北京：商务印书馆，2006：1 - 4.

当今的市场竞争中，即使一个公司有能力生产某种新颖的、高质量的产品，但是若市场销售状况不好，企业绩效亦难以实现。因而，对公司而言，管理能力创新有十分重要的意义。其中，创新的市场营销不可或缺。创新市场营销的思路或许可以从 3Vs 模型中受到启发，有效地构建一个针对目标市场的价值流程图：首先寻找与识别价值客户，提出与之相适应的价值主张；其次构建低成本、高效率的价值网络。总之，企业的营销活动中心都要围绕怎么样能够使你生产出来的产品对客户来说有意义这个中心话题而展开。① 也即是企业的经营活动必须围绕价值顾客的核心价值展开，从某种意义上讲，企业存在的目的就是满足和创造顾

① 鸿蓊吉马：《借助客户导向创新，推动业务持续增长》，中欧管理论坛，2006 年。

客价值。①

3. 3Vs 模型与传统模型的比较

（1）传统模型的框架。经过一系列相关理论的完善与实践应用，传统模型已经形成了其基本框架，即营销观念（MP）、营销环境分析（PEST/SWOT）、营销战略（STP）、营销策略（4Ps）。具体内容结构如图 2－10 所示。

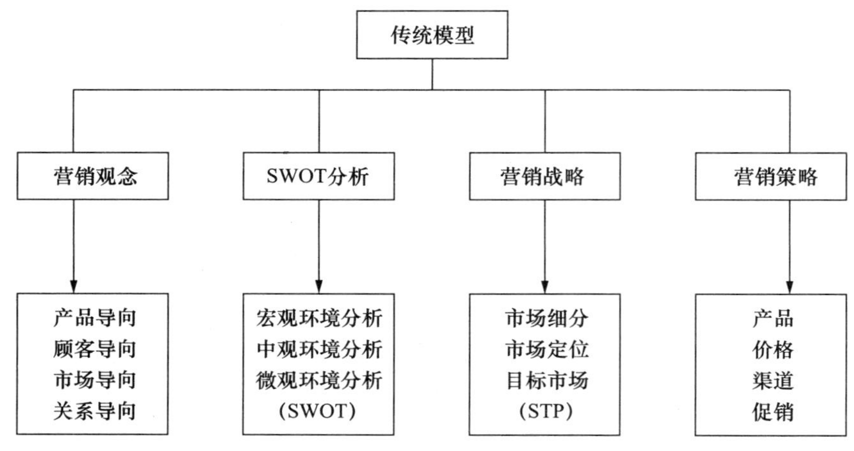

图 2－10　3Vs 模型架构图

资料来源：根据相关资料整理而成。

（2）两种模型的分析比较。

1）从侧重于管理、控制的静态到持续创新的动态。从传统模型 MP—STP—4Ps 可以看出，其努力方向是期望实现对市场营销工作有效、有序地管理和控制，使市场营销成为与企业财务管理、生产管理相并重的企业管理职能。在过去几十年里，市场营销正是凭借于此在企业组织中牢牢占据一席之地。然而，随着营销环境的变化和市场的不断变革，内部的、技术性的工作已不能满足人们对市场营销的期望。从而，更迫切需要市场营销能使企业始终保持与市场变化的同步，始终与价值顾客的需求变化同步，Nirmalya Kumar 的 3Vs 价值营销模型 VC—VP—VN 正是顺应这一趋势要求。它紧扣市场营销的核心：交换与价值（即在构建的价值网中为价值顾客提供核心价值）。因而，它创造了一个为目标价值顾客传递源源不断价值和价值创新的动态运营系统。

2）从企业思考的角度到从外部目标顾客思考的角度。很明显，传统模型站

① 马连福：《价值营销：企业成长的驱动力》，首都经济贸易大学出版社 2006 年版。

在企业自身的立场，试图通过一整套严密的管理和控制程序对目标市场实施营销活动。Nirmalya Kumar 的 3Vs 模型则突破了原有营销思考的界线，站在外部目标价值顾客的角度，实施企业的营销活动。它以向价值顾客传递核心价值为中心，通过科学的市场调研与营销研究，寻求与识别服务即外部价值顾客（目标市场选择）。然后确定向这些重要顾客提供价值标的物，即所欲的产品和服务（价值主张设计）。前两步主要由价值选择和价值设计组成。最后通过价值网络向价值顾客递交或传送核心价值（利益诉求），而它在实践应用中，又可以细化为价值传递和价值传播两项活动。如此看来，在 3Vs 模型指导下，整个营销活动设计就从“局外人”的视角出发，围绕如何让外部重要顾客获得核心价值而展开。

3）固定向外渗透融合的趋势。传统模型的实施要求具有程序化和严密的营销组织机构相配合。MP—STP—4Ps 的每一步骤都有清晰、明确的岗位职责和工作技能与之相对应。Nirmalya Kumar 的 3Vs 模型则不再着眼于营销职能的内部细化，而是突出了营销思考的战略性创新，即从外向内看问题，使企业营销计划更具有战略管理的规划能力，更具有组织实施创新能力。这将直接导致营销部门与其他部门之间的有效整合，也由此传统的营销组织边界将会被突破。这也正体现了从战术性的 SBU 营销到战略性的公司营销的转变。

4）从战术性的细分市场到能够实现深度差异化的细分战略。传统的模型主要是通过 SWOT—STP 战略展开市场细分的；然后针对不同的细分市场用 4Ps 营销技巧及其变形式（6Ps 或 10Ps）进行协调和实施。[①] 这套思路固然操作简单可行，然而在激烈的市场竞争条件下，很容易被竞争对手所模仿和复制，进而蚕食自己的细分市场，所以，极具风险性和不稳定性。利用 3Vs 模型则可以实现细分市场战略化，即依托开发出来的独特价值网为不同的细分战略提供服务。它要求协调企业的其他职能，如部门研发和组织运营。具有的独特的、难以模仿的价值网能够帮助企业实现细分市场的深度差异化，从而牢固确立对竞争对手的持久性优势。

5）从销售产品到为目标顾客提供解决方案。基于传统模型所设计的营销方案，主要目标是销售企业产品和服务，它是通过 STP—4Ps 完成的。它基本上还是采用说服的方式去寻求对产品或服务有需求顾客的支持，这样受信息不对称干扰，必然使营销活动效率不高，目标市场针对性不强，重要顾客核心价值未被完全满足，引发顾客流失，细分市场易受侵蚀。3Vs 模型则直接从顾客关注的核心价值出发，快速地向其提供问题的解决方案。它是按 VC—VP—VN 的 3Vs 模型来实现的，基本思路可以具体到 VS（价值选择）—VM（价值设计）—VD（价

① 倪海清：《CCDVTP：科特勒最新营销模型》，http：//www.emkt.com.cn/article/289/28971.html.

值传递）—VC（价值传播）。由此看出，采用3Vs模型都是围绕向重要顾客提供结局方案这一核心价值展开的，而Easy－Jet在为他的目标价值顾客提供核心服务项目的做法正是这一理念的很好体现。

五、顾客价值理论研究述评

1. 关于顾客价值研究视角

对于顾客价值研究视角的选择，顾客视角、企业视角和顾客—企业视角的研究都在随着学者们研究目的的不同而在相关领域走向深入。顾客价值理论研究的三种视角各有特色，各视角对顾客价值的理解存在较大差异，如顾客感知价值和顾客资产基本就是两个独立的概念。研究视角不同，关注的问题也存在差异。顾客视角的顾客价值关注顾客需求的满足问题，所研究的问题均是围绕企业提供给顾客的价值展开的。企业视角的顾客价值核心是企业的资产问题，所探讨的重点在于企业对顾客资产的如何管理。顾客—企业视角的顾客价值则因研究的目的不同，差异很大，既有单纯的对顾客—企业之间的关系价值的关注，也有对顾客与企业两者对顾客感知价值的理解差异的关注，除此之外，还有对顾客感知价值和顾客资产在管理活动中的结合研究。对于顾客—企业视角研究，从关系价值的研究来看，由于涉足的流派较多，研究的重点差异较大，观点不一，评价起来有一定的难度，但其实质还是以顾客感知的产品和服务的质量和关系质量为价值的内容。从顾客—企业的价值差距研究来看，研究模型过于复杂，适合定性分析，不利于进行定量分析和总结。笔者认为，只有把顾客视角或企业视角单一的角度研究清楚了，顾客—企业视角的研究才有更为实际的意义。

就Ulaga对顾客价值研究视角的这种分类方式而言，本书关注的是企业对自身所创造的、被顾客感知的价值的理解，研究的对象虽然是企业，但对顾客价值的探讨，究其实质而言，应是顾客视角的顾客价值，是企业对顾客感知价值的认知。顾客视角的顾客价值研究有利于企业发现顾客需求，利用自身资源创造优异顾客价值。企业深刻认识顾客感知的价值所在，通过提升顾客价值来开展全面质量管理，提高企业的绩效，实现竞争优势，其意义重大。如Woodruff（1997）所言，顾客价值是企业进入20世纪后获取竞争优势的源泉。

2. 关于顾客价值理论模型

对于顾客价值理论模型的研究，Kotler的顾客让渡价值模型、Zeithaml的顾客感知价值模型、Woodruff的顾客价值层次模型、Ravald和Gronroos的全情景价值模型、Jeanke和Onno的顾客价值差距模型，各有特点。让渡价值模型静态地描述了价值构成的两大因素与总让渡价值之间的关系，但比较抽象，实证的定量分析中会有难度。Ravald和Gronroos的全情景价值模型与Jeanke和Onno的顾客价值差距模型都存在相似的问题，不便于模型定量分析的运用。Zeithaml 和 Woodruff 的模型都是运用的手段—目的链理论构建的，但两者区别明显。Zeithaml 的顾客感知价值模型对消费过程中的质量、价格和价值的感知因素有非常清晰的描述，但该模型适合做静态的价值分析，且相关因素的关系太过复杂，有利于对价值构成的前置变量的探索性分析研究的实施，其模型的基本思想在静态的顾客价值研究中得到广泛应用。Woodruff 的顾客价值层次模型突出了顾客对价值的感知变化的过程，动态地描述了这一过程，用顾客对各层次的满意来反映顾客在购买各阶段对价值的理解，其模型的思想新近得到研究者的关注，但相关实证研究较少。

3. 关于顾客价值驱动因素

对于顾客价值的驱动因素研究，从现有研究成果来看，中外学者都在顾客价值相关问题研究中有所涉及。由于内在属性的驱动因素得到较为一致的认可，因此，本书将之归纳为内在属性和外在属性两个方面，有利于在研究中深入挖掘外在因素对顾客价值的影响。

总结该方面理论研究的成果不难发现，从顾客价值构成要素或内在驱动因素方面研究顾客价值的成果非常多，以 Zeithaml 顾客价值模型为代表的顾客价值构成要素的思想得到该领域内学者们在研究中的大量运用，质量和价格因素对顾客价值的驱动作用得到普遍认可。感知利得和感知利失对顾客价值的影响研究，其实质是质量和价格影响因素研究的泛化表现，是从广义或宽泛的范围理解质量和价格的影响。因此，顾客价值的内在驱动因素可以用质量和价格因素来反映。

对于顾客价值的外在驱动因素研究，学者观点较多，缺乏统一认识。本书中，笔者试图尝试从顾客特性、购买阶段、企业的资源和能力、营销质量四个方面进行归纳，意在结合本研究的需要，从市场导向、营销质量等外部因素出发，探讨其对顾客价值内在属性的影响。

根据现有实证研究的结果可以发现，内在属性的影响研究已经深入到具体行业中，质量和价格的具体指标因行业的差异有具体的评价标准。外在因素的探讨，因研究目的的不同，内容较多，没有统一认识，涉及的维度较多。结合本书研究的内容来看，从顾客价值影响因素的内在和外在属性理解，市场导向、营销质量因素的影响其实是外在属性的影响。Narver 和 Slater（1990）市场导向观的顾客、跨部门协调和竞争者因素，从前述介绍分析中得知，前两者对顾客价值形成的影响已有学者在研究中有所涉足，而竞争者相关因素的影响以及三者对顾客价值形成的共同作用的研究还有所欠缺，营销质量因为是随着全面质量营销理论的形成而提出的一个较新的概念，其对顾客价值的影响更多地停留在理论探讨阶段，较为系统的实证研究还较欠缺。

通过上述评述可以发现，基于市场导向和营销质量研究顾客价值，将有助于丰富顾客价值外在驱动因素的研究内容，从价值创造活动的关键参与者和影响者的角度，全面探讨各方对顾客价值活动的影响，同时，营销质量因素的介入，有助于更为全面地研究顾客价值创造中的质量内涵以及丰富质量研究的内容。

第二节　市场导向理论回顾与评述

一、市场导向研究

市场导向（Market Orientation）理论是在营销领域的生产观念向营销观念转变过程中形成的，是营销理论发展的结果。Kohli 和 Jaworski（1990）、Narver 和 Slater（1990）的两篇论文被公认为是市场导向观念的起源。

一般认为，市场导向的理论基础是营销观念，King（1965）把它定义为“一种管理哲学，目的是增加企业利润，调动、利用和控制企业全部努力以帮助顾客解决困难”。在这种经营哲学的指导下，企业注重顾客与竞争者等外部环境的变化，将这些外部环境信息在企业内部进行分享，并据此对外部环境的变化迅速做出反应。这样，营销就成为企业每个员工都应具有的一种理念，而不仅仅被看作营销部门的职能（Drucker，1954；Kotler、Levy，1969），企业这种执行营销观念的行为就是“市场导向”（Webster，1988）。

Webster（1988）指出，企业为了成功实施市场导向，应做到以下几个方面：一是高层经理必须支持顾客导向的价值观和经营理念；二是重视市场和顾客，并将其纳入战略规划的过程；三是强化营销经理的能力，以利于营销计划的实现；四是建立以市场表现为基础的绩效度量指标；五是全公司对顾客一致性的承诺。因此，实行市场导向的组织具有三项特征：一是企业的所有部门都能分享到所有影响消费者决策的信息；二是策略性的或战术性的决策由跨职能部门的人员制定；三是各部门能相互协调并努力完成任务（Shapiro，1988；杨智等，2005）。

Kohli 和 Jaworski（1990）、Narver 和 Slater（1990）的论文发表后，市场导向研究得到营销科学研究所（Marketing Science Institute）的支持，经过十几年的发展，逐渐从哲学基础转向内涵界定、企业绩效有效性以及市场导向实施等多个领域，形成三个主要研究领域（见表 2－1）。

表 2－1 市场导向的三个研究领域

研究领域	研究内容	相关文献
市场导向哲学基础	新营销概念，顾客观念	Kotler 和 Levy （1969）；McNamara （1972）；Hirschman （1983）；Webster（1994）；Narver、Slater 和 Tietje（1998）
市场导向实际运用	是什么？如何实施	Kohli 和 Jaworski （1990）；Narver 和 Slater （1990）；Deng 和 Dart（1994）；Narver 和 Slater（1998）
市场导向同绩效关系	不同环境条件下	Cadogan 和 Diamantopoulos （1995）；Pitt、Caruana 和 Berthon（1996）；Fritz（1996）；Greenley（1995）；Selnes、Jaworski 和 Kohli（1996）；Slater 和 Narver（1994）；Pelham 和 Wilson（1996）；Kumar（2002）

资料来源：根据相关文献整理而得。

二、内部市场导向研究

传统的市场导向，实际上是一种外部市场导向，关注的只是企业的外部市场，缺乏对于现代产品—服务行业所必需的对内部员工的关注。市场导向强调营销中的顾客、竞争者和组织过程问题（Narver、Slater，1990；Day、Nedungadi，1994；Slater、Narver，1994）。虽然已经有经验明确并证实这是一种改善商业绩效的方法（Jaworski、Kohli，1993；Pelham、Wilson，1996；Vorhies、Harker、Rao，1999；Chang、Chen，1998），但缺乏内部关注限制了市场导向对于服务和产品共生的现代市场环境的可适用性。

其实，正如 Gummesson（1994，1998）所指出的那样，在服务营销环境下，完全关注于外部市场导向已经受到越来越大的挑战。虽然，确实有证据表明外部市场导向改善了服务供应商的业绩（Naidu、Narayana，1991；Chang、Chen，1998；Vorhies、Harker、Rao，1999），但是研究内部导向对商业业绩影响的要求越来越强烈（Gummesson，1994、1998；Greenley、Foxall，1996、1998；Berman，1999）。

1. 内部市场导向的内涵

George 和 Gronroos（1991）认为，内部营销就是对管理一个组织的人力资源使用了营销观点。这建立在一种理念之上，这种理念是将组织（提供）的工作视为内部产品，将员工视为内部顾客（Sasser、Arbeit，1976）。这使组织能够通过针对公司的内部环境修改现有营销工具和技术来管理员工—雇主之间的交换（Greene、Walls、Schrest，1994）。这其实已经导致了内部营销的实施，并直接运用外部营销方式来处理内部营销问题。例如 Piercy 和 Morgan（1990）发展了一个直接与外部营销组合相一致的内部营销组合，以这种方式开展内部营销，工作和工程组成了内部产品；价格就是员工完成这份工作必须放弃什么；内部交流代表促销；通过会议进行分销，会议中向员工展示观点。

归纳起来，学者们关于内部营销的探讨主要基于两种不同的视角：过程的视角和人力资源的视角。

（1）内部营销的过程视角。内部营销文献的第一种流派是基于全面质量管理的视角，集中于服务交付的过程。其代表人物主要有 Barrett、Lukas、Maignan、Ahmed、Rafiq 和 Saad 等。总的思路是将内部员工和部门视为企业中其他员工和部门的内部顾客和内部供应商（Barrett，1994；Lukas、Maignan，1996）。其基础性的理念是，质量与服务营销组合、服务利润链和服务规划中的过程要素紧密相连。

其中，Ahmed、Rafiq 和 Saad（2003）认为，内部营销与内部过程有关，作为企业过程支持组合①的一部分，内部营销改善了组织的整个流程。通过提高与内部顾客的服务交易的质量，组织可以改善影响与外部顾客的服务交易的质量。为了区分这一内部营销思路与其他思路，就采用了与 Lukas 和 Maignan（1996）使用的方法一致的“内部顾客导向”标签。

Reynoso 和 Moores（1996）将内部顾客导向的主要内容归纳如下：①培养改善内部服务质量的意识；②识别“内部顾客”和“内部供应方”；③识别“内部顾客”的预期；④向“内部供应方”沟通这些预期，使得他们探讨自己满足这些要求的能力/障碍；⑤“内部供应方”识别与实施行为变化以确保其能交付适当水平的服务；⑥衡量内部服务质量并反馈给“内部供应方”。

内部营销的过程视角仅从“过程”，即内部部门之间协作考虑内部营销问题，因此并没有涵盖内部营销的所有含义，忽略了内部营销“人”的方面的内容。因此，就有了内部营销的第二种视角——人力资源视角。

（2）内部营销的人力资源视角。内部营销的第二种视角是基于人力资源的视角。这种思路更多地考察服务营销组合中的“人”这一要素（Booms、Bitner，1981）和服务营销三角模型②中的内部关系。其基础性的理念是：外部营销的成功部分取决于企业能否满足并激励员工，创造被满足和被激励的员工是内部营销的重要职责（Sasser、Arbeit，1976；Berry，1984；Berry、Parasuraman，1991）。可见，这种思路的核心在于公司与员工的关系以及这种关系如何促进员工与顾客

---

① Ahmed、Rafiq 和 Saad（2003）认为，内部市场导向组合包括最高领导层的支持组合、企业流程支持组合，跨职能合作组合。他们将内部可控的因素称为内部市场导向组合。

② 服务营销三角模型是由 Kotler（1994）提出的，他指出，一个服务管理者应该关注的营销关系包括顾客和公司之间的关系（外部营销）、顾客和员工之间的关系（互动营销）、公司和员工之间的关系（内部营销）。

之间的关系，为了将这种内部营销方法与以上讨论的“内部顾客导向”方法区分开，与创造满意的、受到激励的雇员相关的行为被贴上了“内部市场导向”的标签①（Lings，2004）。

总之，Lings（2004）认为“内部市场导向”描述了这样一种观点，即雇员组成内部顾客，而雇佣则是内部产品（Berry，1981、1983、1984；Berry、Parasuraman，1991；Van Haastrecht、Bekkers，1995；George，1977、1990）。

内部营销的人力资源视角考虑了内部营销“人”方面的内容，但又忽略了内部营销“过程”方面的问题，这也是不全面的。笔者认为，内部营销应该既包括“人”，也包括“过程”，因此打算借用外部市场导向的相关概念，构建一个新的“内部市场导向”概念，并对其进行维度构建与验证。

其实，Berry（1987）认为，人们所知道的关于外部实施营销的每个方面都在内部应用中有一个对应部分。因此，通过获得这种类比，可以认为内部市场导向没有被广泛采用可能是因为缺少一个相似的文化“基础”。因此，进一步理解并运用内部市场导向的一个有前途的研究方向就是内部市场导向观点。

这一观点认为，公司在成功采用外部市场导向前需要发展强劲的内部市场导向（Piercy，1995；Conduit、Mavondo，2001）。这就产生了一个维持公司内部与外部导向程度之间的平衡的对称导向（见图2－11）（Pitt、Foreman，1999）。Gronroos（1983）以及Ahmed、Rafiq和Saad（2003）都认为通过采用内部市场导向，内部市场导向战略变得更加有效率，并增强了其外部市场的竞争力。

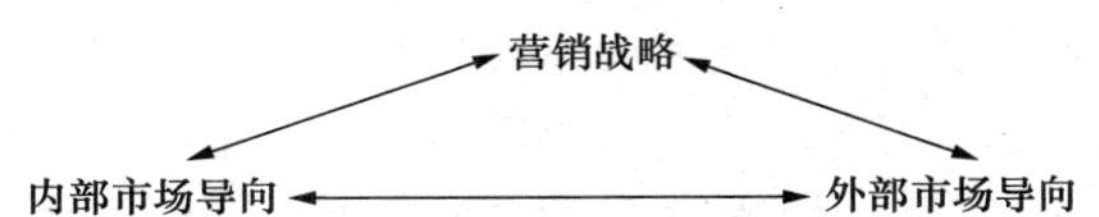

图2－11　一个对称的导向

资料来源：Pitt L. F.，S. K. Foreman. Internal Marketing Role in Organizations：A Transaction Cost Perspective. Journal of Business Research，1999，44（1）：25－36.

2. 内部市场导向的维度

Madhavan和Grover（1998）认为，市场导向②理论结构基本可分为行为观

① Lings（2004）认为，内部营销的人力资源视角就是内部市场导向，而笔者虽借用这一概念，但内容却与其存在明显区别。笔者的“内部市场导向”是与外部市场导向概念相对应的一个概念，笔者认为内部营销应该既包括“人”，也包括“过程”。

② 近十几年来，市场导向蔚然成为营销学界最广受探讨的主题之一，从市场导向理论的基础到市场导向的构成维度及测量，学者们从理论和实证角度对市场导向进行了大量的研究，如Narver和Slater（1990），Kohli、Jaworski和Kumar（1993）以及Wrenn（1996）等。

（Behavioral Perspective）、文化观（Cultural Perspective）两类。行为观（信息角度）主要是从特定的行为来描述市场导向，文化观（关系角度）则从更为深层的组织文化来分析市场导向。

行为观（信息角度）强调市场导向是企业内部的一系列特殊的行为，它包含三种活动：市场信息的收集与部门之间信息的交流和扩散以及组织对信息做出的反应。因此，本质上市场导向是一种信息管理的过程，是组织通过学习提高竞争力的关键途径。

Kohli 和 Jaworski（1990）的观点就基于行为观，他们将市场导向定义为三种活动的集合：与现有和将来消费者需要相关的市场情报的产生；市场情报在部门间的传播与扩散；对市场情报的反应能力。由于这种定义集中于特定的营销活动，因此接纳这一定义使执行营销观念更富操作性，因此它也成为目前被广泛引用的较为权威的界定方式。以此概念为基础，现代的市场导向文献集中探讨了这一概念的测量问题、模型问题和执行问题。

借用市场导向定义，内部市场导向也应该有三个主要的支柱：收集相关的内部市场信息；在员工和监管者之间传播这些信息；用恰当的内部市场导向战略对这些信息做出反应。

Lings（2004）对这三个理论支柱进行了详细的规范性描述，认为内部市场信息收集与收集员工市场的信息有关，即明确员工的交换价值，识别特定的有不同特性和需求的员工并做内部市场细分，以及为这些内部顾客设计战略。

信息一方面与管理者和员工之间交流信息有关，另一方面与不同部门和不同层级的管理者之间的交流有关。交流的目的有两层，第一个目标是与员工交流新的营销战略和公司战略目标。这种类型的交流是通过内部大众传媒（如商业简报和便条）。第二个目标是在公司管理者之间建立对员工需求的理解。

最后，对信息做出反应。这些信息与设计满足员工需求的工作、相应调整薪酬机制、使公司的管理层更多地考虑员工需求以及提供给他们必要的培训以发展他们的工作职责所要求的技能和能力相关（见图 2－12）。

Lings 和 Greenley（2005）发展了这一思想，他们认为，内部市场导向应被看作外部环境中市场导向的内部等同物。内部市场导向包括与员工的要求和需求有关的信息的生成和传播，以及设计和实施恰当的满足这些要求和需求的反应。他们描述了内部市场导向的行为维度（见图 2－13）。

借用 Kohli 和 Jaworski（1990）提出的建立一种市场导向的观点，Gounaris（2006）认为也可以将内部市场导向描绘为一个多角度架构（见图 2－14）。

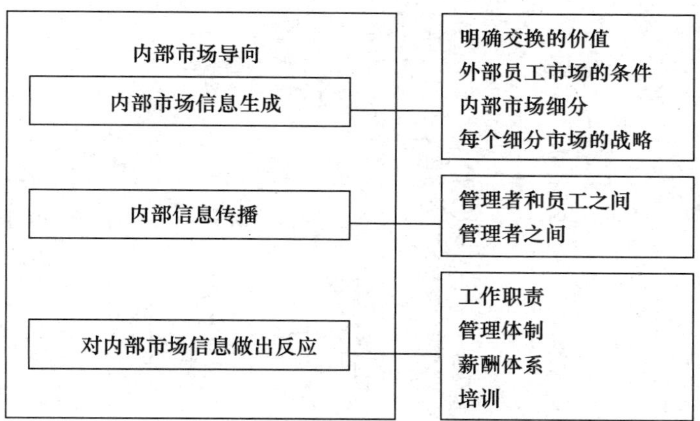

图 2-12　内部市场导向的行为维度以及各自典型的活动

资料来源：Lings I. N. Internal Market Orientation：Constructs and Consequences. Journal of Business Research，2004，57（4）：405-413.

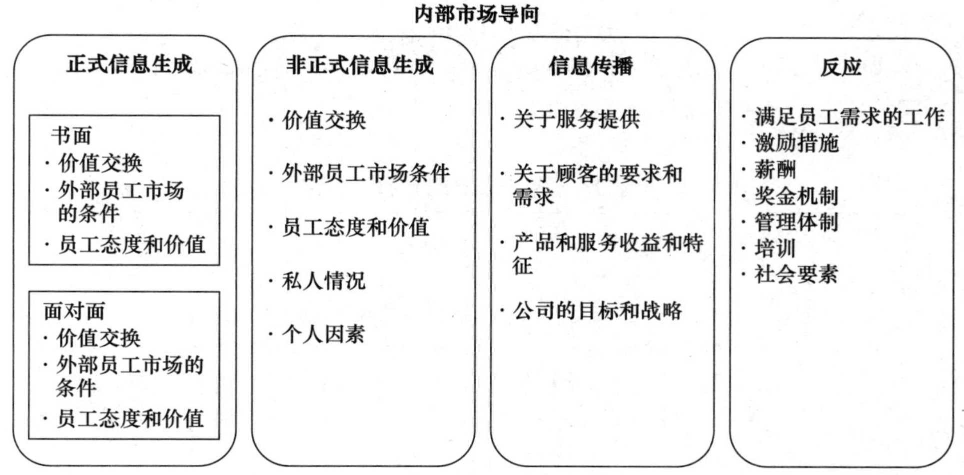

图 2-13　内部市场导向的行为维度

资料来源：Lings I. N.，G. E. Greenley. Measuring Internal Market Orientation. Journal of Service Research，2005，7（3）：290-305.

借鉴信息角度的外部市场导向研究架构，张婧（2006）将内部市场导向活动归纳为内部市场研究、内部沟通、内部响应三种。表 2-2 列出了内部市场导向的三个行为维度以及典型的活动。

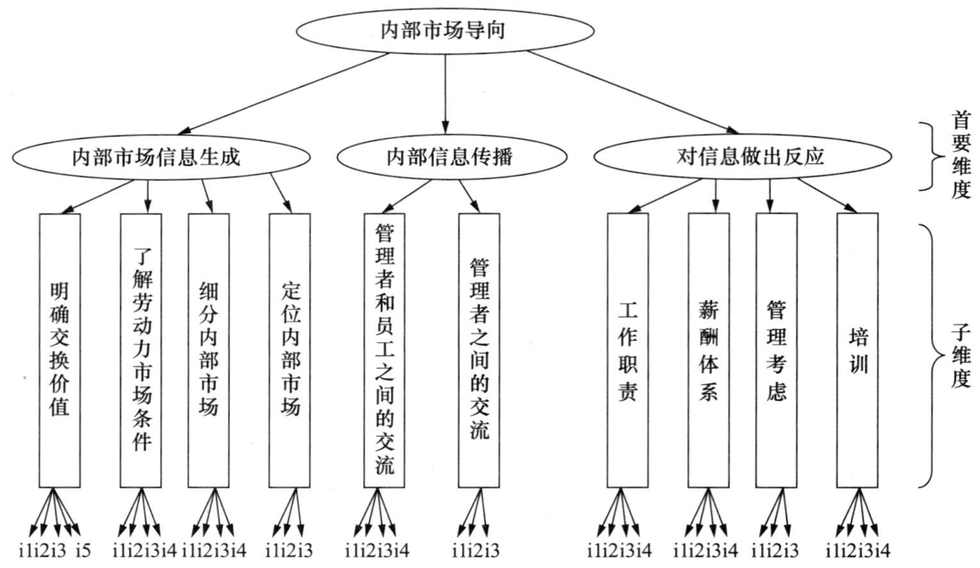

图 2－14　一种内部市场导向概念——一个等级方法

资料来源：Gounaris S. P.. Internal－market Orientation and Its Measurement. Journal of Business Research, 2006 (59): 432－448.

表 2－2　内部市场导向的三个行为维度和典型活动

	行为维度	典型活动
内部市场导向	内部市场研究	获取内部市场的信息 细分内部市场 各个细分市场的战略
	内部沟通	员工之间的沟通 管理者和员工之间的沟通 管理者之间的沟通
	内部响应	设计能满足员工需要的工作 持续的在职培训 奖金和薪酬制度 给予员工充分的关注和认同 良好的工作环境

资料来源：张婧：《内部市场导向的理论模型构建思路》，《预测》，2006 年第 1 期。

市场导向组织文化观（关系角度）首先是由 Narver 和 Slater（1990）提出来的，他们把市场导向看作一种文化，认为市场导向“是组织文化……以最有效率和效果的方式进行必要的行为，为顾客创造优越价值，为企业取得不断的优越绩效”。

文化对于市场导向有更深刻的作用，Narver 和 Slater（1990）指出，如果市场导向仅仅是一组行为，与更深层的组织信念系统完全没有关系，则不论组织的文化是什么，市场导向都能够被任何组织在任何时候移植，而这显然是不成立的。

组织文化观强调市场导向是企业文化的一部分，它包括顾客导向、竞争者导向和跨部门协调三个部分，还有两个决策准则——长期目标和利润导向。

这五个构面的具体定义如下：第一，顾客导向是指组织完全了解目标消费者，为顾客创造持续优势的价值。这里的顾客不是单纯指现有的顾客，还应包括因经营环境变化而产生的潜在顾客。第二，竞争者导向是指企业要针对其现存和潜在的竞争对手进行分析，了解他们的优势和劣势，据此制定竞争对策。第三，跨部门协调指企业任何部门都能为顾客创造价值，跨部门协调产生的价值远比营销一个部门产生的价值多。因此，企业必须对其拥有的各种资源进行协调与整合，为顾客创造卓越的价值。第四，长期目标是指组织从长期的角度来看待投资的回报和企业的经营。第五，利润导向指以利润为导向对各部门的绩效进行评估。

从图 2－15 可以看出这五个构面之间的关系：顾客导向、竞争者导向和跨部门协调三者形成一个等边三角形，这表示三种行为同等重要。这主要是因为顾客导向和竞争者导向包括在目标市场对顾客和竞争者的信息收集及信息在组织内的传播活动。跨部门协调是基于顾客和竞争者信息处理及企业协调的努力，为顾客创造优势价值。因此，为建立顾客价值，企业组织必须兼顾顾客导向、竞争者导向和跨部门协调，对三者给予同等重视（杨智，2005）。

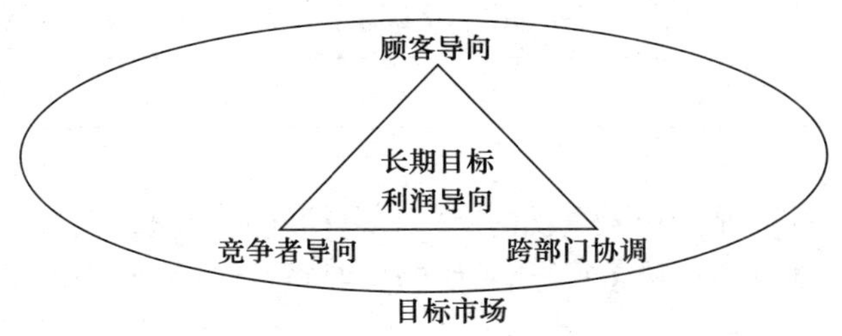

图 2－15　Narver 和 Slater 的市场导向

资料来源：Narver J. C.，S. F. Slater. The Effect of a Market Orientation on Business Profitability. Journal of Marketing，1990，54（4）：20－35.

三、内部市场导向述评

通过理论基础的回顾与文献的梳理，不难发现市场营销观念的发展是与经济发展紧密相连的，正是因为随着消费者的自主意识和竞争对手压力的不断提高，才使得市场营销理念越来越深入人心，并逐步成为企业家们不得不日益重视的一个问题。同样，随着人们生活水平的不断改善，人们不仅重视物质方面的消费，也越来越重视服务方面的消费，因为人们已经认识到对任何产品的提供来说，服务都是重要因素①，而且产品的服务要素被认为是决定长期市场份额和盈利性的唯一重要因素，因此服务问题也逐步成为企业家们不得不重视的另一个问题。

市场营销有一句经典名言——在满足消费者需求的过程中实现企业的目标。但人们发现，不管是理论研究者还是企业实践者们都更多地愿意谈论那句名言的前半部分——满足消费者的需求，他们俨然成为消费者的代言人和利益维护者，其实维持企业存在和促进企业发展的动力和本源是企业的盈利。正是因为消费者购买企业的产品和服务后企业才能最终实现盈利的目标，企业才愿意花那么多的资源去研究消费者的需求问题。其后，伴随着竞争压力的加大，企业的盈利目标受到竞争者的影响，于是企业又开始重视竞争者的行为。这应是市场营销观念从重视满足消费者需求（顾客导向）向既重视满足消费者需求又重视竞争者行为（市场导向）模式演化的根本原因。

内部营销观念的形成和发展正是在这样的一个大背景下进行的。综观近些年勃兴的内部营销观念以及市场导向观念，笔者认为其中的内在逻辑联系如表2－3所示。

表2－3　内部营销与市场导向等观念的关系

	内部市场（要素市场）	外部市场（商品市场）
需求方面	内部顾客导向	顾客导向
供给方面	内部市场导向	市场导向

人们从重视顾客导向转向重视内部顾客营销问题是随着服务业以及服务的重要性日益凸显而进行的；从重视顾客导向转向重视市场导向是由于竞争者的竞争

① 对于消费者来说，改变交易对象的无法抗拒的理由是他们对服务的不满，英国的一项民意调查显示：消费者变更供货商的原因74%是由于服务过失或态度冷漠，而消费者对商家忠诚的原因82%在于更好的服务。

压力日益增强而进行的；从重视内部顾客导向转向重视内部市场导向是为了不仅要在外部市场（商品市场）对抗竞争者，而且还要面对内部市场（要素市场）日益激烈的竞争而展开的。

由于市场交易的达成是需求和供给共同作用的结果，因此企业最终能否实现赢利不仅取决于顾客（需求方面因素），而且取决于竞争者（供给方面因素）①。

内部和外部的区分，让笔者更清醒地意识到，顾客导向和市场导向与内部顾客导向和内部市场导向的本质区别就是要素市场和商品市场之间的关系②。即企业之间的竞争不仅体现在外部的商品市场上，而且更进一步地体现在内部的要素市场上。

众所周知，消费者所消费的商品都包含了产品与服务两个方面。在以往人们更重视其有形的一面（产品），而忽视了无形的另一面（服务）。正是因为人们越来越意识到商品的有形与无形的二重性，才使得与无形这个方面更密切相关的内部要素构成日益成为人们关注的焦点③。企业发现内部要素市场和外部商品市场之间也存在着替代关系，即可以通过内部要素市场的运作来替代外部商品市场的运行。

笔者认为，企业内部要素市场和外部商品市场的本质区别就是各自市场中供需双方交易对象的差异④。前者交易的对象是契约，而后者交易的对象是产品。在内部要素市场上，不管是企业本身，还是竞争者，以及企业内部顾客（员工），交易的对象就是关于市场中需求者（员工）所追求的关于其自身生存和发展的一份雇佣契约。

内部市场导向与作为促进营销战略有效执行的市场导向相对等。本书希望借用市场导向的成熟理论模型和框架，将其范畴自然延伸到内部营销领域。

笔者通过对已有文献的认真收集和梳理，发现到目前为止还没有从关系角度来论述内部市场导向的文献，因此笔者试图着手从这一角度展开相关的研究工作⑤。

---

① 正是因为以前人们认为市场的供给是由本企业自身决定的，所以在实践和研究中才过分强调所谓的4Ps这些企业可以内控的因素，而忽视了其他竞争者对供给的现实影响。

② 张五常后来发展了科斯的理论，认为科斯关于企业与市场之间的替代关系可以进一步理解为是要素市场与商品市场之间的替代关系。

③ 无形性不仅包含服务，而且还包含产品市场研究、研发、生产等相关内部运作环节和过程。

④ 一些文献提出了内部与外部市场交换相一致的观点。如 Sasser 和 Arbeit（1976）认为，在外部市场顾客用现金换取商品和服务；在内部市场，员工用时间、能量和价值换取金钱。

⑤ Piercy（2002）指出，在对进入市场的过程进行管理时，新型关系（与消费者、合作者、竞争对手以及同事）比合同和业务更重要。

以哈佛大学商学院教授迈克尔·波特为代表的定位学派是当今战略管理学科的主流，该学派最著名的分析方法是行业五种竞争力模型。可以说，波特的竞争战略理论开创了企业战略研究的崭新领域，推动了全球企业管理理论研究的进步，并对企业的经营管理具有现实指导意义。《经济学人》杂志曾这样评论他："波特的使命是带来一场知识革命：将管理与严密的经济学分析融为一体，用真实案例详尽地说明经济学理论，从而创立了一门新的学科，它能同时激发学者和商业实践者。"

可以说，波特的理论为管理学开辟了一条研究的新思路，本书试图借用波特的五种竞争力模型，结合市场导向组织文化观（关系角度）①，在此基础上界定一个新的架构——"内部市场导向"关系模型，同时建立对内部市场导向与组织绩效的关系模型，并以中国企业为实证研究对象，验证所提出的理论架构，进而提出管理上的启示。

笔者借鉴外部市场导向模型，形成一个概念模型：图 2－16 是笔者借鉴 Narver 和 Slater（1990）的市场导向结构图，并结合波特的五力理论分析框架而构成的。笔者认为内部市场导向是企业的一种管理哲学，是一种文化，它应包括员工导向、跨部门协调和环境（因素）导向三个部分②，还有两个决策准则：长期目标和利润导向。具体含义如下：

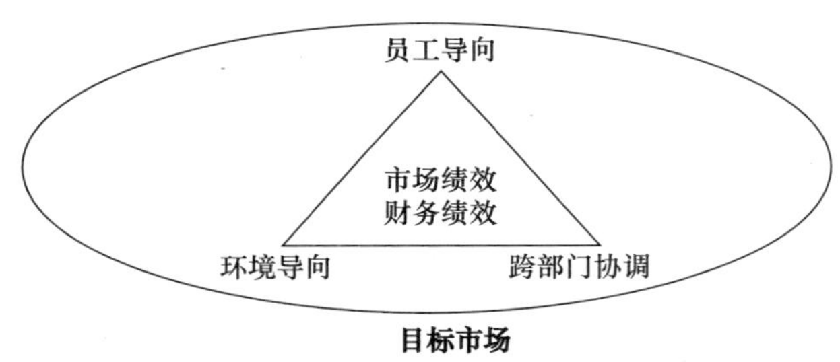

图 2－16　内部市场导向概念模型：基于关系角度③

资料来源：借鉴外部市场导向模型形成的概念模型。

① Egan（2001）指出，内部营销一般被认为是一个关系发展过程。

② 正如 Varey（1995）和 Thomas（1987）所指出的那样，内部营销是一个跨越员工和管理层以及不同部门之间关系的运作过程，同时企业做任何事情都要考虑周围环境的影响。因此，借鉴外部市场导向相关原理，笔者认为内部市场导向应包括员工导向、跨部门协调和环境导向三个维度。

③ Gronroos（1994）将关系营销定义为："在适当的情况下，识别和建立、维持和增进同消费者以及其他利益相关者的关系，同时在必要时终止这些关系，以利于实现相关各方的目标，这要通过相互交换以及各种承诺的兑现来实现。"

（1）员工导向是指组织为了拥有满意的员工，应该完全了解员工，这样才能为顾客创造持续优势的价值。Ahmed、Rafiq 和 Saad（2003）指出，内部市场导向在对待员工时使用类外部营销观，将员工看作顾客。Gronroos（1981）认为，内部营销的目标是激励员工、得到有顾客意识的员工。激励员工的手段是类营销活动（Gronroos，1985）。

（2）跨部门协调指内部营销的实施需要跨部门的合作，特别是人力资源管理部门与市场营销部门的合作（George，1990；Rafiq、Ahmed，1993），正如 Gummesson（1990）所强调的那样，当公司不考虑各个部门之间的联系时，公司就会变成一个“破碎的链”（Broken Chains），会导致各部门仅关注“部落福利”（Tribal Warfare），即每个特殊的部门就像一个部落仅对部落内部成员忠诚，而不是对整个公司忠诚。Rafiq 和 Ahmed（1993）也指出，服务的有效传递不仅需要有顾客意识的员工，还需要接触型员工与后台支持员工的配合。因此，内部营销也被看作整合不同部门功能的工具（Gronroos，1981）。Richardson 和 Robinson（1986）通过案例研究也验证了这一问题。

（3）环境（因素）导向①包括竞争导向和合作导向。竞争导向是指企业进行内部营销时要对影响“工作产品”的现存和潜在的竞争对手进行分析，了解他们的优势和劣势，据此制定竞争对策。竞争者提供什么形式的可供选择的雇佣条件，这可以使（组织提供的）工作对于潜在的和现有的员工来说，比竞争者的工作更加具有吸引力（Berry，1981；Huseman、Hatfield，1990；Stauss、Schulze，1990）。Lings（2004）指出，收集竞争者在雇佣市场上的行动以及与公司竞争相同员工的雇佣条件等与内部环境有关信息的必要性，他认为一个与内部市场相关的重要信息是在雇佣市场上的竞争因素，尤其是竞争有相同技能员工的公司范围。合作导向是指企业进行内部营销时要对影响“工作产品”的合作者进行分析，以了解合作者的行为对本企业实施内部市场导向的影响。

（4）长期目标指组织从长期的角度来看待投资的回报和企业的经营②。

（5）利润导向指以利润为导向对组织的绩效进行评估③。

① 笔者之所以将市场导向的竞争导向修改为环境导向是基于以下事实——企业目前面临的是一个竞合时代。正如 Egan（2001）所指出的那样，关系可以被定义为竞争合作共同产生价值的整个过程。

② 从探索性研究反馈的结果来看，人们一般认为从长期来看，“顾客满意度是关键。有满意的顾客，才会有产品的销售，才会有企业的经济效益。”

③ 决策准则（4）和（5）直接来源于市场导向，因为任何组织不管其进行内部营销还是外部营销的目的最终都是一致的。

第三节 解决方案研究

经济的全球化导致企业间的竞争日益激烈，使得企业所生存的环境也越来越不稳定，为了适应新的环境，许多企业开始从提供单纯的产品或服务向提供以顾客价值为主导的解决方案转变，试图根据不同顾客的价值需求，为顾客提供全面的解决方案。20 世纪 90 年代以来，西方学者开始关注解决方案现象，目前的研究主要集中在以下几个方面：

一、解决方案的内涵研究

1. 解决方案的起源

解决方案供应的趋势主要起源于以 BOT 模式（Build – Operate – Transfer，建造—经营—移交）为代表的项目营销（Brady 等，2005；Cova、Salle，2007）。20 世纪 80 年代，由于市场管制放松，部分国家经济私有化和自由化加速，引发了 BOT 基础设施项目（电力、自来水、交通、通信等）的出现。在 BOT 项目中，国家为弥补公用资金的不足，求助于私人部门来融资、设计、建造和运营用于公共服务的基础设施，并且私人部门在约定的时间内将基础设施的资产所有权和运营权返回给国家。这种市场管制的放松使得在某些领域内出现了一些新兴的服务提供商和运营商，它们拥有国有企业不具备的技能，这些新兴的服务提供商和运营商就是解决方案供应商的雏形。

20 世纪 90 年代，当 IBM 这样的 IT 设备供应商响应客户需求，率先供应和安装整合的硬件与软件系统，并在产品生命周期内向客户提供服务支持时，由公共基础设施部门开创的解决方案供应方式，开始在商业基础设施项目中发展和运用。此后，越来越多的企业开始尝试解决方案的提供。

事实上，“解决方案”并非是个新鲜的名词，其思想可以追溯至“整体产品”的概念。在吸收 Levitt（1980）提出的整体产品概念后①，Kotler（1984）将其 1976 年提出的产品三层次结构理论（核心产品、形式产品和延伸产品）修正

---

① Levitt 认为，完整产品（Total Product）概念包括基本产品（Generic Product）、期望产品（Expected Product）、扩充充品（Augmented Product）及潜在产品（Potential Product）4 个层次，并且他说人们购买产品（不管是纯粹的有形产品，还是纯粹的无形产品，或者是两者的混合体）都是为了解决问题，产品就是解决问题的工具。

分为五个层次表达整体产品的概念[①]：核心产品是产品最基本的层次，指向顾客提供基本的效用或利益。顾客购买产品是为了获得能满足某种需要的效用，而不仅仅是占有或获得产品本身。基础产品是核心利益借以实现的形式，是企业向客户提供的产品实体和服务的外观，包括对其功能来说绝对必需的那些属性和特征，但不是显著的特性。期望产品是顾客在购买产品时期望的一整套属性和条件。附加产品是迎合客户需求而超越其期望水平的物品或服务，是产品区别于竞争对手的其他属性、利益或与之相关的服务。潜在产品是产品最终可能的所有增加和改变。

从 Kotler 的定义来看，解决方案（或整体产品）就是基于产品并包含一些附加要素（由用户使用基础产品而派生出来的需求所创造出的待满足的衍生产品）的组合，是将"解决方案"或"整体产品"定义为产品和服务的捆绑。

2. *解决方案的界定*

对解决方案的定义并不是一蹴而就的，就像使用整体产品概念一样，早期的学者使用"产品服务、产品—服务系统、全面服务、功能销售、功能产品、运营服务、服务增强、服务化"等不同概念试图表达与"解决方案"类似的含义。1993 年，IBM 前董事长郭士纳（Louis V. Gerstner）第一次明确地使用"完整的整合解决方案"一词来表达顾客的真实需求，并且随着 IBM 推行整体解决方案商业模式的成功以及其他诸如思科、康柏、太阳等企业的跟进，企业界和理论界慢慢开始接受并使用"解决方案"这一概念。

"解决方案"的英文表达是"Solution"，牛津字典对它的定义是"解决，求解，回答，解决一个难题、困惑、疑问、困难等的方法"。目前在解决方案的文献中，用得较多的几个词汇是"整合解决方案"（Integrated Solutions）、"客户解决方案"（Customer Solutions）、"全面解决方案"（Total Solutions）和"解决方案"（Solution）。整理自 1999 年以来对"解决方案"的定义，发现不同背景的研究者对"解决方案"的定义至今仍然没有达成一致意见（见表 2－4、表 2－5）。

表 2－4　国外学者对"解决方案"的定义

学者	解决方案定义
Srivastava 等（1999）	解决方案是被定制去创造和满足独特的顾客需求。物质产品仅仅是一部分，它强调供应链任务、活动协调和整合去促进解决方案的设计、展开与传递，不仅仅是原材料、物料、部件和成品的获取与传递
Sharma，Molloy（1999）	解决方案能力要求识别顾客价值构成及其怎样被捕获及共享的新视野。解决方案不仅仅是一个定制活动，有利可图的解决方案能够复制标准化和定制化的产品组合，提供给多重关系的顾客

① 转引自 MBA 智库百科（http：//wiki. mbalib. com/）中的"产品整体概念条目"。

续表

学者	解决方案定义
Comet 等（2000）	解决方案不是一个现有产品线的延伸或者服务和产品的捆绑。它是一种新的方法，在系统中为顾客创造价值，并且由此延伸到为方案供应商创造价值。作为产品、服务和知识（如风险管理、绩效保证、顾客咨询）被开发，解决方案是供应商对顾客紧迫业务需求的定制化响应，是构建在合作和相互信任基础上的革命化顾客价值主张的创新性的建筑
Shepherd，Ahmed（2000）	解决方案供应商要求平衡现有的产品和产品开发能力，与此同时，同步引进利润更高的服务以某种方式整合产品组件，这种方式解决了顾客的特殊业务需求而不是技术需求。解决方案供应商需要快速和精确地识别变化的顾客需求，开发更复杂的产品去满足他们的需求，提供更高水平的顾客支持和服务，并且利用信息技术的能力去提供更大的功能和绩效
Bennett 等（2001）	解决方案不仅为顾客创造价值，也为方案提供者创造价值。成功的解决方案供应商寻找方法以技能、信息、工具和权威去配备营销人员，以顾客怎样被服务和收费为基础，优化成本—收益决策
Foote 等（2001）	各行各业原本是制造和销售产品各自独立的企业，解决方案正在改变它们的战略。通过整合不同的产品和服务—将供应商和顾客一并纳入—创造更高的价值空间，借以解决一个完整的顾客问题
Galbraith（2002）	追随解决方案战略的企业把它们的产品捆绑在一起并增加对应的软件和服务。这些套装（Package）比顾客自己通过仅购买单一的产品能创造更多的价值
Sharma 等（2002）	一个真正的解决方案，是一种根本不同的方法，它通过满足五项标准为顾客和供应商创造额外的价值：它被顾客和供应商共同创造；它整合了产品和服务去满足顾客的本质需求；以绩效和风险为基础制定合同；供应商和顾客之间的关系通常是亲密的，远远超过传统的买卖关系；解决方案是为每一个顾客而定制的
Johannsson 等（2003）	解决方案是在创造价值方面产生协同效应，是为顾客解决一个问题或帮助顾客完成其业务中的一步。更特别的是，定制化和整合的水平让解决方案超越了产品、服务或两者的捆绑
Day（2004）	一个真正的解决方案战略要求产品与服务的整合，是被顾客和供应商共同创造的，为每一个顾客而定制，吸收了顾客的风险
Davies 等（2006）	解决方案不是制造单独的产品或销售服务，应该是高价值的、统一的响应顾客业务需求而在技术、产品和服务上创新性的结合
Sawhney 等（2006）	解决方案是产品、服务和信息的定制化、整合的组合，其目的是为了解决顾客问题。它让顾客比购买单一的产品和服务组件的集合获取更好的结果
Charlotta（2007）	在一个顾客的解决方案中，供应商保留了设备所有权，并且通过减少顾客成本或使顾客创造新的和更多竞争性的提供物为顾客增加价值，购买者根据使用的水平或涉及的获得的成本节余进行支付
Tuli 等（2007）	供应商把解决方案看作是为满足顾客业务需求而定制和整合的产品和服务的组合。相比之下，顾客把解决方案看作一组顾客—供应商相关过程的构成：顾客需求定义、产品和服务的定制与整合、提供物的展开、展开后的顾客支持，所有的目的都是满足顾客的业务需求

资料来源：笔者在 Ahlert（2008）的基础上根据文献整理而成。

表2-5 国内学者对"解决方案"的定义

学者	解决方案定义
王新新（2000）	解决方案是包括实体产品、服务和信息在内的一切东西，即一个能全面解决顾客问题的方案
张莺迁（2005）	解决方案不只是简单地把一堆相关产品的软硬件组合到一起，也不仅是把顾客要求的产品和服务合并起来，更不是一般意义上的"全方位服务"。一个真正的"解决方案"应当是在顾客参与下完成的，根据顾客的需求设计的、符合顾客特殊要求的、超越产品功能利益的个性化服务整合体。该整合体包含了三方面的利益要素以及要素组合：产品或服务固有的"功能利益"以及延伸功能利益，产品或服务获得过程的"程序利益"和交易双方缔结的"关系利益"。顾客的参与使得"解决方案"的利益要素相互融合，形成了相互支持、互为补充的整合关系
李静（2006）	解决方案不只是简单地把一堆相关产品的软硬件组合到一起，也不仅是把顾客要求的产品和服务合并起来，更不是一般意义上的"全方位服务"。一个真正的"解决方案"应当是在顾客参与下完成的，根据顾客需求设计的、符合顾客特殊要求的、超越产品功能利益的个性化服务整合体

资料来源：笔者自己根据文献整理而成。

在整体产品的概念中，Kotler 明确指出，产品可以包括实物、服务、构想等其中的一个或多个组合，而产品的核心是要解决顾客的问题。从"解决方案"的英文解释可以看出，解决方案就是对问题的一个回答，其焦点不在于产品和服务，而在于顾客问题的解决方法和效果。

从国内外学者对解决方案的定义可以发现，对解决方案基本统一的认识是：解决方案是为每一个顾客定制的；它是产品和服务无缝连接的整合体；它产生的价值要大于产品和服务简单组合的价值总和。部分学者提出了以下重要观点：解决方案是由顾客和供应商共同创造的；解决方案经常包括绩效基础和风险基础的合同；解决方案强调供应链任务和活动的协调与整合。

由此可见，解决方案既不是"新瓶装旧酒"，也不是全新的概念，这一概念更多地作为一种整合服务包供应的专业化的理解，是在工业品或日常消费品领域经历的一次复兴（Ahlert，2008）。在实践和理论相互促进发展的基础上，营销思想已发生了重要的变化，营销被认为是以顾客为中心，整合组织中所有职能与流程，通过价值诉求来构建承诺，并通过满足顾客期望、兑现承诺，以支撑顾客价值生成过程，从而为顾客和其他利益相关者创造价值的过程，强调以顾客价值为中心提供解决方案的过程和对价值诉求兑现承诺（Christian，2008）。

考虑营销实践中顾客的个性化需求增强、企业与顾客的交互性、企业为顾客提供解决方案的网络特征以及企业应该兑现它为顾客创造价值承诺的时代要求，本书在借鉴 Sharma 等（2002）观点的基础上对解决方案进行界定：解决方案是由企业和顾客共同创造的、满足顾客个性化和本质需求的、为顾客兑现价值主张的产品和服务无缝连接的整合体。需要说明的是，虽然解决方案强调它是“产品和服务无缝连接的整合体”，但并非指解决方案产品必须既包含有形的实物产品，又包含无形的服务产品，而是指在解决方案产品中必须有一系列能为顾客创造价值的要素，它可能是由有形产品组成的产品包，也可能是由无形服务组成的服务包，但更可能是由有形产品和无形服务组成的整合包。

3. 解决方案的基本特征

博思艾伦咨询公司（Booz Allen Hamilton）认为解决方案的特征（Sharma，1999；Cornet，2000；Sharma，2002）主要包括：解决方案是满足顾客本质需求的产品和服务无缝连接的整体提供物；它由顾客（和它的网络）同供应商（和它的网络）共同创造（Bernard，2008）；它是为满足每一个顾客特殊需求而定制的；它是以顾客价值为导向，向顾客兑现价值的承诺；双方共同承担管理风险，包括以绩效和风险为基础的合同；具有亲密的顾客关系。

中国研究者黄朝斌（2007）则认为解决方案有如下特征：针对性，包括功能需求、目标用户定位和顾客个性化需求三方面的针对性；整体性，包括纵向业务、功能整合和横向整合三个方面的整体性；方便性，包括产品熟悉、系统操作和一站式三个方面的方便性；经济性，包括节省成本、经济效益和时间成本三个方面的经济性；竞争性，包括差异化、优势和方案定位三个方面的竞争性；灵活性，包括功能可选、产品系列和可集成三个方面的灵活性。

另外，就是解决方案的动态性（陈斌，2006），解决方案不是永远不变地对顾客有价值，像产品一样，它们也将被商品化，而且顾客的需求将不断变化，使得今日的解决方案在明日的市场上失败，这个过程会反复出现（亚德里安·斯莱沃斯基，1999）。

4. 解决方案的类型

关于解决方案类型的研究，目前学者们主要从动态性、捆绑和整合的程度以及行业属性三个层面进行了探讨。

（1）动态性视角下的解决方案类型。博思艾伦咨询公司从动态性的角度说明了解决方案的类型，认为解决方案的内容是一个随时代发展不断深化的动态过程（Sharma、Molloy，1999），随着时代发展表现出不同的形式，主要从销售方式和市场提供物定制化程度的时代演进过程两方面来说明解决方案的类型（见图 2－17）。

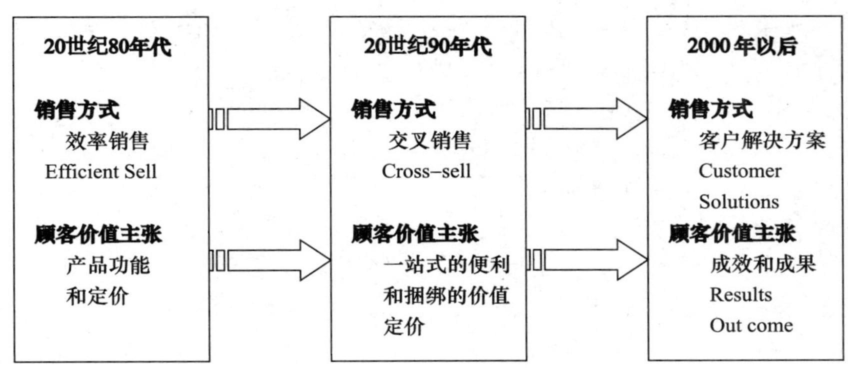

图2-17 解决方案销售方式的时代演变过程

从Sharma和Molloy所说的解决方案销售方式和解决方案定制化程度的演进过程可以看出，解决方案的内容随着时代发展而不断变化，所以解决方案的类型也是随着时代的发展体现出不同的层次，例如，随着提供物从单一的产品或服务发展到多重产品和服务的整合体，对个性化的关注从不考虑的标准化发展到全面的定制化、对顾客的价值主张从产品或服务的功能与价格发展到整合提供物的成效与成果。因此，从解决方案的动态发展角度来讲，解决方案可以分成单一产品、单一产品的标准解决方案、单一产品的定制解决方案、多个产品的标准解决方案和多个产品的定制解决方案五种类型（见图2-18）。

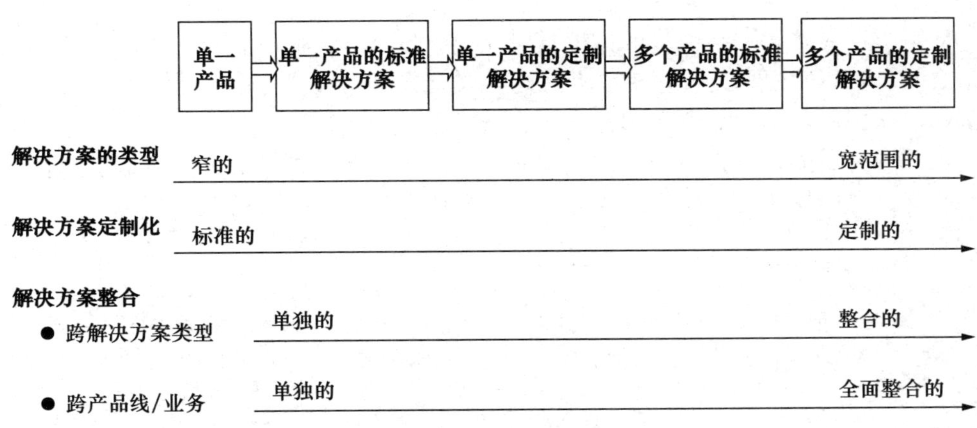

图2-18 解决方案的动态演进过程

（2）捆绑和整合程度视角下的解决方案类型。中国企业家展讯通信有限公司的武平董事长（潘九堂，2006）以电子产业为例①，从中间商的角度按组件的捆绑和整合程度把解决方案分为四种类型：

1）标准的产品。设计公司（Original Design Manufacturer，ODM）向原始设备制造商（Original Equipment Manufacturer，OEM）提供的全面解决方案。

2）全套组件。OEM 可以把所需要的东西一站式购齐，这也是一些元器件分销商提供的全面解决方案。

3）捆绑的全套组件。产品线齐全的半导体大厂将基带、射频和软件等主要元器件捆绑在一起销售，OEM 仍需要较长的时间将产品开发出来。

4）定制的整合组件。半导体厂商提供的真正意义上的全面解决方案，它是一种平台的方式，有些类似一站式购齐，给 OEM 提供所需的东西，但同时又给 OEM 空间，OEM 可以根据自己的要求来修改，来实现差异化。

国外有学者也从相同的视角将市场提供物分成了四种类型（Daniel、Roegner，2000）：单一的组件、捆绑的组件、整合的组件和解决方案。从这两组分类来看，分类结果基本一样，但实践者与学者的认识却有分歧，实践者认为根据组件捆绑和整合的程度不同，可以有四类解决方案，但学者却认为只有捆绑和整合都很高的组件才能叫解决方案。我们认为，可以用动态性的观点来解释这个问题，随着认识的深化，捆绑和整合程度都会是一个相对的说法。

（3）行业属性视角下的解决方案类型。从行业属性的角度，解决方案可分为横向和纵向两种（Galbraith，2002）。横向解决方案对大多数行业都是通用的，可以对不同行业的顾客类型使用。纵向解决方案是行业内可以通用的，但不同行业的解决方案会有很大差异。

从上述对解决方案类型的讨论可以发现，虽然有三种不同的视角，但这些视角之间是可以相互联合使用的，并且这种联合更可以验证一个问题，即解决方案是一个从标准化到定制化再到标准化不断发展的动态过程。

需要说明的是，很多企业的产品部门倾向于设计解决方案平台，这个平台的产品包都是由模块化的组件构成的，90% 是预开发的，可以被卖给不同行业的顾

① 武平发表这段言论的缘由是 2006 年 4 月 18 日，电子工程专辑网站一位叫“Cotulla”的网友在电子工程专辑网站论坛中发表了一篇题为“全面解决方案对工程师的危害”的措辞激烈的帖子，引起了广大读者的热烈关注和讨论。后来，电子工程专辑网站主编张国斌又发表文章《全面解决方案是腐蚀工程师的麻醉剂还是提高能力的人参果》继续探讨这个问题，随后《国际电子商情》邀请了展讯公司的前总裁兼 CEO 武平专门探讨这个问题，在这次专访中武平发表了他对全面解决方案的看法，他认为大家混淆了电子产业四种不同说法的全面解决方案，所以得出了错误的结论。武平认同全面解决方案是未来电子产业发展趋势这种说法。他表示，这是产业分工的结果，OEM 将尽量使用已经成熟的技术和方案，将产品尽快推向市场，使产品效益最大化。其中，芯片和软件（主要是物理层和协议栈）由半导体厂商提供，而工业设计（ID）、结构设计（MD）等这些外形创新、功能创新和应用定义方面的东西，应该由设计公司和品牌厂商（OEM）去做。

客。产品部门的做法就是要把一次性的解决方案变成可以更广泛适用的解决方案，这样做可以为企业带来规模效益。但是，当现有产品被集成到解决方案中，产品和解决方案之间的区别就会变得模糊，而且一旦解决方案被固定和标准化之后，它也就成为产品了。所以，对于可重复的解决方案或解决方案平台，我们认为它实质上已经是标准化的产品了。①

5. 解决方案的价值来源

库马尔（2006）和博思艾伦咨询公司的 Edward Cornet、Deven Sharma 等（2000，2002）都对解决方案的价值来源进行过研究。

库马尔认为解决方案供应商通过三种方式创造顾客价值：一是帮助顾客增加收入。二是承担顾客的风险和部分业务的责任。三是降低顾客购买产品或服务的总成本。并且，库马尔认为虽然有些功能强大的解决方案能够实现所有的三个方面，但大多数解决方案都只能将其中一方面作为主要目标。

Edward Cornet 等认为解决方案创造价值有四种方法：一是改善运营绩效，如减少的原材料使用成本、减少的流程/交易成本、改善的对市场变化的敏捷性、便利性的提高。二是提高资产效率，如从非核心活动中抽出资产、管理资产绩效。三是扩大市场，如引入新产品、联合销售刺激需求。四是规避风险，如承担价格和销售风险、管理技术跟上市场变化。

综上所述，我们认为解决方案至少通过三种方式为客户创造价值：一是帮助顾客增加收入，如改善运营绩效、提高资产效率和扩大市场份额等。二是降低顾客购买和使用产品或服务的总成本，如降低原材料的使用成本、降低过程或交易成本、提高便利性等。三是承担顾客的风险和部分业务的责任，如承接以前由顾客自己运营的资产，规避顾客管理和技术风险；提供不间断的服务供应，避免顾客业务的中断；承担价格和数量风险等。

二、解决方案的前置因素研究

目前，对解决方案前置因素进行过系统研究的学者还不多，总体结论比较零散，这些研究主要从供应商和顾客两个角度来展开。

从供应商角度探究解决方案前置因素的学者认为，作为解决方案供应商，与顾客建立良好的关系远比完成交易重要，因为和传统的产品销售不同，解决方案是一个持续的过程，在过程中与顾客建立良好稳定的关系是有效实施解决方案、传递顾客价值的保证（Ballantyne、Varey，2006；Cova、Salle，2000）。也有人认为，解决方案不只标定了价格的定制化产品的捆绑，而应该把解决方案看作顾客

① Foote，Galbraith，Hope，Miller. Making Solutions the Answer［J］. McKinsey Quarterly，2001（3）.

需求识别、满足顾客需求以及提供顾客支持的持续过程。在此过程中，顾客需求识别、整合产品与服务以及后续的顾客支持是影响顾客感知解决方案有效性的因素（Hafjikhani 等，1996）。在许多情况下，顾客对服务传递过程的感知比对服务传递结果的感知更能决定他们对服务质量的评估（Grönroos，1984）。在解决方案传递过程中，仅仅与顾客企业员工建立稳定的关系是不够的，还要了解他们对于解决方案的态度，从而消除解决方案实施过程中的障碍，提高顾客满意度。

从顾客角度探究解决方案前置因素的学者认为，作为解决方案提供者应该以服务为中心，而不是以产品为中心。在解决方案中，真正能够体现顾客价值的是服务而非产品。顾客感知的服务质量对解决方案的有效性产生重要影响（Gummesson，2006；Vargo、Lusch，2004）。

综合供应商和顾客两个角度来看，解决方案的开发所面临的挑战不仅与内部组织有关，同时也与企业网络中参与者的关系和相互作用有关。为了开发有效的解决方案，企业不仅要加强与最终消费者之间的关系，还要在更广泛的企业网络中加强与合作伙伴、研究机构和政府机构之间的关系（Windahl 等，2006）。Windahl 等进一步通过案例研究识别了影响有效开发解决方案的、与企业网络关系有关的六个关键要素：项目中不同参与者间关系的强度；企业网络中企业的地位；企业网络的范围；解决方案对企业现有内部活动的影响；解决方案对顾客核心流程的影响；外部决定性因素。这些要素表明，在企业网络中有关企业之间关系的要素可能与企业内部因素同等重要，它们共同影响着解决方案的开发及其有效性。Tuli 等（2007）认为，解决方案的有效性取决于解决方案能在多大程度上满足顾客需求。由于一个解决方案是由四个相关过程构成的，因此解决方案的有效性也取决于四个方面：顾客需求能否很好地识别；定制化和整合的产品或服务能否满足顾客需求；产品或服务的展开过程能否满足顾客需求；展开后支持能否按顾客需求提供。

三、解决方案供应商的能力要素研究

作为解决方案供应商，究竟需要具备哪些核心能力，是众多学者、咨询人员和实践者关心的内容。有不少学者对这一问题进行过深入的探讨和研究，代表性的观点如下：

1. Shepherd、Ahmed 和 Windahl 等的观点

2000 年，Shepherd 和 Ahmed 以计算机和电子设备行业为例进行了研究。此后，Windahl 等在 Shepherd 和 Ahmed 研究的基础上将范围拓展到金融行业，他们提出了解决方案供应商的组织能力模型，认为解决方案供应商需要基于强烈的顾客交互把技术与产品能力同整合、咨询和合作能力匹配起来，也就是说，应该具

备四项关键能力：技术和应用能力、系统整合能力、市场/业务和咨询能力及合作能力（见图2-19）。

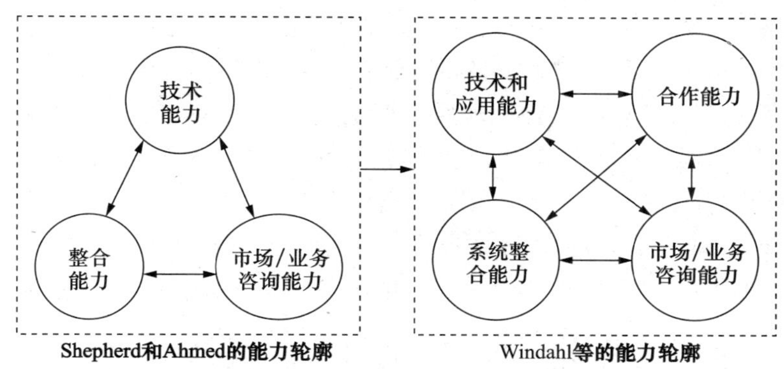

图2-19 Shepherd、Ahmed 和 Windahl 等的解决方案供应商能力模型

技术和应用能力包括围绕着硬件和软件的知识、经验和二者的组合，也包括贯穿整个生命周期的应用和运营能力，如维修、融资、更新和运营系统，这构成了一个解决方案供应商在某个行业内运营的基础。系统整合能力是指整合组件和子系统到运营系统中的能力。市场/业务和咨询能力是以相关的行业和技术知识为顾客提供服务的能力。合作能力是为了提供整合解决方案以及同它的顾客发展持续的业务，而与其他的供应商和咨询人员建立联盟和伙伴关系的能力。

2. Cornet 等的观点

虽然解决方案都是单独定制的，没有统一的方法或模板去遵循，但仍然有一系列核心能力需要每个企业去发展，以便在解决方案中避免缺陷并取得可观的回报（Cornet 等，2000）。这些核心能力包括以下几方面内容：

（1）目标客户选择能力。尽管许多供应商都能识别提供解决方案的机会，但并不是每一个顾客都愿意使用解决方案。在大多数行业里，一个大型供应商的顾客群里只有10%的顾客愿意接受解决方案并可让供应商获利；另外10%的顾客可能足够大，但不一定愿意接受解决方案，而是在等待验证的结果；但是，这20%的顾客群可能占了供应商生意的一半以上。

为了评估哪些顾客要优先开发，解决方案供应商应该按照下面几个标准对顾客进行筛选：当前关系非常好的顾客；有改善市场绩效和创造更多价值压力的顾客；解决方案在短期内最可能创造更高利润的顾客；可能产生能被未来解决方案提供物重复使用的模块或重复使用的商业构成的顾客；在地域上解决方案供应商正计划去发展最初能力的顾客。

（2）解决方案设计与传递能力。设计并传递最好的解决方案需要供应商和顾客共同创造，按顾客需求定制化并尽可能采用和制造模块化的组件，而且还必须有合理的商业框架来保证双方的利益。

1）联合开发。价值创造的关键是同顾客一起工作，以整体超过其部分之和的方式整合和捆绑定制的产品、服务、系统以及商业条件的组合。这是一个共同努力的过程，不仅涉及供应商和顾客的营销人员，也涉及双方的设计和生产人员。这个虚拟的联合开发团队从企业的观点评估顾客现在和未来的需求，然后基于供应商的能力定义和排序解决方案的机会。

2）定制化。尽管解决方案这个词汇意味着定制化，但定制化的程度将明显随着顾客规模和需求而变化，同时，定制化的程度还依赖于解决方案的长期经济可行性。

3）模块化。目标是创造能被杠杆化和反复重新组合的学习模块。理想地，一个供应商想为一个资金雄厚的大型顾客创造一个高度定制化的解决方案，而这个解决方案能以很少的费用改造成其他小一点的顾客所需要的。解决方案构建最现实和经济的方法是采用大量标准化的组件或模块，并利用卓越的顾客理解来定制化。

4）发展相互受益的商业框架。在价值创造上建立早期的双赢最终依赖于识别正确的顾客和解决方案机会，并发展一个切实可行的以及相互受益的商业框架。商业框架开始于合作精神而不是竞争，解决方案开发更多的是关系导向的而不是交易驱动的。对一个解决方案业务，顾客必须把它的价值链的重要部分委托给解决方案供应商，而解决方案供应商必须负担重要的前期开发成本。双方都需要投入时间、金钱和精力去建立最终实现解决方案提供潜在更高收益所要求的信用和信任。

（3）解决方案定价能力。获取价值的“公平份额”是解决方案商业主要成功的关键。因此，指望建立解决方案业务的供应商表达的最共同的心声不是怎样开发解决方案本身，而是怎样获取为保证盈利性而创造的价值。为获取价值的“公平份额”，解决方案供应商和顾客需要尽早定义成功标准和报酬机制，为达成这个目标，解决方案供应商需要注意以下事项：

1）要良好的信息，同顾客非常好的工作关系和高效率、有效果的定价工具。

2）解决方案是长期的努力，长期的价值创造是绩效的关键尺度，企业不能只关心单个交易，必须评估解决方案的生命周期价值。

3）绩效基础的定价结构可以有多种形式，例如，基于事先协商的比例共享实际取得的收益；在事先协商的时间内全部收益归供应商，之后这个收益给顾客或重新协商；在互相信任的前提下开诚布公地定价（供应商公布成本，顾客告知收益)。由于解决方案是给顾客单独定制的,它不容易拆解产品的组件一一进行对比,所以供应商可以摆脱同顾客“成本加价”方式的价格谈判。

3. Davies、Brady 和 Hobday 等的观点

2000~2003 年,Davies(2004)、Brady(2005)和 Hobday(2006)等利用价值流的方法对阿尔斯通①、爱立信②、泰雷兹③、阿特金斯④和大东电报⑤五家不同行业的国际企业进行案例研究后认为,当企业想转型成为解决方案供应商时,不论它是产品制造商还是服务供应商,它们都必须发展四项新的关键能力:

(1)系统整合能力:设计和整合由企业内部或外部开发的硬件、软件和服务构成的系统。系统整合者外包比重日益增加的生产活动给外部的制造商,同时保留它们领导复杂项目和管理供应商与顾客大型网络的能力。从根本上说,它们的工作是保证给顾客的系统的价值要大于组件部分之和的价值。创造价值的挑战在于系统的技术复杂性日益增加。

关于如何描述和整合组件到一个系统中,企业面临着一个战略选择,它们可以吸收自己企业内部已经开发的技术和产品,也可以从顶级制造商那里利用技术和产品。例如,服务基础的企业没有自己的生产能力,它们经常就有一个灵活优势,可以给顾客选择和定制最好的多厂商系统。

(2)运营服务能力:在整个运营生命周期内运营、升级和更新一个产品。因为系统整合者对顾客需求有深入的理解,并且系统已经设计,所以在系统的生命周期内,系统整合者有优越的条件为运营、维修和升级系统提供服务。运营服务包括无形的服务,如维修、备件供应、培训、嵌入在实物产品中的软件基础的服务(如故障报告和远程诊断系统)。提供运营服务为新产品、升级和更换部件的未来订单打开了一扇大门。同时,当解决方案供应商逐渐接管一个顾客的运营活动时,它们有额外的动力从更可靠的和更易维修的起点来设计系统。相似地,当设置了合适的流程,从运营中学到的教训能反向促进新产品的改进设计。

(3)业务咨询能力:在怎样发展商业计划、设计和建立一个系统以及维修

① Alstom(阿尔斯通),1928 年成立于法国,是世界上发电及轨道交通基础设施领域最大的制造商之一,它提供的发电设备现已占全球总装机容量的 25%,在世界轨道交通市场拥有 18% 的市场份额。

② Ericsson(爱立信),1876 年成立于瑞典斯德哥尔摩,是全球领先的提供端到端全面通信解决方案以及专业服务的供应商。

③ Thales(泰雷兹),源于 1879 年的法国汤姆逊(THOMSON)集团,是设计、开发和生产航空、防御及信息技术服务产品的专业电子高科技公司,是欧洲第一大战斗系统(包括侦察系统、火控系统和操纵系统)生产集团,目前世界上有超过 50 个国家的海军使用该公司生产的装备。

④ Atkins(阿特金斯),1938 年成立于英国,是国际上领先的大型上市顾问集团公司,核心业务是为客户的各类资本投资项目提供全方位全过程的咨询。

⑤ Cable&Wireless(大东电报),1872 年成立于英国伦敦,是英国老牌电信公司,为企业和个人用户提供语音、数据和 IP 服务,占世界长途电话通信市场 1/4 的份额。

和运营等方面为顾客提供建议。典型地，解决方案供应商对怎样识别、诊断和解决运营与战略问题，开发商业计划，利用复杂新技术的潜力，选择和联结技术去改进顾客的业务流程以及变革顾客的传统商业模式提供建议。解决方案供应商正通过与专业的服务企业创建合资企业来获取咨询公司或者在内部发展咨询技能来培养咨询能力。

（4）卖方融资能力：帮助顾客购买高成本的产品并且管理固定资产的已有装机基础。提供卖方融资的企业可能采取价值共享合同的形式，如降低系统的购买价格，而在系统的运营生命周期内回报将来实现的一定比例的价值，或者它可能制定资产管理的规则以减少成本和延长已有装机基础产品的运营生命周期。

4. Cerasale 和 Stone 等的观点

Cerasale 和 Stone 是 IBM 商务咨询服务部的高级顾问和企业研究负责人，通过 IBM 的转型过程以及他们自身的咨询经历，他们提出了解决方案供应商应该具备的核心能力①。从理论上说，网络经济促使供应商几乎完全虚拟化，企业完全可以依靠合作伙伴来提供设计和传递解决方案所需要的能力和能力载体，但事实并不是这样的，大多数企业与外部服务供应商、合作伙伴长期保持着关系，但它们并没有进一步扩大合作。

应该说，建立合作伙伴关系可以实现共同选择，共同专业化，促进学习和内在化。它可以快速争取到资源，帮助供应商更敏捷地应对市场的变化。把关注的焦点集中在少量的经营活动上，企业就可以通过专业化提高技能，增长知识。然而，建立合作伙伴关系也存在缺陷。整合各个独立的供应商资源是很困难的。独立的供应商相互竞争，特别是当它们拥有相似的服务能力、策略，或在管理合作关系上缺乏经验时，更是如此。

企业有许多理由选择在企业内部发展与保留设计和传递解决方案的能力。一些稀缺资源能向顾客提供特殊的价值。因此，这些资源就成为供应商保持竞争优势的源泉。供应商不愿意其竞争者获得这些资源。有些能力使得供应商在它的合作伙伴网络中处于主导地位。很多顾客寻求端到端的解决方案，并选择"一站式责任制"。如果合适的管理系统发挥作用，员工取得了共识，那么协调员工的活动比管理外部合作伙伴更方便。

推行解决方案的企业必须获取新的能力，必须转换现存的能力。有些能力可以从外部获得，另外一些能力则必须由内部发展（如文化）。大多数提供解决方案的企业倾向于在企业内部发展和保留以下五种能力：

（1）解决方案的设计能力。解决方案的创造和传递是以团队的形式展开的，

---

① ［美］马克·塞拉塞尔、默林·斯通：《IBM 按需解决之道》，毛忠明等译，上海译文出版社 2006 年版。

它包括发展顾客关系、解决方案的市场推广、销售和设计等。解决方案的销售人员需要帮助顾客了解他们的问题和机会，并对应对这些问题和机会以及各种可供选择的措施进行评估，然后与顾客一起工作，创造和传递独特的解决方案。解决方案销售人员主要注重于顾客价值的创造，产品通常是次要关注的问题。与之对应的是，对解决方案有需求的顾客不太关心产品的特性和功能，他们更关心运用这些产品的价值创造活动。由于有的顾客是交易性顾客（喜欢低价格），有的顾客是咨询性顾客（喜欢解决方案）。因此，企业要更具模块化，更加联盟化，转变其垂直综合型的企业设计，形成二元的组织结构，既能提供产品又能提供解决方案。

（2）解决方案的传递能力。今天，很多传递服务的合同都是以固定的价格、在固定的时间内提供固定水准的服务订立的，但由于市场变化的非连续性增加，许多顾客希望供应商能更加灵活地提供服务。他们希望供应商能更像合作伙伴那样一起共事——能意识到顾客需求并快速做出响应，能承担更多的风险。他们更需要像“按使用小时收取费用”之类的服务。但是，传统企业的组织形式趋于官僚化、等级化，当提供的服务是定制化或十分复杂时，这种机械化的组织显得循规蹈矩、非常缓慢。因此，服务供应商必须转变其体系和结构让企业成为有机组织，使其形式更加自由、更加灵活，使提供服务更像一种艺术。

（3）创新能力。由于产品创新可以成为竞争的优势，所以产品创新对提供解决方案的供应商来说依旧很重要，尤其对那些同时还继续独立地销售产品的供应商来说更是如此。但解决方案是以服务为主导的，所以提供解决方案的企业还需要将视野从产品创新拓展到服务创新和企业经营创新上来，并且要不断地、更广泛地进行创新。

（4）知识管理能力。解决方案的顾客寻求专门知识、经验和效率。他们挑选对他们的行业、问题和机会拥有专家知识的解决方案供应商。解决方案的顾客希望解决方案供应商能提供超前的思维、新的洞察力和原创性的思想。超前的思维可以是一种观点、一种被顾客看重的对一个问题或机会的专家知识。专家知识具有很高的价值，可以使解决方案供应商在合作伙伴的网络中处于关键地位。

在提供解决方案的企业内，很多员工都是知识工作者，有价值的信息以知识的形式存储在员工的头脑中，那是关于顾客的知识，关于程序如何运作、机器如何操作或是技术如何整合的知识，同时，知识丰富的员工供不应求，并且容易跳槽。因此，企业有必要运用知识管理系统捕捉和保留这些知识。

（5）合作伙伴关系管理能力。大多数提供解决方案的企业都要依靠其合作伙伴，有些合作伙伴关系或联盟是“权宜婚姻”，本质上是投机性的、操作性的，有些则是战略性的。战略性的伙伴关系是在历经数年、几经选择、相互理解和信任的基础上建立起来的，并且这些关系通常建立在高层企业领导人之间。因此，解决方案供应商的最高管理层有选择地与顾客、供应商、合作伙伴建立全企业范围的价值创造关系至关重要。

四、基于解决方案供应商的转型研究

对传统企业应该如何向解决方案供应商转型，不同背景的学者也从不同的角度进行了探讨。

1. Shepherd 和 Ahmed 的转型观点

Shepherd 和 Ahmed（2000）认为，一个解决方案聚集的商业模式需要大量的组织调整：关键的组织流程需要调整以保证执行的清晰和连贯性；报酬和补偿机制需要调整以鼓励解决方案的开发和成功销售而不是保持过去以产品为中心的销售动机；组织内部有效沟通需要加强以便让每个人跟得上变化并认识到需要变化；需要保证管理战略的重新定位是在工作的并且有效的。

他们还认为采用一个解决方案模式受冲击最大的领域是组织结构。他们发现，成功的解决方案供应商正日益采取一个“横向能力”的组织结构，在这个组织结构里，大多数员工提供了一个横向主题的专长，而横向能力被认为是企业的核心。拥有这样组织结构的企业能很好地响应变化的顾客/市场需求，并且不被限制在一组被产品知识和经验驱动的严格界定的解决方案上（见图2－20）。

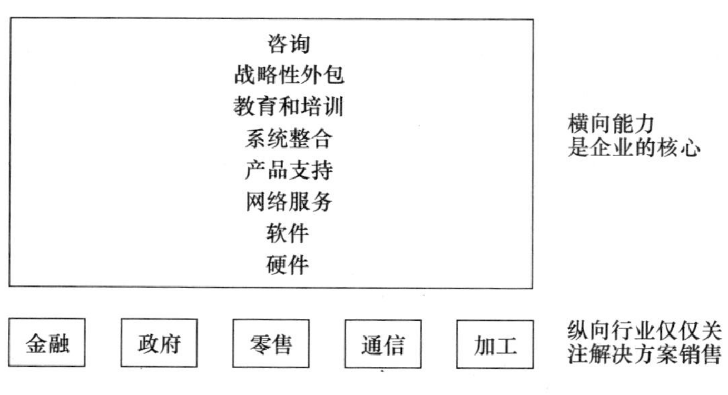

图2－20　Shepherd 和 Ahmed 的解决方案供应商组织结构模型

2. Doster 和 Roegner 的转型观点

Doster 和 Roegner（2000）主要指出了四个方面的转型要求：

（1）选定组织结构。决定是否作为一个独立的业务单元设立解决方案组织或者让解决方案组织成为现有业务的一部分是非常重要的。在许多案例中，为解决方案业务设立单独的组织显示出很好的效果。从解决方案自身来说，一个解决方案单元可以遵循它自己的目标，而这个目标可能与现有组织的目标相冲突。这个解决方案组织能形成它自己的文化和销售方式，并且能有不同于交易导向业务单元的适合解决方案的指标和奖励办法。

（2）通过合作伙伴、联盟和并购聚集技能。企业能要求外部的技能和知识去促成它的解决方案，每一个要素不必来源于内部。当解决方案开发和实施、销售和营销以及顾客服务时，外部的卖主能提供跨这些功能需要的高水平的技能。

（3）以解决方案的溢价设定价格。解决方案定价完全不同于组件定价，如果是通过组件或捆绑定价，顾客能跨不同的卖主比较价格，那么解决方案获取的收益可能不会比组件之和高。解决方案定价是基于满足一个顾客需求的全部价值，反映的既有有形的又有无形的要素价格，获取的价值超过了部分之和，那才是解决方案的溢价所在。

（4）让销售团队和方法适应解决方案环境。组件专家销售流程通常是交易性的，也就是说，销售人员知道产品并且能快速有效地把它们传递给价格敏感的顾客。通过发展“顾问式销售方法”，解决方案销售在销售人员和顾客之间涉及更亲密的关系。顾问式销售人员需要知道不同的要素是怎样促进解决方案的。他们也能给顾客提供安装和培训建议，帮助顾客理解他们的问题和机会，并且展示解决方案是怎样提供利益的。销售合同也反映了顾问式方法，不是列出组件和价格，一个解决方案合同列出每年获取的价值以及顾客怎样验证他们物有所值的指标。在一个解决方案合同里，顾客能看到供应商是怎样分担风险的以及与绩效有关的赔偿。

3. Foote 和 Hope 等的转型观点

麦肯锡的咨询顾问 Foote 和 Hope 以及学者 Galbraith 和 Miller（2001）曾联合探讨过向解决方案供应商转型的问题，他们从以产品为主导企业的业务变革和组织变革两方面来说明转型的要求：

（1）业务变革。Foote 等认为，转型的困难在于一个以产品为主导的优秀企业的长处可能阻碍其成为一个成功的解决方案供应商。因此，很多转型成功和正努力转型的企业都采取了一些影响深远的战略措施，其中有四项尤为突出：

1）根据顾客要求的理想结果设计价值主张。以产品为主的企业在发展价值主张时，往往以现有产品为出发点，消极地满足顾客需求。一旦顾客产生新的需求，企业便附加新的功能或开发新产品来应对。但是产品所能满足的需求范围与本质，最终仍受限于产品本身所能附加的功能。

在发展解决方案价值主张时，需要采取不同的做法。企业不再从产品入手，而是以顾客要求的理想结果为目标，满足顾客的所有需求。由于最终衡量成败的标准在于顾客业务绩效的提升程度，而不是产品在规格条件下的性能表现，所以，组织必须具备更全面的技术、承担更广泛的责任范围。

2）接纳陌生的合作伙伴。对一向妄自尊大，并且竭力保护品牌完整性的企业而言，面对其他企业可能在其解决方案中占有一席之地的事实是一种折磨。不过，解决方案供应商必须与原先没有太多瓜葛的个人或企业紧密结合。供应商、经销商、顾客，甚至是解决方案供应商最直接的竞争对手，都可能在提供商品、服务、技术、市场知识与顾客关系等层面上扮演重要角色。更令人难以接受的是需要和这些伙伴分享机密的财务信息与设计资料，而且牵涉其中的所有参与者，都必须毫无保留地批评彼此的成效。

3）选择顾客。解决方案最佳的销售对象，可能不是目前购买产品的顾客，而是一群委托他人管理非核心业务、缺乏品牌忠诚度、对具有建设性的合作关系持开放态度的新兴企业。令解决方案供应商不安的，不仅在于跨出既有网络与这些新的企业建立关系，也在于为了保持技术领先于顾客所必须付出的努力。改变企业与顾客之间的关系基础，可能会导致某些顾客渐渐疏远，让企业内部员工深感不以为然等后果。最终，解决方案供应商甚至可能放弃某些来往最久、规模最大或者名声最响亮的顾客。

4）提出价值保证。广泛的商品保证，经常是说服顾客溢价购买解决方案的最佳之道。不过，在这种承诺之下，解决方案供应商必须承担许多原本由顾客承担的风险，这对惯于追求风险最小化的产品组织而言是突破性的一大步。有时，所需承担的风险属于市场风险，更多情况下涉及的风险则与组织绩效有关，例如，解决方案供应商保证众多组织内的众多部门将有效地携手合作。

（2）组织变革。产品组织的架构往往以产品为归依，业务单元以产品为中心，成为组织形态的基础单元。这些单元拥有自己的业务计划、资源、渠道与顾客关系，组织内的地位与权势便是以这些单元及其产品为基础。为了成功发展解决方案，企业必须彻底颠覆这类组织方法，勇于质疑以产品为中心的业务做法、谨慎审视既有的顾客关系，并且打破行之多年的权责从属关系。

1）成立强大的前端解决方案单元。首先，前端解决方案单元对自家产品不负任何责任，甚至不具备忠诚度。开发解决方案时，它们不仅向后端产品单元，也很有可能向外部供应商寻求产品与服务。其次，相对于产品营销组织的人员，这些前端解决方案单元的人员技能更为广泛。为了满足这样的人力资源需求，组织可能会从外部聘用年轻的、观念开放的空降部队。不过最困难的部分，或许是寻找兼具推动业务能力，又能有效与组织内外高层管理人员协调的人才来担任前端解决方案单元领袖了。最后，这些前端解决方案单元没有一定的组织结构，会根据项目以及项目的各个阶段进行团队的配置与重组。

2）调整后端产品单元的工作重心。产品单元必须进行两项重大转变。首先，它们必须变得更灵活、更开放，以便响应各个前端解决方案单元对产品专家、测试设备或信息系统等资源无止境的、彼此竞争的需求。它们也必须准备协助进行顾客规划与解决方案的开发，同时与外部供应商合作，提供解决方案所需的组件。其次，产品单元必须重新思索其业务规划与产品发展模式，以便在解决方案的环境中，为其产品创造更高需求。此外，产品单元也必须响应前端解决方案单元的要求，为特定解决方案提供量身定制的产品。

3）建立强势领导中央。解决方案供应商若要获得额外的价值，必须有一个强势领导中央来承担两个重要的责任：对解决方案进行有力的指导和建立前后端之间有效的联系。如果没有这样一个强势领导中央，前端和后端可能会寻求不同的战略，在优先权的问题上陷入僵局，并且相互推诿解决方案的成败责任。一个成功的解决方案供应商需要有前端和后端共同组成的奉行行动主义的领导中央采取各种措施在整个公司上下推行解决方案：为解决方案指定顾客，选择销售另一个公司的产品，聘请公司以外的人才担任关键职务，开除拒绝接受解决方案的员工。

这种行动主义不应该被理解为微观管理。相反，强势领导中央鼓励前后端的协作，这种协作不需要领导层介入，而是通过一定的机制如绩效管理系统，根据前后端共同协作开发的解决方案是否成功来评估和奖励员工。同时，领导中央通过跨业务单元的工作轮换，鼓励员工建立人际关系网络，进而让公司内的相互协作成为自然的趋势。

4. Davies 和 Brady 等的转型观点

Davies、Brady 和 Hobday（2006）也认同 Foote 等提出的向解决方案供应商转型需要建立前端单元、后端单元和战略中心三个部分结构的组织观点，并且将其进一步拓展为一个三阶段的能力模型（见表 2－6）。

表 2－6　Davies 等的三阶段解决方案组织变革模型

	水平 1：发展前端	水平 2：建造后端	水平 3：再聚焦
学习过程	＊为整合解决方案的传递探索新的方法和组织 ＊从先锋项目中学习并在随后项目中使用隐性知识 ＊系统地获取和传递从项目到项目中学习到的知识和经验	＊探索支持前端单元的新的方法和组织 ＊开发和实施战略去复制为解决方案预制的组件 ＊从前端经验中学习并且把已获取的知识编撰起来	＊利用企业范围的学习并有效使用知识资产 ＊战略中心管理前后端和内外部的知识流

续表

	水平1：发展前端	水平2：建造后端	水平3：再聚焦
能力构建	*嵌入在先锋项目中的前端能力 *从定制化到标准化提供物的移动（如为了在随后项目重在实用的标准化的服务组合）	*开发标准化的、为解决方案预制的组件目录去支持前端 *创建和发展产品平台和服务组合	*创建和发展企业范围的能力——前端、后端和战略中心，它们支持大规模和可重复的解决方案传递 *平衡前端定制化的拉动和后端标准化的推动
组织变化	*在现有的业务单元或独立的先导性组织中嵌入对新解决方案机会的响应 *同领导顾客一起工作 *用合作伙伴来填补能力的差距	*创建独立的后端产品/业务单元 *同主要顾客建立战略伙伴关系 *同产品和组件供应商建立战略伙伴关系	*把企业或业务单元的活动集中在整合解决方案供应上 *转让非核心业务 *建立支持可重复解决方案传递的组织（前端、后端和战略中心） *阻止后端单元同顾客直接联系

（1）阶段一：发展前端组织。在这个阶段，企业通过把新项目嵌入现有的组织中或建立单独的项目组织来实施解决方案的先锋项目。最通常的做法是，先为领导顾客开发解决方案，然后以较低的成本把解决方案改编和复制给随后的顾客使用，如此就可在随后的项目中吸收先前的经验并规避教训。

（2）阶段二：强化后端能力。当解决方案业务越来越多时，企业更多地需要模块化产品和服务。但这要看企业是发源于制造还是服务基础，如果企业从实物产品制造开始向解决方案转型，那它通常通过建立不同的服务组织进入尚未开发的利润来源；如果企业是从服务业务起家，那它通常与系统制造商合作来发展产品平台。

（3）阶段三：重新调整组织。要进入第三个阶段的前提是必须有足够的解决方案业务需求，使得整个企业或相关的业务分支机构能将全部精力（前端、后端和战略中心）放到大规模、可重复的解决方案传递上。但是，当企业创建单一责任的顾客接触单元通向市场和顾客时，很明显会遭到内部产品或服务单元的强烈抵制（它们认为这是对它们权力和地位的威胁），因此，战略中心要能成功地管理前后端接触。

5. Kumar等的转型观点

Kumar（2004）认为，成为解决方案供应商必须对营销概念的每一个要素进

行相当大的改进，并且他通过3Vs模型[①]说明了以产品为中心的企业向以解决方案为中心的企业转型需要做出的改变[②]（见表2－7）。

表2－7　Kumar等从产品供应商到解决方案供应商的3Vs变革观点

项目	以产品为中心	以方案为中心
重要顾客	几乎所有顾客	以细分顾客群为中心
价值主张	提供辅以服务的“更好”的产品	提供降低顾客成本和风险或增加收入的端对端方案
价值网		
研发	* 以新技术为中心 * 独立产品 * 专有产品 * 自己制造产品 * 供应链的复杂性有限	* 以顾客问题为中心 * 模块化产品 * 开放的、基于标准的 * 与最佳提供商合作且认为产品不可知 * 独立的合作伙伴多，要求高度的协调性
服务	成本中心，免费捆绑在产品中	利润中心，不捆绑在产品里
营销	* 成本加成的产品定价 * 产品销售 * 销售人员担任接单人 * 地域覆盖性 * 提销量提成	* 基于价值的定价 * 期限长的服务协议 * 销售人员担任顾问 * 行业专家 * 按服务提成
分销	通过多渠道销售产品	做增值型转卖商

（1）顾客有所选择。以产品为中心的企业销售对象几乎是所有顾客，但解决方案由于定制化而成本较高，所以它必须选择愿意为之付费的顾客。

（2）把价值创造作为提供物的核心。传统企业一般向顾客提供辅之以服务的“更好”的产品，而解决方案企业必须转变为向顾客提供能为之创造价值的解决方案（增加顾客的收入或者降低顾客成本/风险）。

（3）构建差异化的价值网络。

1）提供模块化的产品。产品驱动型的企业是站在自身立场上销售产品，而

---

① 3V，即Valued Customer，重要客户——为谁服务？Valued Proposition，价值主张——提供什么？Valued Network，价值网——如何传递？

② 尼尔马利亚·库马尔：《营销思变：七种创新为营销再造辉煌》，李维安、张世云译，商务印书馆2006年版。

解决方案驱动型的企业是要通过整合不同的产品帮助顾客解决问题。因此，解决方案供应商专注于模块化产品并开发能够方便整合它们自己的、互补的甚至竞争者产品的“即插即用”型产品以方便顾客的服务。

2）与最佳提供商合作。供应商不可能在顾客需要的所有产品领域都拥有技术优势，并且顾客还有基于他们先前系统的品牌偏好，所以解决方案供应商必须同某个领域的最佳提供商（甚至竞争品牌）建立合作关系以获取顾客需要的组件。

3）对服务收费。大多数产品型的企业服务都是免费捆绑在产品中的，但向解决方案型企业转型必须认识到企业提供的服务也是顾客需求的一部分，可以为顾客创造价值，所以必须计算成本，并把它纳入解决方案的定价中来。

4）基于为顾客创造的价值和解决方案成本定价。传统企业一般采用成本加成法为产品定价，但解决方案型企业的定价必须综合考虑解决方案对顾客的价值和自身的成本来定价。

5）承担顾客效果的责任。产品驱动型的企业一般只会解决那些与企业自己产品相关的问题，而转型成一个解决方案驱动型企业，由于业务是从顾客的某个问题开始的，所以它通常要承担在顾客现场的全过程的责任以保证达到顾客想要的效果。

6）销售人员要成为行业专家。产品驱动型企业的销售人员一般扮演的是接订单的角色，但作为解决方案驱动型企业的销售人员，必须透彻了解顾客的业务，成为顾客的咨询顾问，才可能快速发现顾客面临的关键问题，并设计一个适合于顾客的定制化解决方案，因此他们必须是行业专家而非产品专家。

五、对解决方案研究文献的述评

综观解决方案的现有研究成果，西方学者对解决方案领域的研究主要集中在四个方面，但这四个方面仍有较大的研究空间：

（1）解决方案的内涵研究。目前的研究主要包括定义、基本特征、分类及价值来源等，虽然形成了一些一致意见，但仍旧没有一个规范和统一的界定，亟待从理论上对其内涵和外延进行探究，从而进行科学界定。此外，对解决方案的内容、结构、维度还缺乏系统研究，对其测量没有统一的看法和量表。如何根据解决方案内涵的界定，从价值视角构建解决方案的测量模型和测量指标体系，也有待深入研究。

（2）解决方案的前置因素研究。学者们大多采用案例研究法对解决方案前置因素进行探讨。总体上看，可以分为两个方面：一是从解决方案供应商的角度，对供应商企业战略转变、组织变革、流程再造、方案定价等进行了深入研

究；二是从解决方案顾客的角度，发掘顾客对解决方案提供过程中的影响因素。笔者认为，从供应商和顾客两个方面研究解决方案的前置因素可能更为合适。除此之外，竞争者和宏观环境变量是否也影响解决方案有效性，其影响程度如何，都有待进一步研究，并通过实证加以验证。

（3）解决方案供应商的能力要素研究。研究者们基于各自的背景对解决方案供应商应该具备的能力进行了识别，达成了部分一致意见，但不难看出，这个领域的研究还处于初级阶段，未来还需要更多的探讨。这里，笔者认为至少有以下问题亟待研究：首先，能力的普适性研究。现有的研究虽然认为解决方案供应商需要一些共有的能力，如系统整合、运营服务、业务咨询等能力，但还有一些能力是否也具有普遍性，仍需进一步探讨。如融资能力，可能只对大企业适用，也可能只对高价值产品所处行业适用，因此，它可能不是一个任何解决方案供应商都要具有的能力。其次，能力的动态性研究。现有研究结论提到的解决方案供应商应具有的能力都是静态分析，但能力应该具有动态特征，如在某一阶段，在某一行业，对技术与应用能力市场参与者水平相当，这时候，这个能力对这个行业的企业可能并不是重要能力，因此，能力表现出的阶段性、行业特殊性需要通过能力的动态性研究来回答。再次，能力之间的关系研究。解决方案供应商应具有的众多能力之间有无相关性？有无优先序？哪些是核心能力……对这些命题的回答有利于解决方案供应商制订中长期计划，有序地增强自己的核心竞争力。复次，能力与企业绩效的关系研究。解决方案供应商发展新的能力都是想为自己创造更大的价值，那么这些能力是不是都有利于增强企业绩效呢？所以，还有必要去了解这些能力最终能否为企业创造价值。最后，能力的构建与测评研究。如何构建能力要素、如何测试能力要素等也需要进一步地探究。

（4）基于解决方案供应商的转型研究。目前，大部分学者都认为向解决方案供应商转型需要从组织结构和业务两方面展开，但究竟如何展开这两方面的转型却有不同的意见。在组织变革上，关于组织形式，有的认为需要形成以解决方案为中心的前端业务单元、以产品为中心的后端业务单元和管理两者的战略中心三个组成部分的架构，也有的认为，可以以一个独立的业务单元设立解决方案组织或者让解决方案组织成为现有业务单元的一部分；关于组织变革的实施路径，目前也仅有 Davies 等提出过三阶段模型（但未经验证）。笔者认为，解决方案业务的组织形式应该是企业转型不同阶段的产物，伴随着业务转型的进程，组织形式也会表现出不同的特征，所以不能一概而论解决方案业务的组织形式，它的实施路径是渐进的过程，但这个观点需要加以验证。在业务变革上，需要更多的合作伙伴、选择客户、提供价值保证、采取新的定价工具、模块化的产品等这些零散的结论得到了大部分学者的认同，但总体来说究竟需要哪些业务方面的变革、如何实施这些变革，还需要一个比较完整的理论框架为企业转型提供指导。

从上文可以看出，关于解决方案的理论研究还处于起步阶段，其理论尚不成体系，不足以指导企业的实践活动。现实中传统企业面临激烈的竞争正试图朝着解决方案供应商转型，因此，现实的需求与理论研究的滞后性形成了巨大反差，对于解决方案理论的相关研究就显得非常重要与迫切了。

基于解决方案供应商的转型研究是解决方案理论研究中最迫切的部分。对内涵的界定实质上基本形成了相对一致的认知，而前置因素和能力要素更大程度上是企业成为解决方案供应商后再来探讨比较合适的问题，因此，企业如何成为解决方案供应商是亟须解决的问题，所以理论界加强基于解决方案供应商的转型研究以便更好地指导传统企业的转型实践是当前最迫切的理论研究问题。

解决方案理论研究需要从更多的视角展开。现有对解决方案现象的研究者要么是咨询公司顾问，要么是高校学者，作为第三方，他们对解决方案理论研究做了有益的探索。但不可否认的是，对正在从事解决方案业务或者正在向这个目标转型的企业来说，顾问和学者终究是“局外人”，对于当前主要在商业领域发生的企业现象，作为“局内人”的企业界人士以他们自身的视角来研究这一现象应该是不可或缺的，他们的加入或许会对提供解决方案过程中或者基于解决方案的企业转型过程中企业内部发生的一些微妙事情做出不一样的阐释，有利于人们更好地理解解决方案，并朝着提供解决方案的方向转型。

第四节　企业转型的主导逻辑研究

一、企业转型内涵研究概述

1. 企业转型的概念

企业转型，英文译作 Business Transformation，主要依据日本的“事业转换”一词而来，泛指企业为了适应经营环境的变化而改变经营形态的一种方法。① 根据牛津词典的解释，转型是指事物在形态、结构及性质上的改变。目前，国内外

① ［日］中小企业事业团编集：《中小企业转型策略》，林寄雯译，中国生产力中心出版社 1992 年版。

学者对企业转型的定义有多种解释[①][②]，但还没有一个解释被普遍认可。

综观国内外学者对企业转型的定义，可以发现，不同形式的定义都是基于转型内容和转型程度的差异，但包含一些共同的观点[③]。例如企业转型是面临竞争环境变化的一种根本性的、质的变革；企业转型是一种范式转换，是一种对自我认知方式的彻底转变，包括在管理理念、思维方式和价值观等方面的彻底变革，并伴随着企业战略、组织结构、行为方式、运行机制等方面的全方位变革；企业转型是企业的一次再生，是为了创造更佳的组织绩效、寻求可持续竞争优势的一种变革手段；企业转型是面向未来的，具有较大的不确定性，伴随着较大的风险。

基于以上分析，本书对企业转型的定义为：企业在面对外部环境和自身条件变化时，为了达到持续生存和不断发展的目的而从经营思维、策略、形态和作业流程等方面进行思考并做出大规模革命性的变革，以使得企业的核心竞争能力和绩效表现等得到改善。

2. 企业转型的类别

关于企业转型的类别，许多学者从不同的视角提出了自己的看法，本书主要选择有代表性的两种观点进行阐述。

（1）按转型的程度分类。根据转型的程度或幅度，企业转型可分为渐进式转型和激进式转型两种。[④] 渐进式转型是指通过部分的和分阶段的变革，在尽可能不引起企业震荡的前提下循序渐进地实现目标的转型。激进式转型是指彻底、全面的革命性变革，一般通过显著且大量战略和结构的变化进行整个企业的转变。

本书选择的案例样本实施的是渐进式转型。

（2）按转型的内容分类。台湾学者依据转型的内容对企业转型分类的理论综述最全面，如陈明璋、周佳欣、白如玲[⑤]等不仅整理了欧美、日本和中国台湾学者的转型分类，而且也都提出了自己的分类方法。本书以江靖芬的综述为蓝本，整理了被大多数学者认同的企业转型分类类别，如表2-8所示。

---

① 曹振华：《企业转型战略管理模型构建与实证研究》，复旦大学博士学位论文，2006年，第43-45页。

② 江靖芬：学位《企业转型策略、员工激励制度、组织生涯发展与组织绩效关系之研究》，台湾国立中山大学硕士学位论文，民国九十五年，第9-11页。

③ 李烨、李传昭：《透析西方企业转型模式的变迁及其启示》，《管理现代化》，2004年第3期，第43页。

④ 黄旭：《中国企业战略变革：思维逻辑与方法路径》，西南财经大学博士学位论文，2004年，第15页。

⑤ 江靖芬：《企业转型策略、员工激励制度、组织生涯发展与组织绩效关系之研究》，台湾国立中山大学人力资源管理研究所硕士学位论文，2006年，第11-17页。

表 2－8　按转型内容分类的企业转型

序号	转型类别	主要内涵
1	事业转型	放弃固有经营产业，从事新产业经营
2	产品转型	产品线结构大幅调整提升；提高产品附加价值；提高产品质量；开发新产品
3	技术转型	技术升级：生产自动化、开发零部件、提升产品技术力；技术改革；高科技转型
4	市场转型	地区扩充；分散市场；市场集中；营销方式改变，如品牌、通路、目标市场、目标顾客、销售方法改变等
5	水平/垂直一体化转型	同业合并；向前整合；向后整合
6	经营形态转型	卫星企业转为独立企业；独立店转为加盟店、连锁店；业态转换，如制造、批发、零售、代理等转换
7	多角化转型	保持本业经营并增加项目或进入新产业

二、企业转型的主导逻辑研究

企业在转型过程中，围绕着转型的相关问题讨论其意义、目标、方式与过程之前，都会不可避免地思考转型的逻辑定位问题，这是人们对转型的思维层面的认识与思考，而正是这种思维层面的逻辑定位问题是企业转型的核心所在。

1. 主导逻辑的基本概念

“逻辑”（Logic）作为一种基本原则、“隐喻”与深层次的假设（Underlying Assumptions），涉及人们的思考与认知范畴，是指人们看待外部世界的观点，是人们观察外部世界的过滤器，但一般察觉不到它的存在。[①]

关于“主导逻辑”（Dominant Logic），有很多学者都曾做过解释。

Prahalad 和 Bettis（1986）认为，主导逻辑是一组想法或世界观或事业观，是完成目标或做出决策的管理工具。[②]

Bacharach 等（1996）认为，每个组织都拥有其独特的目标以及达成此目标的独特方法，在这些独特方法与目标之下的是一些引导组织行为的总体逻辑或者认知架构（A Cognitive Frame），称为行动逻辑（The Logics of Action），该逻辑是抽象的却是广泛存在和被大多数人认可的。

Carroll（1998）认为，主导逻辑是一组相互关联的假设与思考方式，它让经验变得有意义并且引导着推论与想象。

① 黄旭：《中国企业战略变革：思维逻辑与方法路径》，西南财经大学博士学位论文，2004 年。

② C. K. Prahalad，Richard A. Bettis. The Dominant Logic：A New Linkage between Diversity and Performance. Strategic Management Journal，1986，7（6）：485－501.

Dijksterhuis 等（1999）认为，管理逻辑是一组深刻地影响管理实践和理论的信念与价值，它广泛地存在于国家层面、行业层面和企业层面中。

综上所述，本书认为企业转型的主导逻辑是指对企业转型问题持有的深层次基本假设，这些假设持续地引导着企业有意或无意地根据它们来理解和认知企业内外部的各种现象，并做出企业转型的相关决策。企业转型的主导逻辑指导着转型的实施过程，而转型的实施又反馈给企业转型的主导逻辑，使其通过学习不断加以修正，思维模式决定行为模式，而行为模式对思维模式又有反作用，二者形成的互动关系如果使用得当，将推动企业转型朝着良性方向发展。

2. 企业转型主导逻辑的主要观点

对主导逻辑相关问题进行过深入研究的国内外学者不太多，其中 Romanelli 和 Tushman、黄旭等从分类的角度进行过探讨，而丘海雄等对国有企业组织结构改革逻辑探讨时的分类方式也可借用于分析企业转型主导逻辑。

（1）Romanelli 和 Tushman 的观点。Romanelli 和 Tushman（1985）认为，按转型的启动时间早晚来划分，企业转型的主导逻辑可分为先应式变革和后应式变革两种。先应式变革的启动时间在危机发生之前，是一种主动的变革主导逻辑范式；后应式变革的启动时间在危机发生之后，是一种被动的变革主导逻辑范式，这两种范式较好地解释了 20 世纪 80 年代企业变革在时间上的考虑。

（2）黄旭的观点。20 世纪 90 年代以后，随着信息技术以及全球化的快速发展，经营环境不确定性和竞争性大幅增加，企业面对环境的快速变化需要追求经营的弹性而不是过度的稳定性，企业转型的主导逻辑也需要体现多元化的特征。基于这种考虑，黄旭（2004）把 Romanelli 和 Tushman 的两种范式拓展成四种范式，形成四种变革主导逻辑范式的组合，即“战略变革主导逻辑范式分析矩阵”（见图 2－21）。

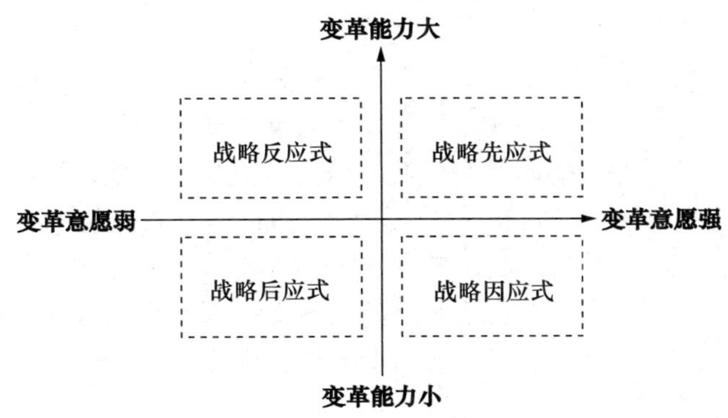

图 2－21　按变革能力与变革意愿分类的战略变革主导逻辑范式

该矩阵式的横轴由“使命或愿景”与“领导者”两个主观动因构成，表示主动“变革意愿”的强弱，体现对机会/威胁的战略洞察力、变革必要性的认知态度及主观能动性发挥的态度，反映“是否想变革”的问题；纵轴由“环境”与“企业”两个客观动因构成，“环境”与“企业”动因分别反映的是“是否该变革”与“是否能变革”的问题，反映企业对机会/威胁的把握时机的好坏与应变能力和战略弹性的高低，体现企业资源和能力对变革的支撑力度与变革的可能性大小，表示“变革能力”的大小，反映的是一种执行力问题。战略变革本质上是企业基于现实考虑与潜在内外部因素的变化而做出的一种适当的响应，不同企业由于所处行业和自身条件不同，以时间和事件、主观或客观动因为基础，在战略变革主导逻辑范式上也会有差异，因此，在主客观动因的共同作用下，构成了“战略先应式”、“战略反应式”、“战略后应式”和“战略因应式”四种战略变革主导逻辑范式。

“战略先应式”变革，即变革意愿强与变革能力大，是企业在客观环境改变之前，通过主动而前瞻性变革创造未来的领导型变革主导逻辑范式。“战略反应式”变革，即变革意愿弱而变革能力大，是一种随波逐流、随机应变的保守型战略变革主导逻辑范式。“战略后应式”变革，即变革意愿弱而变革能力小，是一种为挽回竞争的不利局面，被动而无奈的危机型战略变革主导逻辑范式。“战略因应式”变革，即变革意愿强而变革能力小，是企业在竞争优势与利用机会能力方面不占优势的情况下，扬长避短、因势利导地主动适应未来。

（3）丘海雄等的观点。丘海雄等在研究国有企业组织结构改革逻辑时，认为M型组织结构（分权的事业部）产生和扩散的原因有三种不同角度的理论解释，即效率逻辑、合法性逻辑和权力逻辑，第一种解释主要是经济学学者提出来的，后两种主要是社会学学者的观点。本书认为，组织结构变革是企业转型中至关重要的环节，它是企业转型主导逻辑的直接体现，因此完全可借用于解释企业转型的主导逻辑。

1）效率逻辑。一切经济活动无不以“效率”为前提，经济效率问题的核心是资源的节约或者对资源的有效利用程度，它是需要的满足程度与所费资源（成本）的对比关系。因此保持高效率以实现可持续成长是企业永恒的追求目标。

自组织理论①认为，企业作为一个具有生物特性的有机生命体，同时也是一个开放性的复杂自适应系统，其高效率的可持续成长的关键前提是实时与变化着的环境保持协调，也就是说，企业必须持续的变革以不断地与环境建立起新的平衡状态确保良好的效率。从系统论的角度来讲，企业变革的过程也是企业系统现

① 本书以自组织理论的观点来阐述效率问题。

有耗散结构[①]的打破和新耗散结构的形成过程，进而建立起与环境相匹配的新平衡状态。因此，当环境变化的情况下，企业实现高效率的关键是能否促进企业系统形成新的耗散结构并完成对自身的进化。

企业进化可以看作企业在适应环境变化中谋求高效率所发生的一系列相对稳定的变化过程和获得的结果，而企业进化的结果总是通过企业能力提升和企业绩效改善，即企业得以持续高效和成长来体现的。因此，企业进化是一个动态过程，包含演进、变革和创新等过程，也是企业系统的自我更新过程和从无序或低级有序向有序或高级有序转化的过程，进而推动企业系统由旧平衡态过渡到新平衡态。

当环境变化并打破企业系统当前平衡态时，为实现高效率和成长，企业必须完成对自身的进化，建立起一个新的平衡态，使企业系统与变化了的环境保持匹配。由耗散结构理论可知，企业进化意味着企业系统新耗散结构的形成，要形成新耗散结构，除了企业系统应满足开放、非线性、远离平衡态等条件外，还必须有“涨落”的触发。即当外部环境变化，企业必须能够将这一变化转换为企业内部的“涨落”并将其继续放大，推动企业系统逐渐远离当前平衡态，以促进新耗散结构的形成。因此，企业进化首先来自企业对环境变化的感知，进而通过实施某种变革，推动新耗散结构的形成，实现与新环境的匹配，从而实现高效率和可持续成长。从这个角度来看，无论是企业主动或被迫实施的变革，都是对自身成长的一种干预，其目的是响应外部环境的变化并将其转换为企业内部的“涨落”，同时进一步放大“涨落”，促进企业系统新耗散结构的形成，完成自身的进化，进而实现高效率和可持续成长。

2）合法性逻辑。新制度主义学派认为，组织的发展不仅面临技术环境[②]，而且面临制度环境[③]，组织的技术环境要求组织遵循市场利益最大化原则，组织的制度环境则要求组织必须考虑社会的文化、传统、法律等各种因素。斯格特（2002）认为，任何组织都要面对这两种环境，只不过是不同类型的组织生存的技术环境和制度环境的强弱不同而已，并且在很多时候，组织的技术环境与制度环境相矛盾，组织的制度环境要求组织服从“合法性”机制，采用那些在制度

① 耗散结构是自组织现象中的重要部分，它是在开放的远离平衡条件下，在与外界交换物质和能量的过程中，通过能量耗散和内部非线性动力学机制的作用，经过突变而形成并持久稳定的宏观有序结构。

② 技术环境是指组织生产用于市场中交换的产品和服务的环境。技术环境从技术的角度看待组织的运行，包括组织外部的资源和市场、组织内部将投入转化为产出的技术系统等，要求组织内部的结构和运行程序满足技术效率、鼓励有效协调技术工作的理性化结构的发展，提高组织的产品服务质量和产量。

③ 制度环境主要是社会的共享观念及规范因素，也就是支撑社会生活稳定化和秩序化的、被普遍接受的符号体系及其共同意义。制度环境要求组织内部的结构和制度符合社会公认的规则，也就是采用在制度环境中已被广为接受的组织形式和做法，而不管这些做法对组织的内部运作是否有效率。

环境下广为接受的组织形式和做法，而不管这些形式与做法对组织的内部运作是否有效率。

合法性机制是指那些设法诱使或迫使组织采取具有合法性的组织结构和行为的观念性力量。这些观念和力量包括社会的法律制度、文化期待、观念制度等，它们成为人们广为接受的社会事实，具有强大的约束力，迫使组织采纳合乎社会期待的组织行为。①②

第一，合法性机制对组织的影响层次。合法性机制对组织的影响有两个层次，一个是强意义的，一个是弱意义的。强意义的影响即组织行为、组织形式都是由制度决定的，组织或个人本身没有自主选择性，共享的思维或观念约束制约了人们的行为。弱意义的影响即制度具有激励作用，通过影响资源分配或激励方式影响组织或人的行为选择，鼓励采纳被社会认可的做法和形式，但这种影响不是决定性的，而是概率意义上的。

对一个组织而言，需要协调好技术环境和制度环境之间的矛盾，即追求组织效率的同时，兼顾组织的合法性。如果组织受到的合法性影响是强意义的，那么其组织行为应该完全由制度环境中的相关要素决定，而不会考虑技术环境的效率要求。因此，在组织的实际运作中，制度环境对组织的影响应该更倾向于一种弱意义的影响，即制度通过其资源分配或激励方式产生影响，迫使组织采取某种特定的结构行为来追求效率。在这里，制度更像是一种外在影响条件，而不是一种神圣化的决定力量。③

第二，合法性机制对组织影响的途径。Dimaggio 和 Powell（1983）认为，合法性机制主要通过 3 种途径对组织产生弱意义的影响，即强迫、模仿和社会规范。强迫性机制指组织被迫采用某些结构或形式，强迫性源于所依赖的其他组织和社会文化期待施加于组织的正式和非正式压力，在一些情况下，组织变迁是对政府法令的直接反应，共同的法律环境与影响组织行为和结构的诸多方面。模仿机制是指组织倾向于模仿其他成功组织的做法，当技术难以理解、目标模糊或环境不确定时，组织就会根据其他组织行为做出类似的反应，可以减少不确定性。模仿有两种，一种是竞争性模仿，即一个领域中的组织模仿自己的竞争对手；另一种是制度性模仿，即采纳大家承认的社会中的某些组织形式或做法，因为它们被认为是好的、合情合理的，如果不采纳就会受到很多压力。社会规范机制是指组织结构和行为可以通过正式的教育组织或非正式的社会网络在一个领域扩散，

---

①② 周雪光：《组织社会学十讲》，社会科学文献出版社 2003 年版。

③ 邱海雄、梁倩瑜、徐建牛：《国有企业组织结构改革的逻辑——对广州一家国有企业的个案研究》，《中国制度变迁的案例研究（第六集）》，中国财政经济出版社 2008 年版。

导致“规范性趋同”，社会规范主要产生于专业化。[①②③]

3）权力逻辑。权力（Power）是一个多视角、多学科[④]概念，英文释义中通常用作能力（Capacity）、技巧（Skill）或禀赋（Talent）的同义语，是对外部世界产生某种效果的能力以及潜藏在人体中的一切物理行为或心理能量；中文的基本字义是指职责范围内领导和支配的力量。一般而言，权力是指权力主体根据自身的目的（利益）影响他人行为的能力。

第一，权力的特性。张晓峰（2008）基于不同学科对权力的解释认为权力有以下几个特性：①权力实质上描述的是主体之间的一种社会关系；②权力的来源可以是多方面的，但是对资源的占有必然产生权力；③权力的行使方式可以是强制的、契约的或诱致的；④权力实质上描述的是权力主体与客体之间的一种非对称关系。

第二，权力的来源。最基本的权力来源是资源，对资源的占有（所有）或控制（不一定是所有）都会产生权力。如果以资本作为资源的一种类别来考察组织中的权力来源问题，王越子（2007）认为，组织中的权力不仅是行动者物质资源（或金融资本）和个人素质或技术（人力资本）的功能，也是他或她的社会资本功能。如果以“企业成立”这一时点来看待权力来源问题，那么在“企业成立”之前，权力双方主要集中在物质资本所有者与人力资本所有者之间，而讨价还价能力则分别体现在“所有权”（对资源的占有）上：物资资本所有者拥有“财富”，人力资本所有者拥有“禀赋”。在“企业成立”之后，转入剩余创造的动态过程（企业生产经营活动开始）。此时，最初物质资本所有者与人力资本所有者讨价还价所形成的结果可能与实际情况不一致，并不能完全反映二者在剩余创造过程中的地位和贡献，而且与企业生产经营相关的利益相关者也参与了进来。因此，在这其中权力的来源就不仅是占有，更多地体现的是“控制”，此时“专用性投资”、“专有性资源”、“资源的配置方式”、“博弈规则”等都是权力的来源，组织的权力来源发生动态演变（从来就没有一成不变的权力来源）。“动态”的另一层含义是这些资源的地位会在企业剩余创造过程中产生变化，从而引起所掌握或控制它们的权力主体的地位的变化，进而打破原有的权力结构，通过讨价还价形成新的均衡。

第三，权力的获得。权力的获得就是行动者努力拓展权力来源，增强自我可

---

① 周雪光：《组织社会学十讲》，社会科学文献出版社 2003 年版。

② 邱海雄、梁倩瑜、徐建牛：《国有企业组织结构改革的逻辑——对广州一家国有企业的个案研究》，《中国制度变迁的案例研究（第六集）》，中国财政经济出版社 2008 年版。

③ 王俊杰：《国有公司治理结构与现实运作关系个案研究》，知识产权出版社 2008 年版。

④ 对权力的分析交叉涵盖了社会学、哲学、政治学、法学、管理学、经济学等多个学科。

能性行动的实际效力，包括形成单向依赖关系、增加个人影响、建立有利的组织规则等。①形成有利的依赖关系。控制组织中依赖性资源和摆脱对他人的依赖关系，都能提高个体的实际权力。控制组织中的依赖性资源，如与特殊技能或难以被替代的职能专业化相联系；控制组织与环境的联系；掌握传递网络等。摆脱对他人的依赖，如提供自己未付出任何代价而获得的资源，并使其愿意接受他们未付出代价的产品（如用物质实惠换取社会尊重）；寻求可替代资源，得到另一个供给来源，显然能够提高个体的独立性和自由度；同其他具有类似的或互补的依赖关系的人们结合起来，并努力改变依赖与服从之间有关的交换比率等。②增强个人影响力。普费弗（1998）认为，可以通过增强个人的影响力来增加权力，方式主要有：行动者保持充沛的精力、体力，使个人更具有持久的耐力，同时也为他人树立效仿的楷模；把精力集中在主要目标上，提高行动成功率，避免做无用功；与周围的人形成信任、和谐的人际关系氛围，减少对抗和矛盾；必要时坚持个人的选择，不惜以冲突的形式增强对他人的实际影响等。③建立有利的规则。组织规则是组织成员合法性权力的前提和基础，建立有利于自己的规则是维持权力的重要方面。

三、企业转型主导逻辑的文献简评

企业转型的主导逻辑是企业对转型问题持有的深层次基本假设，这些假设将持续引导企业根据它们来理解和认知企业内外部的种种现象，并做出企业转型的各种决策，因此，企业转型的主导逻辑问题对企业的可持续发展至关重要。

关于企业转型的主导逻辑理论，对所有的企业转型都适用，因此它应该是普适性的理论，不会存在传统企业基于解决方案供应商的转型其主导逻辑有别于朝着其他可持续发展目标转型的主导逻辑差异化问题。

理论界对企业转型主导逻辑的现有研究成果不仅匮乏，而且结论还有待深化。在现有的三组研究结论中，无论是以变革启动时间早晚分类的先应式变革和后应式变革两种转型主导逻辑，还是以变革意愿强弱与变革能力大小联合起来区分的“战略先应式”、“战略后应式”、“战略因应式”和“战略反应式”四种转型主导逻辑，都只是说明了转型的时点、意愿和能力大小问题，但依据企业转型主导逻辑的定义，这些分类方式对企业转型还缺乏建设性的指导意义，因为它们很难“持续地引导着企业有意或无意地根据它们来理解和认知企业内外部的各种现象，并做出企业转型的相关决策”，所以 Romanelli 和 Tushman 以及黄旭的观点还有待进一步深入研究。丘海雄等提出的效率逻辑、合法性逻辑和权力逻辑的三种主导逻辑观点，虽然能较好地解释企业转型的主导逻辑问题，但目前仅通过一个企业的案例研究证明了其价值，并且对权力逻辑的作用还没有得到确认，因此，也还需要更多的验证和探讨。

第五节 组织结构研究

一、组织结构的内涵

组织结构（Organization Structure）是指组织内各构成要素以及它们之间的相互关系，组织结构的本质是组织好员工的分工协作关系，让他们有可能为实现组织的目标而共同努力，其内涵是人们在职、责、权方面的结构体系。[①] 从组织结构的定义可以看出，它包含以下几个关键要素：

（1）管理层次和管理幅度。管理层次是指职权层级的数目，即一个组织内部，从最高管理者到最低层职工的职级、管理权力层次数量。管理幅度是指主管人员有效地监督、管理其直接下属的人数。组织中管理层次的多少，根据组织的任务量、组织规模的大小而定。管理层次与管理幅度这两个因素密切相关，管理层次与管理幅度成反比。也就是说，在组织规模给定的情况下，管理幅度增大，组织层次减少；管理幅度减小，则组织层次增多。这样管理层次就构成了组织的纵向结构。

（2）部门的组合。部门是指组织中主管人员为完成规定的任务将人员编成其有权管辖的一个特定的领域。各不同部门的组合构成了整个组织的方式。部门划分的目的是要按照某种方式划分业务，以起到最好地实现组织目标的作用。部门划分常用的方法有按人数划分、按时间划分、按职能划分、按地区划分、按服务对象划分等。各部门的组合构成了组织的横向结构。

（3）组织的运行机制。对组织来讲，只有基本结构是远远不够的，必须通过运行机制来强化基本结构，来保证基本结构意图的体现。所谓运行机制，指的是控制程序、信息系统、奖惩制度以及各种规范化的规章制度等。运行机制的建立和强化有助于更清楚地向职工表明企业对他们的要求和期望是什么。好的运行机制激励职工同心协力，为实现企业的目标而努力。也就是说，运行机制赋予企业基本结构以内容和活力。它确保了组织纵向、横向各有机要素按照统一的要求和标准进行配合和行动。目的在于确定组织中各项任务的分配与责任的归属，以求分工合理、职责分明，有效地达到组织目标。

---

① 转引自同济大学经济与管理学院精品课程——现代企业组织设计，见第七章“企业组织的结构设计”，http：//sem. tongji. edu. cn。

从上面关于组织结构的定义可以看出，组织结构大体可以分为两个层次：基本结构和运行机制。不过，通常所说的组织结构虽然也会涉及一些运行机制问题，但一般指组织的基本结构。①

二、组织结构的形式

1. 一元组织结构形式

一元组织结构形式主要有直线职能制、项目制、矩阵式等形态。

（1）直线职能制。直线职能制综合了直线制和职能制两种模式的特点，以直线制为基础，企业内部按职能或生产经营程序划分为若干部门，各部门只有很小的独立性，权力集中在企业最高决策者手中，信息传递自上而下，信息反馈自下逐层向上（见图2－22）。其优点是组织形式相当稳定，较好地实现了部门内部的规模经济，有利于统一指挥，强化专业管理，提高工作效率。其缺点是权力集中在最高管理层，职能部门缺乏必要的自主权；企业信息传递路线过长，缺乏灵活性，对外界环境变化的反应慢；部门之间的横向协调性差。直线职能制是集权型组织中最为理想的管理架构，因此目前被各类组织广泛采用。

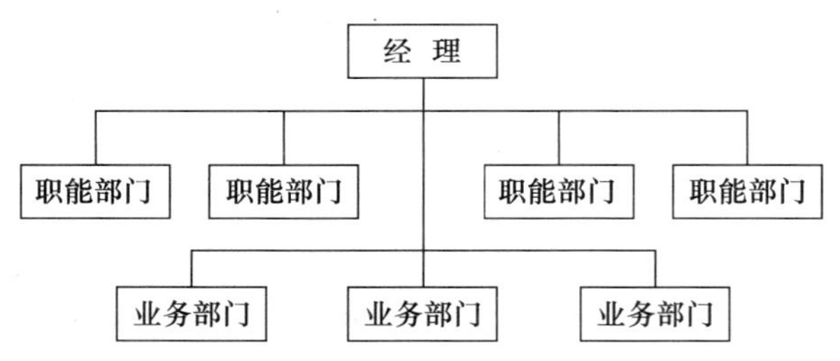

图2－22 直线职能制组织结构

（2）项目制。项目制组织结构是按项目来划分所有资源，即每个项目都有完成项目任务所必需的所有资源，每个项目的实施组织都有明确的项目经理（即每个项目的负责人），对上直接接受企业主管的领导，对下负责本项目资源的运用，以完成项目任务，每个项目之间相对独立。这样，项目从企业组织中分离出来，作为独立的单元，有其自己的技术人员和管理人员。例如，企业有A、B、C三个项目，企业主管则按每个项目的需要获取并分配人员及其他资源，形成三个独立的项目组，项目结束以后，项目组随之解散。项目制组织结构如图2－23

① 刘松博、胡威：《国内组织设计研究的发展与现状》，《经济理论与经济管理》，2006年第9期，第24页。

所示。

项目制的优点是：①项目经理对项目全权负责，项目团队所有成员直接对项目经理负责，项目经理可以调用整个组织内外部资源。②项目从职能部门中分离出来，项目经理可以避开职能部门直接与企业的高层管理者沟通，提高了沟通的效率。③当存在一系列类似项目时，项目制组织可以保留一部分在某些技术领域具有很好才能的专家作为固定成员。④项目制组织结构中，项目的目标是单一的，项目成员能够明确理解并集中精力于这一单一目标，团队精神得以充分发挥。⑤命令的协调一致。在项目制组织结构中，每一个成员只有一个直接领导，避免了多重领导、无所适从的局面。

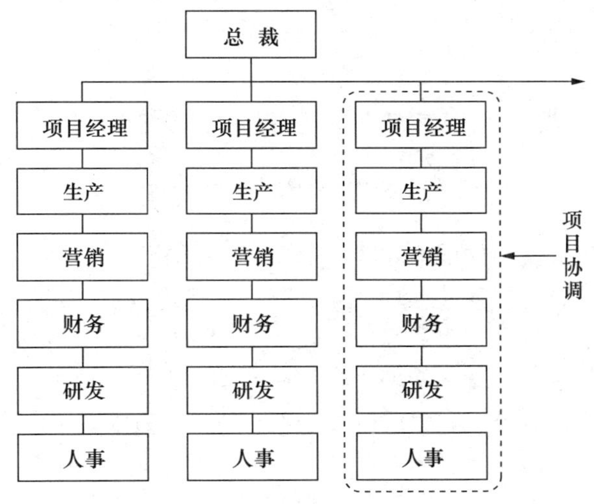

图 2－23　项目制组织结构

项目制的缺点是：①多个项目同时进行时，每个项目都有自己独立的一套班子，会造成资源重复配置。②项目制组织结构容易造成在企业规章制度执行上的不一致。③在项目制组织结构中，项目只承担自己的工作，成员与项目之间以及成员互相之间都有着很强的依赖关系，但项目成员与企业的其他部门之间却有着较清楚的界限。这种界限不利于项目与外界的沟通，同时也容易引起一些不良的矛盾和竞争。④对项目成员来说，缺乏一种事业的连续性和保障。项目一旦结束，项目成员就会失去他们的“家”，不知道接下来会发生什么，例如，会不会被暂时解雇？会不会被安排去做低档的工作？会不会被其他项目看中？原来的项目组会不会解散？

（3）矩阵式。矩阵式是为了改进直线职能制横向联系差、缺乏弹性的缺点而形成的一种组织形式，它是在直线职能制垂直形态组织系统的基础上，为完成某一临时任务，再增加一种横向的领导系统，把按职能划分的管理机构与按产品或项目划分的小组结合起来，使同一小组的工作人员既与原职能部门保持组织和业务上的垂直联系，又与按产品或项目划分的小组保持横向联系，从而形成一个矩阵（见图2－24）。

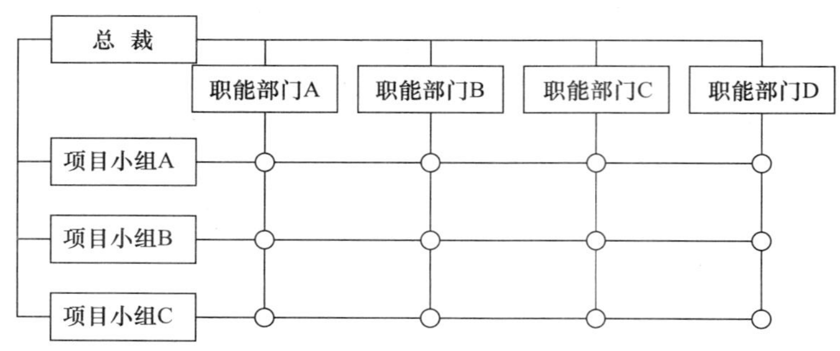

图2－24　矩阵式组织结构

矩阵式组织作为直线职能制组织和项目制组织的结合，可以采取多种形式。根据项目经理和职能经理在某些项目关键问题上决策权的不同，可以把矩阵式组织结构进一步细分为偏向于直线职能制组织的弱矩阵式组织和偏向于项目制组织的强矩阵式组织和处于二者之间的平衡矩阵式组织。

矩阵式的优点是：可随项目的开发与结束进行组织或解散，促使企业快速响应外部环境的变化；既能充分利用职能部门内的专业技术知识，又能促进职能部门间的横向协作；员工能获得职能和一般管理两方面的技能，并且促进各种专业人员互相帮助，互相激发。

矩阵式的缺点是：人员受双重领导，出了问题，有时难以分清责任；成员位置不固定，有临时观念，有时责任心不够强。

矩阵式适合于产品品种较多、管理活动复杂的企业，用来完成涉及面广、临时性的、复杂的重大攻关项目，特别适合以开发和实验为主的单位，如科学研究等。

2. 二元组织结构形式

近年来，由于外部环境对企业动态能力提出了更高的要求，企业越来越需要具备一种二元能力，既能持续高效地运营现有的业务，又能对未来不确定的环境拥有足够的适应能力，在这样的背景下，二元组织结构在部分企业里得到了应用

并引起了学术界的关注。[①]

（1）二元组织的内涵。关于二元组织[②]（Ambidextrous Organization）的内涵存在多种观点，其中广为认同的主要有三种观点，即结构二元性、情境二元性和领导二元性[③④⑤]。本书认为，结构二元性是二元组织存在的前提和基本属性，而领导二元性和情境二元性是二元组织有效运行的必要条件，因此对二元组织的内涵重点阐述其结构二元性。

二元组织由邓肯（Duncan）于1976年最早提出，他认为，组织在面对相互对立的需求时应该采取两类结构，即激发创新的有机结构和实施创新的机械结构，这样的组织在需要激发新构想时能以一种有机的方式运行，而在应用创新构想时又能以一种机械的方式运行，通过组织的双管齐下来解决管理上的悖论。类似的概念还如赞德（Zand，1974）的平行组织（Collateral Organization）[⑥]、麦克道尔（Mcdonough，1983）的同步组织（Simultaneous Structure）[⑦]、艾圣斯特（Eisenstat，2001）的机遇型组织等[⑧]。

1997年，Tushman和O' Reilly Ⅲ对二元组织的概念进行了进一步完善，并得到了后续研究的广泛引用，他们认为，组织可以同时采用一种以上的经营模式来保持自己的竞争优势，这样既可以为了短期效率而强调控制和稳定，又可以为了长期创新而鼓励冒险，以这种方式运行的企业就是二元组织，这种组织可以包含多元的、内在不一致的组织结构、能力和文化，同时又拥有一种在目前和未来都实现卓越的广泛的能力。[⑨]

事实上，二元组织无论怎么定义，究其本质，它就是组织对变革环境一种折

---

① 周艳春：《关于二元组织模式的研究综述》，《科技进步与对策》，2008年第7期，第199页。

② 也有部分学者称作“双元性（型）组织”、“双重性组织”等，其含义一样，只是对Ambidextrous一词的翻译有所不同。

③ 凌鸿、赵付春、邓少军：《双元性理论和概念的批判性回顾与未来研究展望》，《外国经济与管理》，2010年第1期，第25－32页。

④ 周俊、薛求知：《双元型组织构建研究前沿探析》，《外国经济与管理》，2009年第1期，第50－57页。

⑤ 于畅海：《创新型组织研究的新动态：创新型组织研究的新动态》，《科学学与科学技术管理》，2007年第3期，第46－49页。

⑥ 平行组织即同一组织中松散的组织结构与正式的组织结构平行存在，而松散的结构被认为更适合于解决非结构化的问题。

⑦ 同步组织即如果组织中工作单元需要有效地同时处理若干复杂的可能性，则这些工作单元会同时以几种不同的结构来运行。

⑧ 王敏：《基于二元组织的企业颠覆性和维持性创新研究》，上海交通大学博士学位论文，2009年，第46－50页。

⑨ ［美］Michael L. Tushman，Charles A. O' Reilly Ⅲ：《创新制胜》，孙连勇、李东贤、夏建甑泽，清华大学出版社1998年版。

衷的组织形态，它是由不同业务单元构成的、实现不同战略目标的系统集合，它既追求创新、速度和灵活应变，又关注成本、效率和改良，它既不是单独的柔性组织也不是单一的稳定性组织。

（2）二元组织的结构形式。二元组织中存在两种不同的组织，一种是利用现有能力获取利润并从事渐进性创新的既有的主流组织，另一种是探索新能力以获取长期增长的突破性创新组织。主流组织是企业稳定发展并为突破性创新组织提供资源支持的基础业务单元，而突破性创新组织是企业为保持可持续发展并树立长期竞争优势而设立的新兴业务单元。

莱斯（Raisch，2008）等总结过三种典型的二元组织结构形式，并说明了它们的适用条件，其中这三种组织形式是互补而非替代关系。

1）时间上分离（Temporal Separation）的二元组织结构。这种二元组织随着不同时期企业关注开发现有事业和探索新事业的业务重点不同而在组织结构上来来回回地变化，其二元的组织结构是交替出现而不是同时出现的，一般发生在企业所处的环境发生重大变化并且严重影响其经营业绩时，此时企业需要对其现有的组织结构进行重新调整以确保其可持续的成功。因此，这种组织结构上的变化出现在企业层次上并且伴随着企业战略、业务流程等调整（见图2－25）。

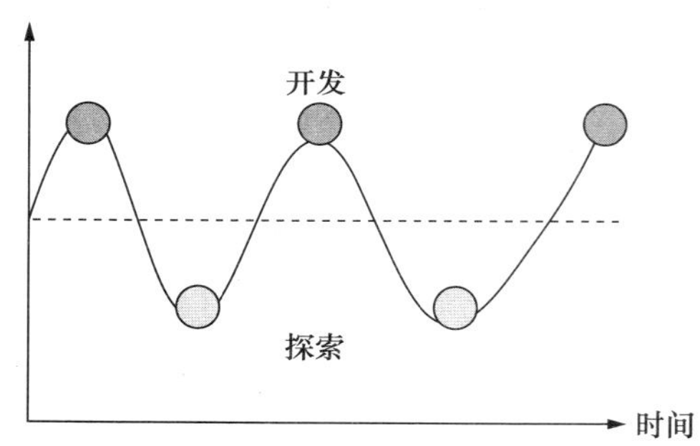

图2－25　时间上分离的二元组织结构

2）职能上分离（Structural Separation）的二元组织结构。这种二元组织一般是将组织分成有着不同结构的两个或更多的单独的业务单元，弹性的创新性业务单元为了未来增长而探索新的领域，而更多的正式运营性业务单元则确保现有的业务更有效率地运营，开发现有事业和探索新事业由不同的员工和组织单元执行，这两类组织单元可以在同一个地点办公，也可能从空间上进行分离以确保新的业务单元不受干扰地正常运行。这种组织形式一般发生在创建一个全新的业务时，这些新的业务根本不同于企业现有的业务（无论是产品还是目标客户），新的业务单元通常会被授予相当大的自主权，允许它们控制绝大部分自己的价值链

活动，同时也同原有的业务单元之间保持紧密联系以充分利用现有的业务资源（见图2-26）。

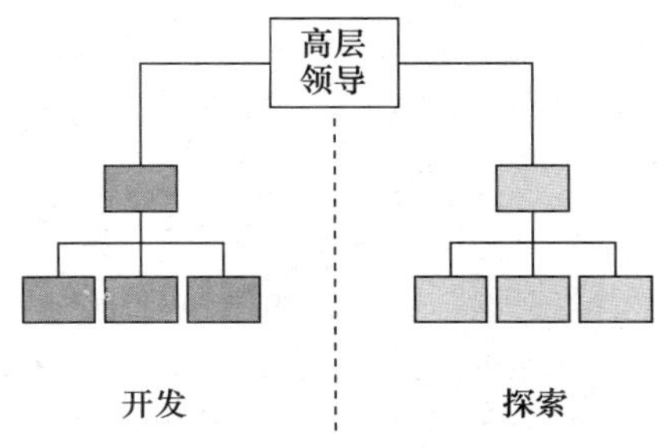

图2-26　职能上分离的二元组织结构

3）平行结构（Parallel Structures）的二元组织。这种二元组织一般是创建补充性的网络结构来补足正式的主流结构，员工根据各自的职责在两种类型的组织中转换，开发现有事业和探索新事业由相同的员工执行，但执行这些工作时所处的组织环境有所不同。这种补充性的组织一般利用现有主流组织的能力和技术升级或重组现有产品去探索新事业，以此接近新的细分客户，通过重新配置现有资源产生新的收入来源，通常它们在建立专用的市场和销售职能以及其他支持性的基础设施方面拥有较大的自主权（见图2-27）。

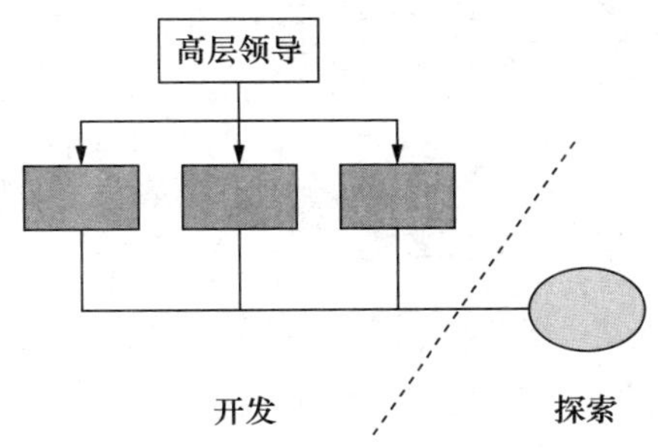

图2-27　平行结构的二元组织

三、组织结构的文献简评

组织结构是指组织内各构成要素以及它们之间的相互关系，其内涵是人们在职、责、权方面的结构体系，一般指组织的基本结构。

一元的组织结构形式适合于企业只采用一种经营模式。一元组织结构形式中，直线职能制适合于稳定性比较强的常规业务、项目制适合于机遇性比较强的临时业务，矩阵式适合于产品品种多、管理活动复杂企业的临时性项目，因此采取一元组织结构形式的企业，一般以一种模式经营，企业内部大多具有同质的企业文化和激励制度等，不会为某一项新的业务制定差异化的方案，组织以一种机械的方式运行，特别强调控制和稳定。

二元的组织结构形式适合于企业采用一种以上的经营模式。在二元组织结构形式中，组织可以同时采用一种以上的经营模式，这样既可以为了短期效率而强调控制和稳定，又可以为了长期创新而鼓励冒险，将追求稳定的机械结构与激发创新的有机结构结合起来，通过组织的双管齐下来解决管理上的悖论，这种组织可以包含多元的、内在不一致的组织结构、能力和文化，同时又拥有一种在目前和未来都实现卓越的广泛的能力。

从一元组织结构形式与二元组织结构形式的特征来看，传统企业基于解决方案供应商的转型比较适合采取二元组织结构形式，但这需要更多的验证。解决方案的业务属性有别于企业的常规业务，如果传统企业要朝着解决方案供应商转型，它可能需要将两种业务采取不同的经营模式。同时，解决方案作为一项新的业务，它需要在传统业务稳定的基础上进行环境宽松条件下的创新活动，因此，通过二元组织结构形式双管齐下来解决不同属性业务管理上的悖论是合适的。

第六节　营销组合研究

一、营销组合理论的起源与缺陷

营销组合理论起源于早期营销职能学派的相关学说，其代表人物阿齐·沙奥（Arch Shaw）于 1912 年提出了第一个市场营销职能的分类；1953 年尼尔·博登（Neil Borden）首次使用了“市场营销组合”（Marketing Mix）这一术语；1956 年哈里·汉森（Harry Hansen）将营销变量分为产品政策、分销、广告、人员推销、定价和销售活动六大类，并第一次用类似于 4P 组合式的方法编写教材，成为 4Ps 营销组合理论的雏形；[①] 1960 年，麦卡锡（McCarthy E. Jerome）首次将营销组合简化为 4Ps；1967 年，菲利普·科特勒（Philip Kotler）集各家之长，撰写了著名的《营销管理：分析、计划与控制》一书，该书以 4Ps 组合作为市场营

① 庄贵军：《四 P 营销组合模型的不足及其修正》，《北京商学院学报》，1998 年第 6 期。

销的策略构架，进一步确认了以4Ps为核心的营销组合方法。

一方面，4Ps营销组合理论的贡献是巨大的，因为它不仅促使市场营销理论开始注重学科体系的建设，而且把复杂现象和理论简单化，加速了市场营销理论的普及。随着以麦卡锡和科特勒为代表的营销管理学派权威地位的确立及其营销专著的持续畅销，4Ps营销组合理论在营销学界和企业界得到了广泛传播和应用，成为长期占据统治地位的市场营销学基本理论。

另一方面，营销组合的概念及4Ps观点在某些方面也受到了一些学者，特别是欧洲学派的批评。① 如4Ps模型是对博登提出的市场营销组合理论的高度简化，忽视了交换关系中存在的大量的影响因素，不足以涵盖所有行业中所有企业可以控制的所有营销要素；4Ps模型只关注短期交易问题，没有从过程的视角、从企业与顾客保持长期关系的视角来归纳营销组合，这实际上是生产导向观念的反映；4Ps模型促使人们将营销活动定义成一种职能活动，将营销从企业其他活动中分离出来，不利于企业高效地从事市场营销工作；4Ps模型只适合于指导制造业中消费品的营销活动，而不太适合指导制造业中工业品及服务领域（如零售业、金融业、公共事业等）的营销活动等。

二、营销组合理论的演进

随着营销环境的变化以及4Ps模型引发的争议，科特勒和不少营销学者尝试对4Ps模型进行了补充、修正和发展，新修订的模型大多从三个角度展开：一是延续4Ps的逻辑从生产者为中心的角度看问题，二是站在顾客的角度看问题，三是从生产者和顾客双方利益都要考虑的角度看问题。

1. 以生产者为中心的营销组合理论演进

（1）科特勒对4Ps模型的修订。

1）6Ps理论。20世纪80年代，随着竞争的加剧以及国际营销的迅猛发展，营销理论界认识到，原有的4P组合忽视了对企业经营活动中具有重大影响的政府机构和社会团体的作用，为弥补4Ps的不足，科特勒于1986年又提出了另外2个P，即政治权力（Political Power）和公共关系（Public Relation），组成了被他称为“大市场营销”（Megamarketing）的6Ps营销组合，以强调对政治和社会因素的关注。② 科特勒指出，一个公司可能有优质的产品、完美的营销方案，但要进入某个特定的地理区域时，可能面临各种政治壁垒和公众舆论方面的障碍。因此，营销人员必须懂得公共关系和政治力量，借助政治技巧和公共关系技巧，才能有效地向其他国家推销产品。

① 王成慧：《市场营销理论的演进逻辑与创新研究》，中国财政经济出版社2003年版。

② Philip Roller. Megamarketing，Harvard Business Review. 1986：117－124.

2）11Ps 理论。随着对营销认识的进一步加深，科特勒感觉到麦卡锡原有的 4Ps 只是战术层次上的组合，对它们的运作需要战略性营销理论的指导。因此，科特勒又从营销战略的高度，对 4Ps 营销组合做了新的补充，提出了营销战略层次的 4Ps，即市场研究（Probing）、市场细分（Partitioning）、目标优选（Prioritizing）、市场定位（Positioning）。所谓市场研究，即了解顾客的需求；市场细分，即根据需求对顾客分类；目标优选，即目标细分市场选择；市场定位，即明确企业的产品应在顾客心目中形成的差异化形象。后来，科特勒在上述 Ps 组合的基础上又加了 1 个 P，即人（People），意指要满足员工的需求，让其在工作中感到满意，这是实施前述若干个 P 的保证，至此，科特勒把原来的 4Ps 发展成了 11Ps 的营销组合①。但科特勒并没有为 11Ps 营销组合设定适用范围，而是试图一劳永逸地满足所有行业的营销活动需要。

（2）服务营销学派对 4Ps 模型的修订。由于 4Ps 模型起源于标准化的消费品营销，而相对于消费品这样的实物产品，服务具有“无形性”（Intangibility）、不可分割性（Inseparality）、异质性（Heterogeneity）和易逝性（Perishability）等特点，因此 4Ps 模型遭到了服务营销学派的批判和修正。

1981 年，Booms 和 Bitner 在原来的 4Ps 基础上增加了 3 个“服务性”的 P，即参与者（Participants，作为服务提供者的员工和参与到服务过程中的顾客），物质环境（Physical Evidence，服务组织的环境以及所有用于服务生产过程及与顾客沟通过程的有形物质），过程（Process，构成服务生产的程序、机制、活动流程和与顾客之间的相互作用与接触沟通），以此形成了服务营销的 7Ps 组合。然而，7Ps 组合理论同样也受到部分营销学者的批评，如 Waterschoot（1996）认为，所加入的 3 个 P 要么可以在 4Ps 中找到相对应的部分，要么不属于营销组合的变量。

（3）中国学者对 4Ps 模型的修订。知名的中国台湾广告行销学者罗文坤认为，21 世纪的企业面临国际国内、同业异业的多元多变的竞争环境，营销需要为顾客创造价值才能使顾客满意，因此需要对传统的 4Ps 模型、4Cs 模型进行改进，他于 1994 年提出了 4Vs 营销组合主张②，即产品的多样性（Versatility）、价格的价值性（Value）、通路的复合性（Variation）、推广的互动性（Vibration），但罗文坤对新的 4Vs 营销组合并没有做深入阐述。

2001 年，吴金明针对高科技制造企业的快速崛起，也提出了新经济时代的 4Vs 营销组合观③，即差异化（Variation）、功能弹性化（Versatility）、附加价值

① 王成慧：《市场营销理论的演进逻辑与创新研究》，中国财政经济出版社 2003 年版。

② 罗文坤：《21 世纪品牌行销新主张》，《动脑》，1999 年第 7 期，第 33 - 38 页。

③ 吴金明：《新经济时代的“4Vs”营销组合》，《中国工业经济》，2001 年第 6 期，第 70 - 75 页。

化（Value）、共鸣（Vibration）。差异化是指企业向顾客提供的是部分竞争对手不可替代的产品功能、质量、分销渠道、服务、企业形象等。功能弹性化指以产品的核心功能为基础，向顾客提供具有弹性附加功能选择的系列化产品。附加价值化是指企业在做好核心产品和形式产品的基础上，要重视产品的附加价值，包括技术、服务创新、企业文化和品牌价值等。共鸣是指企业要从顾客重视的价值的角度为顾客提供具有最大价值创新的产品和服务，以此实现顾客效用价值的最大化，从而使企业与顾客之间产生共鸣，并促成顾客的忠诚。

从两种4Vs组合理论中不难发现，它们都没有突破原有的4Ps框架，更多的是对前者的补充和完善。

2. 以顾客为中心的营销组合理论演进

随着市场经济的快速发展，商品极大丰富，供应商之间的竞争日趋激烈，获取并长久地保持顾客成为众多企业的首要目标。以生产者为中心的4Ps营销组合理论因过分关注生产者自身的利益忽视顾客的利益而受到了营销理论界的批评，美国学者劳特朋和英国学者本纳特从以顾客为中心的角度分别提出了4Cs和5Vs理论。

（1）劳特朋的4Cs理论。1990年，美国营销学者罗伯特·劳特朋（Robert Lauterborn）教授提出了与4Ps相对应的4Cs营销组合理论，即顾客（Consumer Wants and Needs）、成本（Cost）、便利（Convenience）、沟通（Communication），劳特朋认为企业在营销活动中应首先关注4Cs，这才是顾客利益的真正体现。4Cs的具体含义如下[①②③]：

1）顾客。顾客主要指顾客需求。劳特朋认为顾客是企业一切经营活动的核心，企业要首先了解和研究顾客的需求，然后再去考虑应该生产什么样的产品和服务，更重要的是这些产品和服务必须能为顾客创造价值。

2）成本。成本不仅指企业的生产成本或者说4Ps中的Price（价格），还包括顾客的购买成本（不但指购物的货币支出，还包括购物的时间消耗、精力与体力消耗以及购买风险）。4Cs理论认为，企业应关注顾客为满足其需要愿意付出的成本，而不是按自己的生产成本来定价。

3）便利。便利就是企业应该考虑顾客获得商品的方便程度，为顾客提供全方位的服务，从而降低顾客购买的总成本。便利原则应贯彻于营销的全过程，在售前、售中、售后都要体现以顾客为中心的思想，让顾客既购买到商品，又购买

---

① Lauterborn R. New Marketing Litany: Four Ps Passé: C – words Take over. Advertising Age, 1990, 61 (41): 26.

② 谢春昌：《营销组合理论的回顾与展望》，《商业研究》，2009年第3期，第6－9页。

③ 王成慧：《市场营销理论的演进逻辑与创新研究》，中国财政经济出版社2003年版。

到便利。

4）沟通。沟通就是企业要重视与顾客的双向交流和互动，以积极的方式建立和强化彼此的联系，要把发展和巩固与顾客之间良好的关系作为工作重心，而不是站在企业自身角度单向的促销和劝导顾客。

相对于生产者导向的4Ps而言，4Cs理论适应了时代的发展要求，呈现出强烈的顾客导向，具有无可比拟的先进性，但它又从一个极端走到了另一个极端，过分地强调顾客需求，实际上就是被动适应顾客，不考虑顾客需求的合法性与合理性，不考虑企业的资源与成本，不考虑竞争对手的营销策略，因此不仅没有遵循双赢原则，而且缺乏竞争导向，所以无法将之作为营销实践中具有较高可操作性价值的理论指导。

（2）本纳特的5Vs理论。1997年，英国营销学者本纳特（Anthony R. Bennett）从购买者（Buyer，要么是代表本人的，要么是受人之托的，要么是代表某人组织的专职采购者）采购产品或服务过程的角度，提出顾客倾向于采购某一特定的产品或服务要考虑5个维度，即价值（Value）、可行性（Viability）、数量（Volume）、多样性（Variety）和德行（Virtue）。5Vs的具体含义如下：①②

1）价值。价值是指顾客根据产品的价格、性能、独特性、企业的技术能力、声望以及企业所提供产品或服务在顾客创造价值过程中实际表现出的结果来做出购买决策，而非仅仅依据产品或服务展示出的明显的价值属性，如产品质量、适用性等来做出购买决策。

2）可行性。可行性是指顾客获得所需资源的可能性，包括离资源供应企业的距离远近、接近的方式、可选项、选择的自由度、支付能力和及时性等。

3）数量。数量指从顾客角度考虑的产品或服务的购买数量、容积等量的因素，可复制性、可拆分性、备件支持、预购可能性、持续供应程度等服务性支持因素。企业产品所提供的数量、提供的方式会因企业的规模效应、道德考虑等因素而使顾客的选择权受到制约。

4）多样性。多样性是指以顾客的选择权为核心的顾客自由选择资源的权利。多样性的选择，如产品系列、价格、支付和配送的方式、售后服务、保险、保证等都可以让顾客根据自己的需求在一定范围内自由选择。

5）德行。德行是指当顾客与企业持续交换时，如果顾客认为企业是正直的、诚实的、值得信任的，顾客会愿意与企业建立长期的良好关系。

本纳特的5Vs理论并没有否定4Ps理论，而是建议供应商在应用4Ps理论时

---

① Anthony R. Bennett. The Five Vs - a Buyer's Perspective of the Marketing Mix. Marketing Intelligence & Planning, 1997, 15 (3): 151 -156.

② 谢春昌：《营销组合理论的回顾与展望》，《商业研究》，2009年第3期，第6-9页。

要从顾客采购过程的角度考虑5Vs要素，以便更好地在满足顾客需求的基础上达成企业自身的利润目标。

3. 强调生产者与顾客之间互动的营销组合理论演进

无论是以生产者为中心的营销组合理论，还是以顾客为中心的营销组合理论，都偏向于买卖双方中的一方。随着服务营销理论的发展和关系营销理论的兴起，在营销实践中供应商越来越注意同顾客的互动、同顾客建立和保持长期的关系，受此影响营销组合理论也有了相应的发展。

（1）舒尔茨的4Rs理论。随着市场的权力从卖方转移到买方，卖方不再能直接控制传统的4Ps要素。1999年，美国著名营销专家、世界“整合营销传播之父”舒尔茨（Don E. Schultz）提出了全新的、以买卖双方互动为中心的4Rs理论①，即关联（Relevance）、反应（Response）、关系（Relationships）、回报（Returns），具体释义如下：

1）关联。舒尔茨认为，企业与顾客事实上是命运共同体，在经济利益上是相关联的，因此，企业应当了解顾客业务运营中存在的问题和面临的机会，通过最大限度地满足顾客的价值需求，使得企业与顾客之间形成一种互助、互求、互需的伙伴关系，从而让顾客满意并忠诚，以此赢得长期而稳定的市场。

2）关系。关系是在关联的前提下提出的，舒尔茨认为，市场竞争的关键在于同顾客建立长期而稳固的伙伴关系，由此企业会发生一些转变，例如，更重视长期拥有顾客而不仅仅是单次交易，主动理解顾客的生产运营过程，积极寻求其他的战略伙伴组建战略联盟形成优势互补等。

3）反应。舒尔茨认为，在当今相互影响、快速变化的市场中，企业最现实的问题不在于站在自身角度如何制定、实施并控制营销计划，而在于站在顾客角度对顾客的问题快速响应并迅速解决，这是与顾客建立关联、巩固关系的基础。

4）回报。企业与顾客之间的根本问题是经济利益问题。舒尔茨认为，一定的合理回报是企业处理营销活动中各种问题的必要条件，也是营销工作的落脚点。换言之，企业满足了顾客需求，为顾客提供了价值，顾客必然以货币、忠诚等物质和精神支持加以回报。

舒尔茨的4Rs理论适应了新的市场环境要求，强调了企业与顾客、企业与其他利益相关者之间的互动与双赢，对营销实践活动有着新的启示作用。

（2）艾顿伯格的4Rs理论。2001年，美国营销学者艾顿伯格②（Elliott Ettenberg）提出，在后经济时代顾客花销大量削减、需求两级分化、对服务需求

---

① Schultz, Don E. Perhaps the 4 Ps Should Be the 4 Rs. Marketing News, 1999, 33 (11): 7.

② Elliott Ettenberg. The Next Economy: Will You Know Where Your Customers Are? McGraw - Hill, 2001: 137 - 168.

爆炸性增长，商业的重心将从满足股东需要向愉悦消费者转变，因此，传统的以4Ps为代表的营销组合理论会失效，以4Rs为代表的新的营销组合理论将开始发挥作用，他所谓的4Rs即关系（Relationships）、节省（Retrenchement）、关联（Relevancy）、报酬（Rewards）。

1）关系。在后经济时代，建立品牌价值的关键策略就是要在企业和目标顾客之间构筑一种独特的关系，并且其实现途径在于企业的服务和企业提供利益的过程。

2）节省。在后经济时代，人们不再把购物当作一种休闲和乐趣，而需要节省获取商品或服务的时间，因此，节省的策略要求企业主动接近顾客，给他们以便利，而达成这一任务的核心能力就是企业的技术和所提供的便利条件。

3）关联。关联强调要在企业的品牌资产和顾客购买动机之间直接联结，其实现途径是企业的专业技能和商品。专业就是使企业成为所在行业最重要的思想和信息来源，并用专业能力把自己与竞争对手区别开来。商品就是通过使用独特的商品组合使商品关联到顾客内心的欲望。

4）报酬。报酬就是对顾客的回报，而非企业营销活动的收益，它通过顾客获得企业产品的时间和品位两个核心做支撑。品位就是带给顾客心里看重的欲望，时间就是使用企业品牌所需的时间是值得的、有价值的、快乐的和有效的。

艾顿伯格的4Rs理论是基于后经济时代的营销环境和企业营销实践需要提出的，它强调企业要以客户为中心，企业的营销组合要考虑赢得、服务和维系顾客的有效性，这相对于以生产者为中心的营销组合理论有了很大的进步。

（3）丁兴良的4Es理论。国内知名工业品营销咨询顾问丁兴良认为，相对于消费品行业而言，工业品行业的买方一般采购金额比较大，采购周期比较长，决策的内容和涉及的人员比较多；卖方一般需要使用直销等短渠道，对销售人员的技能和专业素养要求比较高，需要更多的互动交流等。因此4Ps理论更多地适用于快速消费品行业，而工业品行业需要新的营销组合策略，他于2008年提出了适合于工业品行业的4Es理论①②：

1）项目（ProjEct）。工业品行业一般的营销活动主体都是项目，项目是一项复杂的交易，在限定的时间内向客户提供定制的综合性产品集合，其中包含了一系列的系统组件、服务和劳务③。

2）价值（ValuE）。在工业品营销中不是以价格取胜，而是以提供的产品项

① 丁兴良是国内大客户营销的知名培训讲师和顾问，于1999年成立工业品营销研究院（IMSC，是专注于工业品行业营销咨询与培训的专业智力顾问机构），出版了多本关于工业品营销的专著。

② 丁兴良：《4E营销：工业品战略营销新模式》，经济管理出版社2008年版。

③ 刘祖轲、陈国峰：《项目营销成功的三大关键》，中国营销传播网，2005年8月11日。

目能够为客户创造的价值取胜。

3）捷道（Quick accEss）。工业品行业营销渠道更加便捷，以短渠道为主，有利于价值的有效传递。

4）互动（InteractivE）。工业品行业营销宣传与促销更加侧重于客户的互动，而非单向的传播。

丁兴良的4Es理论源于对科特勒传统4Ps理论在工业品营销领域适用性的质疑，它所强调的从项目营销角度来看待工业品营销问题的观点，对工业品营销的理论构建和实践活动有很好的借鉴意义。

三、营销组合理论的文献简评

以4Ps为代表的营销组合理论，在营销学界和企业界得到了广泛传播和应用，但也饱受质疑，如4Ps模型是短期交易导向的、只适合于指导消费品的营销活动等。

为了回应对4Ps模型的质疑，同时也为了适应营销环境的变化，科特勒和不少营销学者尝试对4Ps模型进行了补充、修正和发展。有的学者延续4Ps的逻辑从生产者为中心的角度看问题，有的学者站在顾客的角度看问题，还有的学者从生产者和顾客双方利益都要考虑的角度看问题，但无论站在什么视角上对4Ps模型进行修正，有一点是明确的，即每一种营销组合都是对既有营销组合理论的完善和发展，如4Cs营销组合克服了4Ps营销组合未考虑顾客的缺点，由“生产导向”营销转向“顾客导向”营销，4Rs营销组合克服了4Ps和4Cs营销组合未考虑买卖双方互动的缺点，由推动营销和拉动营销转向关系营销。

企业未来的营销环境是复杂多变的，并且每一个企业所处的营销环境都是千差万别的，因此，营销组合理论的发展应该不再是不同具体营销策略组合的文字游戏，而是转向根据企业内外部环境的差异对既有营销组合的整体运用，即整体营销。整体营销组合策略的出发点是分析企业具体的内部条件和外部环境，再选择恰当的策略组合，同时注意组合策略的战略性和战术性或者说可控制性与可操作性，恰当的营销策略组合既要有利于企业的长期发展又要有利于短期操作。

解决方案产品天然具有使用整体营销组合策略的特征，但这个观点还需要验证。解决方案产品是产品和服务无缝连接的整合体，在企业内部需要整合自身的资源、需要采取团队的销售方式，在企业外部需要聚集更多的合作伙伴协同提供产品与服务，还要根据顾客要求的理想结果设计价值主张、承担顾客责任等，这些都表明要成功实施解决方案产品的营销，必须动用公司层面、经营层面和操作层面全方位的力量才可能满足客户需求，因此其营销组合自然而然地必须具备整体性，要使用整体营销策略，但这仅仅是理论推导，仍需要更多的验证。

第三章 研究设计

第一节 研究方法设计

一、本书研究方法的选择

本书采用“局内人”视角的单一案例研究方法。

案例研究方法是组织管理学研究的基本方法之一，也是管理理论创建的重要研究方法之一（Eisenhardt，1989）。案例研究比较适合研究“怎么样”或“为什么”之类的问题，尤其适用于新的研究领域或现有理论似乎不充分的研究领域[①②]，因为“案例研究是创建管理理论的有效手段，特别是在理论生成早期，当我们对所研究问题知之甚少时，通过案例研究，获取第一手实证材料，有助于我们形成可检验的理论假说，最终推进研究的发展”[③]。本书的目的是对传统制造企业基于解决方案供应商转型时主导逻辑是什么、组织结构和营销组合策略如何变化等重大理论问题展开研究，研究的“是什么”和“怎么样”的问题，属于现有理论还不充分的研究领域，适合采用案例研究方法作为主要研究方法。

单一案例的优越性在于能更加深入地进行案例调研和分析，而这恰好与本书所专注的企业转型的过程研究非常匹配。首先，本书具有探索性的特点。中外的理论界对解决方案领域的研究非常匮乏，迄今为止还没有形成完整的理论体系，

---

① ［美］殷（Yin，R. K.）：《案例研究：设计与方法》（第 3 版），周海涛等译，重庆大学出版社 2004 年版。

② Kathleen M. Eisenhardt. Building Theories From Case Study Research. The Academy of Management Review，1989，14（4）：548－549.

③ 叶康涛：《案例研究：从个案分析到理论创建——中国第一届管理案例学术研讨会综述》，《管理世界》，2006 年第 2 期，第 114 页。

因此，本书探讨的问题具有探索性的特点。其次，本书需要对案例企业进行细致描述和深入分析。本书所关注的是企业发生的转型问题，需要对企业内部的种种现象进行深入细致的描述和分析，需要进行长期的追踪，以便比较真实地了解被研究者的内在动机，抓住问题的本质，形成对某一类现象深入、详细和全面的认识，这些都需要能获得企业内部具体、生动、丰富的资料，并能站在被研究者的视角透彻地理解研究对象的思维习惯、行为意义和情感方式，以此对研究结果进行解释。最后，笔者对案例企业进行了长期跟踪。作为“局内人”，王友超博士对案例企业的参与式观察和资料积累持续了7年时间，对企业的转型进程有着较为全面而详尽的了解，不仅可以看到不能预期或测量的微妙之处，而且还能确保研究的效度，因此进行单案例研究是合适的。

二、案例样本的确定

本书研究的案例是笔者所就职企业的营销部门基于解决方案供应商的转型过程。Eisenhardt（1989）指出，对案例研究方法来说，随机样本不仅是不必要的，一般还是不可取的。选取典型案例或者启示性案例是基于案例研究方法研究的常见做法（Eisenhardt，1989；Pettigrew，1988；Yin，2004）①。笔者认为，就传统企业基于解决方案供应商的转型而言，笔者所就职企业应该是一个典型和稀有的案例。

案例企业具有典型性。首先，案例企业的转型路径比较典型。案例企业是1969年创立的国内排名前列的大型汽车制造商的主要继承企业，国内知名度很高，是典型的传统制造型企业，在遭遇危机后案例企业通过第一轮转型实现了基础业务的稳定运营，然后在此基础上为实现企业的可持续发展，又开始基于解决方案业务的第二轮转型，这种在做好主营业务基础上探索发展针对未来业务的转型方式是大多数中国传统企业典型的渐进式转型路径。其次，案例企业已经初步取得了比较好的转型业绩。案例企业面临激烈的市场竞争，通过2005～2008年第一轮转型成功地保持了市场份额第一的位置，而通过自2009年以来正在实施的第二轮转型，截至2010年，不仅继续保持了行业第一的位置，创造了自公司创建以来的销量新纪录，而且基于解决方案业务的大客户销量从2008年占总销量的5%提升到了2010年的8%。最后，作为一项探索性研究，从大型企业入手是合适的。案例企业所属的汽车行业是国民经济支柱性行业，而案例企业作为行业内的知名企业，企业发展历史悠久，情况复杂，所包含的信息非常丰富，因而也更有调研和挖掘的潜力。所以，就中国传统制造企业基于解决方案业务的转型

① ［美］殷（Yin，R. K.）：《案例研究：设计与方法》（第3版），周海涛等译，重庆大学出版社2004年版。

而言，笔者就职的 D 公司是一个典型案例，选取这样一个案例进行研究是恰当的。

案例企业的研究机会具有稀缺性。首先，在国内寻找合适的研究对象比较困难。从 IBM 获得面向解决方案供应商的转型成功以来，虽然全球都掀起了做“解决方案供应商”的浪潮，但事实上，真正理解什么是解决方案的企业并不多，也更谈不上知晓如何转型成为一个解决方案供应商，因此，在中国国内寻找合适的研究对象并能成功对其展开研究的机会比较稀有。其次，作为“局内人”的研究机会比较稀有。笔者除学生身份外，还有一个身份是国内大型汽车制造企业的员工，所属企业正积极地从传统产品供应商向解决方案供应商转型，作为其中的一员，笔者正有幸经历着这个转型过程，转型过程中企业的种种变革正引导企业朝着一个欣欣向荣的良性方向发展，因此这是非常难得的近距离研究机会。最后，案例企业的转型历程在同行具有唯一性的特征。笔者所属企业是行业内的龙头企业，所在行业的其他企业也开始出现类似的转型需求，但尚未开始转型，因此，案例企业的转型过程具有行业唯一性的特征，这是一个十分难得并且转型历程具有借鉴意义的研究机会，非常适合于采用案例研究。

本书主要以案例企业营销部门为代表研究传统制造企业基于解决方案的转型过程。本案例企业组织机构比较复杂，人员数量众多，考虑笔者作为“局内人”在企业内部的身份以及能投入的精力，本书主要以营销部门为缩影展开企业转型的相关研究，但事实上由于营销部门是公司面向客户资源聚集的窗口，所以对营销部门的转型研究其实也关联到了整个公司的转型。

第二节 研究过程设计

本书所涉及的研究持续时间较长，可分为三个阶段：

一、第一阶段：明确研究主题

这一阶段主要是 2007 年 6 月至 2008 年 12 月。

笔者刚打算开展与“解决方案”主题相关的研究，但还不确定自己究竟想研究什么，因此通过大量搜寻并阅读解决方案领域前人相关的研究成果、案例企业所属行业和企业内部文献，广泛地同案例企业内部人员进行交流，笔者试图明确自己准备研究的主题和视角。笔者以“Solutions”为关键字或通过倒查文献的方式来查找外文文献，以“解决方案”或“方案”为关键字来查找中文文献，

但获取的文献数量有限。笔者也从案例企业内部图书馆查阅国内外同行企业的相关资料，并大量阅读自己多年来积累的和从老员工那里索要到的汽车行业及本企业资料。同时，这一阶段笔者还广泛地同公司内部事业计划部、商品规划部、研发中心、市场营销部门（主要是市场部门、销售部门、服务保障部门、人力资源部门等个人认为思想比较活跃的同事探讨他们对解决方案相关业务的理解，以求给笔者以启发。

在与案例企业内部人员访谈过程中，为了让访谈既与解决方案相关但又不能过于发散，笔者在文献分析的基础上初步拟定了一份访谈提纲，并在有着15年案例企业工作经历的、浙江大学企业管理专业硕士研究生同事F先生和市场营销专业博士D先生的讨论下进行了修订。最终使用的访谈提纲如下：

（1）您认为“解决方案”是什么样的？具备哪些特征？

（2）您认为“解决方案供应商”是什么样的？具备哪些特征？

（3）您认为解决方案供应商应该具备哪些能力？

（4）您认为本公司向解决方案供应商转型的驱动力是什么？

（5）您认为本公司要做哪些调整才可能转型成为解决方案供应商？

（6）您认为哪些转型措施对基于解决方案供应商的转型至关重要？

（7）您认为哪些指标可以说明本公司成功地转型成为了解决方案供应商？

受访者对企业转型有着浓厚的兴趣。根据受访者观点的分析，受访者对“解决方案”、“解决方案供应商”、“解决方案供应商应具备的能力”等议题所阐述的总体观点没有超越现有文献的研究发现，但都对传统企业应该怎样向解决方案供应商转型纷纷提出了自己的见解，其中谈得更多的是什么原因导致了公司的转型，公司转型过程中组织结构应该如何变化、营销方式应该如何调整、有哪些业务需要变革等。分析原因，受访者对企业转型有着浓厚的兴趣，这与案例企业正在实施企业转型有着密切的关系，受访者身处转型过程中，转型正在触动着受访者的某些利益，促使大家积极地思考，而受访者也试图对企业的转型方向和措施提出自己的意见，希望转型能朝着自己设想的方向发展，也因此对这方面的话题有更多的观点愿意表达。

综合解决方案的文献综述、汽车行业的历史资料以及受访者对解决方案相关业务的理解和兴趣，笔者将研究主题确定为以下三个：

（1）案例企业向解决方案供应商转型的主导驱动逻辑是什么？

（2）从企业内部视角来看，案例企业在向解决方案供应商转型的过程中，支撑企业正常运行的组织结构将会如何演变？

（3）从企业外部视角来看，案例企业在向解决方案供应商转型的过程中，直接与外部客户产生关联的营销组合策略将会做出怎样的调整？

主导逻辑是驱动案例企业基于解决方案供应商转型的根本原因，组织结构是案例企业正常运行的根本保障，而营销组合策略是案例企业展现给客户的外在表现，因此对这三个主题的研究能较好地涵盖案例企业基于解决方案供应商转型的“为什么”和“怎么样”的关键问题。

二、第二阶段：数据收集

这一阶段主要是2009年1月至2010年4月，但2010年5月至2011年6月在资料分析、形成研究结论及写作阶段，针对前期调查中的一些疏漏或疑问，笔者又选择了前期的部分受访者进行补充性的调查和回访。

为了了解前人的研究现状并对后期的资料分析提供指引，笔者根据已确定的三个研究主题，对企业转型及主导逻辑、组织结构和营销组合策略的相关文献进行了大量阅读。同时，为了弥补笔者本人对案例企业内部和国内外同行知识掌握的不足，笔者又在企业的内部图书馆、档案室和互联网上收集、阅读了大量资料。

为了获取案例企业内部人员对三个研究主题的认知，笔者选择了34名访谈对象实施了针对性的访谈。访谈对象包括公司副总经理1人，营销部门高管6人、中层14人、一般员工4人、退休高管1人、调离中层1人，商品规划部中层2人，研发中心中层2人，事业计划部中层1人，母公司经营规划部高管、中层各1人，受访者背景描述见表3－1。

表3－1　受访者个人背景资料（截至2010年4月）

所在单位	序号	部门	职务	受访者	性别	年龄	工作年限
D公司	1		副总经理	X××	男	46	27
D公司市场销售总部	2		总部长	S××	男	45	26
	3		党委书记	Z××	男	42	21
	4	市场部	部长	C××	男	45	26
	5	销售部	副部长	Z××	男	43	22
	6	服务保障部	部长	L×	男	44	25
	7	网络开发部	部长	L××	男	47	28
	8	市场部行业客户企划科	科长	F×	男	43	22
	9	市场部市场情报科	科长	Y××	男	40	21
	10	销售部品系部	科长	W×	男	38	3
	11	销售部品系部	科长	X××	男	28	7
	12	销售部品系部	科长	W×	男	31	9

续表

所在单位	序号	部门	职务	受访者	性别	年龄	工作年限
D 公司市场销售总部	13	销售部品系部	科长	L×	男	40	21
	14	服务保障部运营管理科	科长	Z××	男	38	16
	15	服务保障部军品服务科	科长	Y××	男	55	34
	16	综合部人力资源科	副科长	F××	女	40	19
	17	综合部人力资源科	主任师	L×	男	35	14
	18	物流部仓储管理科	科长	C×	男	40	18
	19	事业发展部差异化改装科	科长	T××	男	48	27
	20	北京商务代表处	经理	Z××	男	52	31
	21	上海商务代表处	经理	W××	男	50	31
	22	市场部客户关系管理科	一般员工	Z×	男	37	25
	23	销售部销售运营管理科	一般员工	L××	男	37	26
	24	服务保障部客户服务中心	一般员工	W××	男	30	9
	25	江苏商务代表处	一般员工	L××	男	27	6
	26		（前）党委书记	C×	男	62	43
	27	市场部	（前）科长	H×	男	40	22
D 公司商品规划部	28	市场战略科	科长	L××	男	40	21
	29	商品规划科	科长	L××	男	37	16
D 公司技术中心	30	客户应用工程室	科长	X××	男	37	16
	31	商品开发部车型开发室	副科长	S××	男	31	10
D 公司事业计划部	32	事业计划科	科长	S×	男	39	18
母公司经营规划部	33		部长	G××	男	45	23
	34	经营规划部战略科	主任师	L××	男	38	17

注：工作年限指受访者在 D 公司所属集团公司内（母母公司）的工作年限。

访谈对象包括了案例企业的各层级人员。选择了高管访谈，因为他们是公司转型决策的实际制定者或参与者，直接决定了公司面向解决方案供应商转型的方向。选择了中层访谈，因为他们是这些转型决策的实际推行者，对公司转型引发的变化和效果有自己的思考和切身体会。选择了一般员工访谈，因为他们是公司转型策略的最终执行者，可以以旁观者的眼光审视公司的转型效果，其评价可以作为中高层管理人员评价的印证。选择了营销部门退休、调离的中高层人员访谈，一是考虑他们没有直接的利益关联，相当于第三方评价，二是对一些敏感问题，从他们的角度便于进一步验证。

在这一阶段，结合解决方案及相关理论的文献综述、同事F先生和博士D先生的讨论以及部分试访谈的效果，本书使用的访谈提纲如下：

（1）您认为本公司在转型吗？转型的方向是什么？最终的目标是成为解决方案供应商吗？

（2）如果您认为本公司正朝着解决方案供应商转型，那么转型背后的原因有哪些？什么是真正的驱动力？这些驱动力的作用有差别吗？

（3）您认为本公司目前已经采取了哪些措施朝着解决方案供应商转型？这些措施效果如何？还需要采取哪些措施？

（4）您认为在本公司采取的转型措施中，哪些措施对基于解决方案供应商的转型至关重要？为什么？

（5）您认为本公司朝着解决方案供应商转型过程中，随着业务的变革组织结构在进行哪些调整？这些调整是渐进式的还是一步到位的？调整的原因是什么？背后有什么样的调整逻辑？解决方案业务最终会形成什么样的组织结构？

（6）您认为本公司朝着解决方案供应商转型过程中，随着业务的变革营销组合策略在进行哪些调整？这些调整是渐进式的还是一步到位的？调整的原因是什么？背后有什么样的调整逻辑？解决方案业务的营销组合策略应该是什么样的？

通过对34位受访者的深度访谈，笔者获取了大量的原始资料，本书将在第四章、第五章、第六章对这些原始资料进行描述和分析，并在此基础上得出本书的研究发现。

三、第三阶段：资料分析、形成研究结论及写作

这一阶段主要是2010年5月至2011年6月。

资料的收集与整理是反复调整、循序渐进的过程。随着资料的逐渐丰富，笔者不断地调整资料的分类归档方法，以便和研究的结果保持一致。例如，起初笔者把“组织结构”类的所有文献放置于一个文件包中，又在文件包中分成“理论文献”类、“参与型笔记”类、“访谈”类、“企业文献”类，后来随着研究的深入，笔者发现这样的分类不够细致，又在每个小类里继续分成了若干小类，并且，伴随着自己的不断反思，这些小类的名称也在不断地调整或继续细分。

对收集到的杂乱无章的原始资料分类归档后，笔者运用人工的方法对这些资料进行隔断、编码和分类，然后进行分类描述和分析性归纳（本书以结构性分析为主，结合使用解释性分析和反射性分析）。由于本书试图回答传统制造企业基于解决方案供应商转型的主导逻辑、组织结构和营销组合策略的演变这三个问

题，因此对文献的回顾、资料的描述和分析也主要围绕着“转型主导逻辑”、“组织结构”和“营销组合策略”这三大主题展开，而且这三大主题本身也存在着内在的层层递进的关系，转型的主导逻辑会直接影响组织结构和营销组合策略的调整，组织结构的变化也必然影响新的营销组合策略的形成。

对这些主题目前都有相关的理论研究文献，但这些文献又都与“解决方案”领域缺少直接关联，因此，在分析原始资料时，前人的理论文献、个人参与式观察的经历、对案例企业进行的访谈和文献资料的分析是一个互动的过程。在资料分析过程中，笔者借鉴了前人理论提供的一些术语和观点，获得了关于三大主题的实质理论，但与此同时，又通过与前人理论的联系和比较，笔者厘清了本研究在本领域研究中的位置。所以，前人的理论、资料中呈现的理论和笔者自己的理论在研究过程中实质上是相互促进的。

在分析材料和写作时，笔者结合使用了分类法和情境法。笔者首先按三大主题分类介绍；其次，用情境法按时间序列分阶段地对案例进行了描述和分析，并试图将研究结果上升到更一般性的理论层面。

事实上案例研究过程中资料收集、资料分析及撰写成文不是一个线性发展的流程，它们之间相互交错、循环反复，表现出螺旋式的上升态势，这里只是为方便描述才把研究过程分成了若干个阶段。

第三节　数据来源设计

为了提高理论的效度，本书使用了 Miles 和 Huberman（1984）所描述的三角测量法，从多个信息来源分析案例，信息来源主要包括深度访谈、参与式观察和文献分析等。

一、深度访谈

笔者的“局内人”身份有利于广泛接触公司各个领域和层级的人员，并对其进行访谈。身处公司的信息枢纽部门、拥有较长的工作经历以及关键岗位中层管理人员的身份，让笔者能有机会熟知不同领域、不同层级的公司内外部人员，再加上本书的论题与公司自身的经营活动密切相关，因此笔者能利用正式或非正式场合，与不同的研究对象进行深度访谈。所有的访谈尽可能进行现场记录，如果当时的场景不适合现场记录，笔者会事后根据记忆补充笔记。考虑是同事关系，使用录音设备会比较敏感，因此没有对访谈进行录音。

结合研究的进程，访谈陆陆续续持续了很长时间，可分为三个环节。第一个环节的访谈主要是开放式的，鼓励受访者用自己的语言针对解决方案相关业务发表自己的看法，以帮助笔者明确研究主题；第二个、第三个环节的访谈是半开放式的，第二个环节是针对某些确定的主题听取受访者的意见，笔者事先根据受访者的身份和研究主题准备了一个访谈提纲，但会根据访谈情境进行灵活调整，第三个环节是补充性调查和回访，实施的方式多种多样，如电话沟通、邮件沟通、QQ 沟通等。

访谈地点主要根据访谈人员的情况灵活处理。对高管的访谈，事先约定好时间，一般在其独立的办公室进行，持续时间为半小时到一个半小时不等；对中层人员访谈，因为他们与笔者在案例企业内部的身份地位相当，心理距离比较近，相对随意，时间宽松，可能在相对安静的会议室也可能在茶余饭后进行访谈；对退休的高管和已经调离的中层人员主要利用其休息时间在餐厅边吃边谈。接受访谈的人员都知道笔者仍在攻读博士学位，笔者也向他们说明了访谈的意图，并保证他们的姓名不被公开、陈述的观点不转述他人。

二、参与式观察

2004 年 7 月，笔者进入案例企业营销机构的市场部门从事营销工作，2005 年 6 月被提拔为关键科室的中层管理人员，直至 2011 年 2 月被调到区域从事销售管理业务，近 7 年的时间一直在公司总部近距离地参与性观察、了解企业发展、转型的过程（市场部门密切关注客户需求、市场竞争及本企业自身发展动态，是案例企业的信息枢纽部门）。

“局内人”身份和从业经历帮助笔者获取了大量的案例企业内部资料，细致地观察了企业的转型历程。由于拥有良好的营销专业背景以及较强的逻辑思维能力，笔者参与了 2005 ~ 2010 年营销机构领导人一年一度对外发布的大型工作汇报材料的制作；参加了每个季度、年度都要举行的营销工作研讨会；参与了案例企业两次重大的升级换代产品平台的上市导入活动；经历了公司领导改组市场部门（让其成为与从事产品销售的品系部门并行的大客户营销部门），并亲身从事分行业解决方案式开发大客户的过程等，这些经历让笔者有机会获取更多的“局外人”难以获取的资料和信息，有机会经常聆听并感受公司及各部门领导的思想变化及其发展轨迹，亲身经历、观察并深刻体会公司一点点的转型过程。

笔者写日记的习惯和案例企业的信息发布渠道也有利于本书相关资料的获取。自从就职于案例企业以来，笔者坚持每天写日记，日记记录了笔者每天从事的活动情况以及感悟，如果活动现场没有做任何记录，事后会立即根据记忆补充笔记。并且，公司领导发言及重要会议都会有会议组织者撰写会议纪要，并用公

司内部邮箱发送给与会者或公布在公司的内部网站上。因此，笔者对案例企业内部特别是营销机构内部比较重要的事件信息基本都有所了解。

三、文献分析

收集文献资料的目的是不同渠道资料的相互验证和补充完善，并能提供一些参考和启示。本书获取的文献资料主要包括企业转型及其逻辑、组织结构、营销组合等领域的相关学术研究成果，为本书提供理论参考和启发；反映行业发展动态的分析报告、行业产销数据、咨询公司的咨询/分析报告、从正式或非正式渠道获取的竞争对手的年报/公司战略与运营策略报告、国外同行在行业会议上发布的演讲报告等，为本书提供行业背景；公司发行的报纸/杂志/宣传画册、公司内部网站、公司内部可供查阅的文件/会议纪要、公司内部可以接触到的例行报告和报表、公司各层级高层领导在会议上进行宣讲的已经在内部传播的报告、外界新闻媒体的文字报道等，为本书提供不同渠道资料的相互验证和补充完善。

第四节 研究质量检测设计

笔者主要从效度、推广度和伦理道德三个方面来保证本书所做研究的可靠性、研究结果的代表性和研究的道德规范问题。

一、效度问题

对效度的探讨主要包括四个方面。

1. 描述效度

笔者作为“局内人”，对样本企业有着长达7年的持续观察经历，也有着不间断写日记的习惯，再加上长时间、多部门的访谈记录，可以保证收集来的数据比任何其他方法都更丰富、更细致和更完整，还有，对研究对象的长期观察，对各种情境相对准确的把握，可以保证对现象或事物描述的准确性。

但同时，笔者又是“局外人”的身份，作为同事关系，在深度访谈时，被访者可能自觉或不自觉地回避一些企业现实中的敏感问题以保护自己的“安全”，为尽量规避这样的情况，笔者会多方采集数据，如从退休或调离本单位的人员或者从公司内部非直接利益相关单位人员中进一步访谈。

2. 解释效度

解释型效度的关键是研究者对受访者、对事物所赋予意义的“确切”程度的了解、理解和表达。笔者作为“局内人”，对样本企业有着长期观察，对绝大部分受访者的基本认知观点比较熟悉，因此能够以受访者的标准来解释他们陈述的观点。当然，为了避免由于是“局内人”很容易想当然地理解受访者的意思，笔者在访谈时力图记下受访者所说的话，并且当场或事后反复确认他们表述观点的真正含义。

3. 理论效度

为了保证本书所依据的理论和从研究结果中初步建立的理论能真实地反映所研究的样本企业的现象，笔者采取了陈向明推荐的“反馈法”①，尽量增强理论效度。笔者将研究的初步结论完成后，将研究报告初稿请硕士研究生同事F先生和博士D先生站在他们的立场上提出看法。F先生和D先生都认为笔者采用的理论和初步建立的理论是恰当的，能够真实地反映案例企业转型过程中所展现的现象。

4. 评价效度

评价效度探讨的是研究者是不是用“有色眼镜”去观察事物、收集材料、得出结论。作为“局内人”不可避免地有这样的嫌疑，为了减少这样的情况的发生，笔者在研究过程中事实上始终同2008年底退休的1名高管和同事F先生保持很好的沟通，笔者自己的主要观点、访谈后同事们主要观点的总结、自己的研究结论等，都同他们进行了充分的交流，听取了他们对这些观点的看法，同时，研究报告的初稿，也请他们提出过意见，这样做就是为了减少一些先入为主的偏见。

二、推广度问题

推广度主要关注外部推广度，外部推广度是衡量研究结果能否或能在多大程度推论到样本以外，显示其实际意义以及对社会实践的借鉴价值。外部推广度有认同推广度和理论推广度之分。

1. 认同推广度

认同推广度是衡量对研究结果的认同，即研究所揭示的社会现象能够为那些关心类似问题以及处于类似情形之下的读者提供一定的解释和经验共享，读者在阅读研究报告时在思想和情感上产生了共鸣，即起到了“推论”作用。本书对案例企业进行了深入的观察和调查，那些与案例企业有着相同境遇的传统制造企业，尤其是卡车制造企业，应该可以从中获得一些认同和启迪，因为案例企业的转型成效已经引起了同行企业的关注，并且部分同行企业已经开始效仿案例企业

① 陈向明所指的排除“效度威胁”的“反馈法”是指研究者得出初步结论后广泛地与自己的同行、同事、朋友和家人交换看法，听取他们的意见。

的部分做法，在公司内部交流时提到了为客户提供“解决方案”、“服务型制造企业”等。①

2. 理论推广度

理论推广度是通过建立有关的理论来实现的，如果研究者在对样本进行深入分析的基础上建立了某种理论，那么这个理论会对类似的现象产生阐释作用，从而在理论层面发挥推论的作用。本书在个案分析的基础上建立的三个方面的理论具有一定的抽象性和概括性，有助于解释案例企业同行在基于解决方案供应商转型时遵循的转型逻辑、采取的组织结构和营销组合策略。但与此同时，本书立足于提出问题、发现现象，以期抛砖引玉，进一步拓展相关案例研究，因此目前只是一个初步的理论构建，还需要未来更多的研究者进行多样本的案例比较研究和抽样调查，才能让构建理论的阐释作用发挥范围更大。

三、伦理道德问题

质的研究中的伦理道德问题主要包括自愿原则、保密原则和回报原则。

1. 自愿原则

笔者是“局内人”，所选择的 34 个访谈对象对笔者都比较熟悉，笔者对其进行访谈之前都会说明访谈的目的和内容，访谈地点一般根据访谈对象的方便程度而定，如办公室、餐厅或咖啡厅等，因此，访谈完全是在自愿情况下进行的。

2. 保密原则

作为“局内人”，笔者在样本企业工作了近 7 年，访谈对象对笔者诚实可信的人品是信任的，并且笔者也在每次访谈一开始时就声明该研究是用于学术目的，分享的观点、提供的数据和资料不会对外公开，而且为了避嫌，笔者也不使用录音笔。同时，为了对访谈者的身份保密，笔者在研究中使用的全部人名都用字母代替，而且样本企业也用字母代替。

但需要特别说明的是，正如陈向明所说，研究报告中使用匿名在大多数情况下是可以隐蔽被研究者身份的，但有时候可能无济于事，因为如果读者属于被研究者的文化群体，则很容易辨别出研究报告中所指对象的真实身份②。鉴于本书肯定会在案例企业内部和学校的图书馆流传，本着“被研究者第一，研究第二，研究者第三”的保密原则③，本书在撰写过程中始终没有像某些案例研究论文一

---

① 案例企业同行之间情报工作比较发达，因此彼此基本知道同行的一些做法，都在相互学习同行先进企业的一些工作方法。

② 陈向明：《质的研究方法与社会科学研究》，教育科学出版社 2001 年版。

③ Fontana A.，Frey J. H.. Interviewing：The Art of Science. In N. K. Denzin & Y. S. Lincoln（Eds）Handbook of Qualitative Research. 1994，Thousand Oaks：Sage.

样大量引用受访者的原话以证明笔者自己的观点，这样做的目的就是为了避免与笔者身处同一个企业的员工通过受访者的原话，将受访者对号入座，以保护受访者的利益，减少不必要的麻烦。

3. 回报原则

因为与访谈对象都是同事关系，平时大多都有工作往来或私下交往，因此，回报主要体现在日常的工作支持和平时的宴请或人情来往，还有就是研究成果的分享上（因为笔者在样本企业的学历相对较高，对问题的分析能力颇受认可，被访谈者更愿意与之交流对某一问题的看法，而不在乎物质上的回报）。

第四章　企业转型的主导逻辑

伴随着市场全球化和以信息技术为核心的知识经济浪潮的冲击，企业的经营环境日益复杂多变并且充满了不确定性，如何让企业从困境中重生，如何让企业保持可持续的竞争优势，从而实现永续经营与成长的目的，是企业生存和发展过程中不可回避的现实问题。近年来，通过转型来回应环境的变化，已经成为企业调适与所处环境关系的重要举措，也成为国内外学者关注的焦点。由传统制造商向解决方案供应商的转型，是企业可持续成长的重要路径，然而在这个转型过程中传统企业遵循着什么样的转型逻辑，这种转型逻辑又会对企业的后续转型过程产生怎样的影响呢？

第一节　D 公司的背景

一、D 公司简介

本书研究的个案 D 公司是国内大型汽车企业，2010 年，其母母公司在世界 500 强居国内汽车行业前列，在中国 500 强居榜上前列。

D 公司的前身是国内排名前几位的汽车制造商，2003 年其前身企业与国外汽车公司 RC 成立了国内汽车合资公司，D 公司成为合资公司的中重型商用车事业板块（合资公司还包括乘用车板块），也因此它继承了前身企业的主体业务，公司组织架构如图 4－1 所示。

D 公司是目前国内规模最大、品种最全的商用车企业之一。主要业务包括中重型卡车、客车整车与客车底盘以及发动机、驾驶室、车架、车桥、变速箱等关键总成的生产与销售，年生产能力 30 万辆，拥有多个专业厂和子公司，员工总数近 35000 人，固定资产超过 150 亿元。

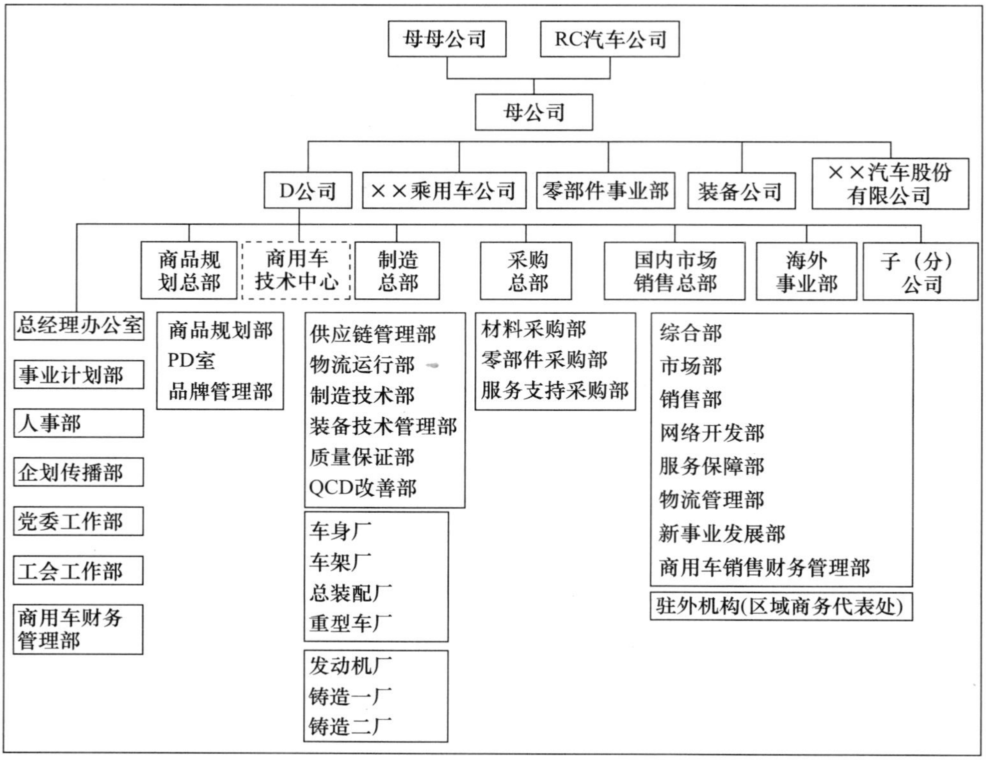

- 母母公司、RC汽车公司
  - 母公司
    - D公司
      - 总经理办公室
      - 事业计划部
      - 人事部
      - 企划传播部
      - 党委工作部
      - 工会工作部
      - 商用车财务管理部
      - 商品规划总部：商品规划部、PD室、品牌管理部
      - 商用车技术中心
      - 制造总部：供应链管理部、物流运行部、制造技术部、装备技术管理部、质量保证部、QCD改善部；车身厂、车架厂、总装配厂、重型车厂；发动机厂、铸造一厂、铸造二厂
      - 采购总部：材料采购部、零部件采购部、服务支持采购部
      - 国内市场销售总部：综合部、市场部、销售部、网络开发部、服务保障部、物流管理部、新事业发展部、商用车销售财务管理部；驻外机构(区域商务代表处)
      - 海外事业部
      - 子（分）公司
    - ××乘用车公司
    - 零部件事业部
    - 装备公司
    - ××汽车股份有限公司

注：商用车技术中心在组织层级上隶属母公司直接管理。

图 4－1　D 公司的组织架构

D 公司正由传统的国有企业逐步成长为一个迈向国际化的现代企业。以 D 公司为主体的母母公司中重型卡车产品销量连续多年居行业前列①，特别是在母公司高管 RC 汽车公司派驻员的影响下，自 2003 年以后，D 公司的全价值链发生了深刻的变革，产品结构、管理方式、经营理念等都在逐渐转型，以中国第一、世界前列为发展目标，在继承传统制造优势、研发优势和营销优势的基础上，已经初步搭建了与发展目标相适应的产品平台、管理平台和团队平台。D 公司完成了两个产品系列的中重型卡车产品的更新换代，全价值链确立了“以市场和客户为中心”的经营理念，广泛导入了各种全新管理工具，企业经营越发稳健，已经由一个传统的国有企业，逐步成长为一个具有国际化视野和影响力的现代企业。

① D 公司的产品销量占母母公司中重型卡车销量的 90% 以上。

二、D 公司转型进程划分

根据 D 公司基于解决方案业务的营销转型时间进度，可以把营销机构的转型历程划分为三个阶段（关于转型阶段的划分得到了 D 公司营销机构负责人 S 先生和大部分高管人员的认同）：

第一阶段为 1999 ~ 2004 年，可以看作转型前期，企业尚未真正开始转型。在这一阶段，D 公司总体上处于供不应求的状态，但随着国民经济的发展，中重型卡车的需求结构在逐年变化，重型卡车的需求比例稳步上升，而 D 公司从中型卡车起家，面对重型卡车需求的增长，公司试图调整产品结构，但由于重型卡车产品的总成资源、研发能力和法规变化等因素，产品结构的调整进程缓慢，因此导致公司的产品结构滞后于市场需求。

第二阶段为 2005 ~ 2008 年，可以看作转型萌芽期，企业实施了第一轮转型，稳定了基础业务，具备了向解决方案供应商转型的经营条件。在这一阶段，D 公司通过新一代重型卡车 L 系列、中型卡车 J 系列两大系列新产品的上市完成了产品结构调整，同时将以自我为中心的产品导向的企业文化调整为“以市场和客户为中心”的市场导向的企业文化，实施了分品系的销售管理模式探索，通过这些调整，D 公司的经营绩效得到提升，经营能力也得到了增长。

第三阶段为 2009 ~ 2010 年，可以看作转型探索期，企业尝试提供解决方案业务，开始第二轮转型。在这一阶段，D 公司调整了原有的组织结构，对分品系的销售管理模式从组织结构上进行了确认，同时开始了分行业的解决方案式营销模式的探索，并在组织结构上进行了确认。

第二节　D 公司企业转型的案例介绍

传统的制造企业在向着解决方案供应商转型进程中究竟遵循着什么样的主导逻辑，不仅会影响企业转型的方式，也会影响企业转型的效果。本书通过 D 公司营销部门向解决方案供应商的转型进程，试图探析传统制造企业在向解决方案供应商转型过程中的主导逻辑。

一、2004 年以前：产品结构滞后于市场需求

公司产品结构调整滞后于市场需求。1999 ~ 2004 年，中国中重型卡车市场特别是重型卡车市场基本处于持续快速增长阶段，其中，重型卡车产品的比重由

1999年的21%上升为2004年的63%（见图4－2），但D公司多年来以中型卡车产品为主，其重型卡车的产品比重一直低于行业平均水平（见图4－3）①，产品结构的调整速度落后于市场需求，虽然在2004年D公司的销量达到其历史最高峰，但真正的重型卡车产品缺乏仍是不可回避的事实。

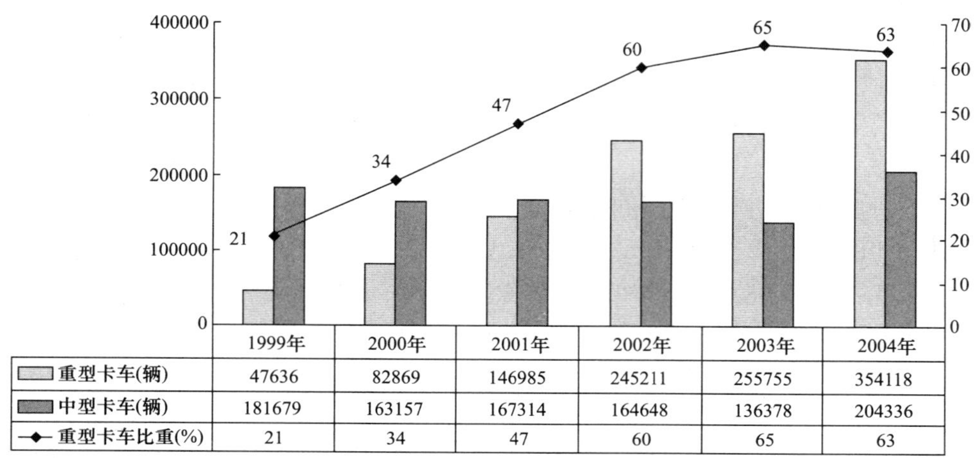

	1999年	2000年	2001年	2002年	2003年	2004年
重型卡车(辆)	47636	82869	146985	245211	255755	354118
中型卡车(辆)	181679	163157	167314	164648	136378	204336
重型卡车比重(%)	21	34	47	60	65	63

图4－2　1999～2004年行业中重型卡车需求量及重型卡车比重情况

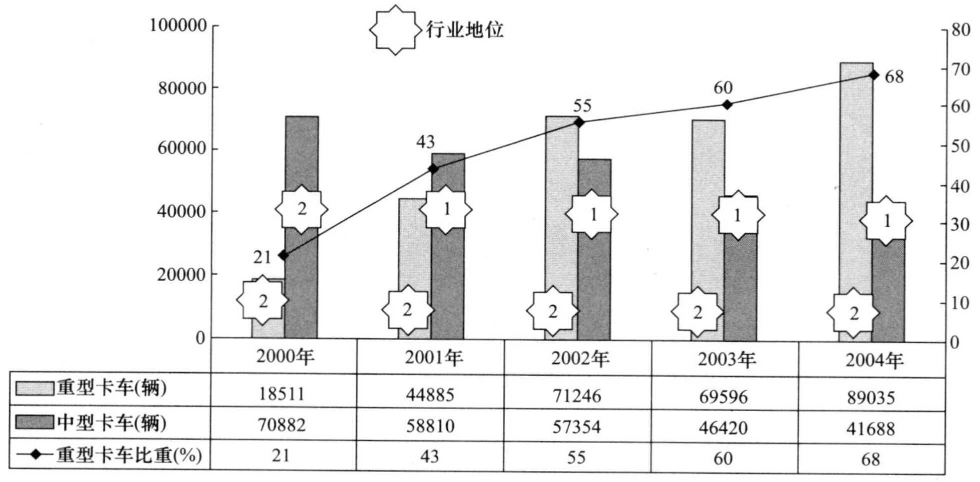

	2000年	2001年	2002年	2003年	2004年
重型卡车(辆)	18511	44885	71246	69596	89035
中型卡车(辆)	70882	58810	57354	46420	41688
重型卡车比重(%)	21	43	55	60	68

图4－3　2000～2004年D公司中重型卡车需求量及重型卡车比重情况

① 从数据上看，2004年D公司的重型卡车产品比重要高于行业平均水平，但事实上是D公司在向行业协会上报数据时人为地把中型卡车销量向重型卡车销量进行了转移所致，事实上重型卡车产品比重仍低于行业平均水平。

二、2005～2008年：产品与营销方式转型

产品结构调整缓慢导致的销售不畅致使公司面临多重压力。中重型卡车市场在2004年达到高峰后，2005年出现了大幅下滑，2006年又开始步入了新的增长期（见图4－4）。但对D公司而言，由于产品结构调整进程缓慢，虽然市场在短暂下滑后又恢复了增长，然而2005年D公司仍以传统的中重型卡车产品为主，2006年4月新一代重型卡车L系列产品才投放市场，因此面临市场的变化，D公司在2005年、2006年的销售情况很不理想（见图4－5），承受着母公司、母母公司、经销商、服务站和供应商的多重压力。

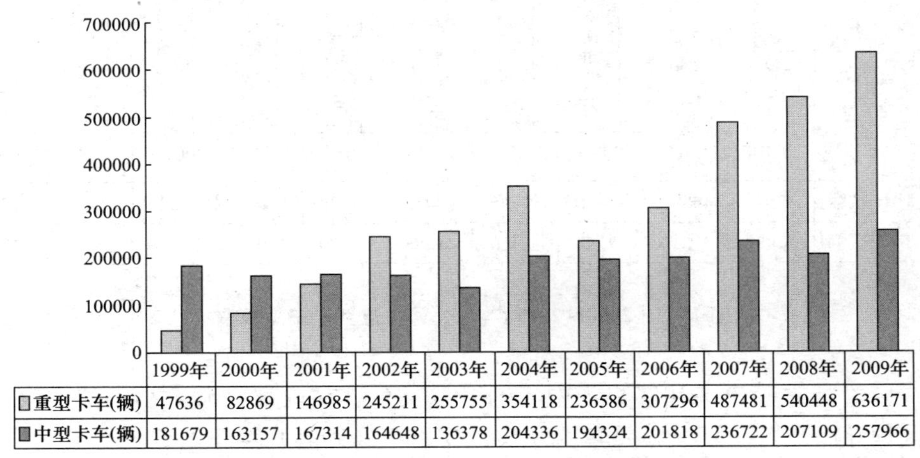

	1999年	2000年	2001年	2002年	2003年	2004年	2005年	2006年	2007年	2008年	2009年
重型卡车(辆)	47636	82869	146985	245211	255755	354118	236586	307296	487481	540448	636171
中型卡车(辆)	181679	163157	167314	164648	136378	204336	194324	201818	236722	207109	257966

图4－4　1999～2009年行业中重型卡车需求情况

销售不畅引发了公司的营销转型。1999～2004年，中重型卡车市场连续6年多时间的高速增长让汽车厂家和经销商基本上忘记了市场需求还有低速增长、不增长或者增速下降的情形，因此2005年的市场暴跌让D公司开始警觉起来，除了清楚地知道公司在产品结构上还存在不合理外，公司在经营上也开始反省和调整。2005年底，D公司提出要进行营销转型①，并且还利用各种与渠道成员的交

① 2005年底虽然D公司提出了要进行营销转型，但此时并没有一个清晰的目标，只是期望D公司各职能部门和渠道成员要树立以市场和客户为中心的思想，要从传统的大众营销向目标市场营销转变，要开始关注目标客户的需求；2006年底，D公司营销转型的方向逐渐开始明晰，提出要"转变营销方式"——充分理解用户需求，由做销售到做市场，从间接接触用户向直接面对用户转变；在用户生命周期的各个阶段为用户创造价值，从卖产品到向用户提供解决方案转变。并且要求D公司供应链上的所有成员要"携手共创未来"——在将商品和服务传递给用户的过程中，供应链上的所有成员分工协作，通过维护与用户的长期关系，来获取最大利润，实现可持续发展。资源来自：D公司2005年底、2006年底面向经销、服务渠道的商务大会发言材料。

互机会（如商务会议、向渠道成员发行的内部报纸/杂志等）要求渠道成员一起转型。

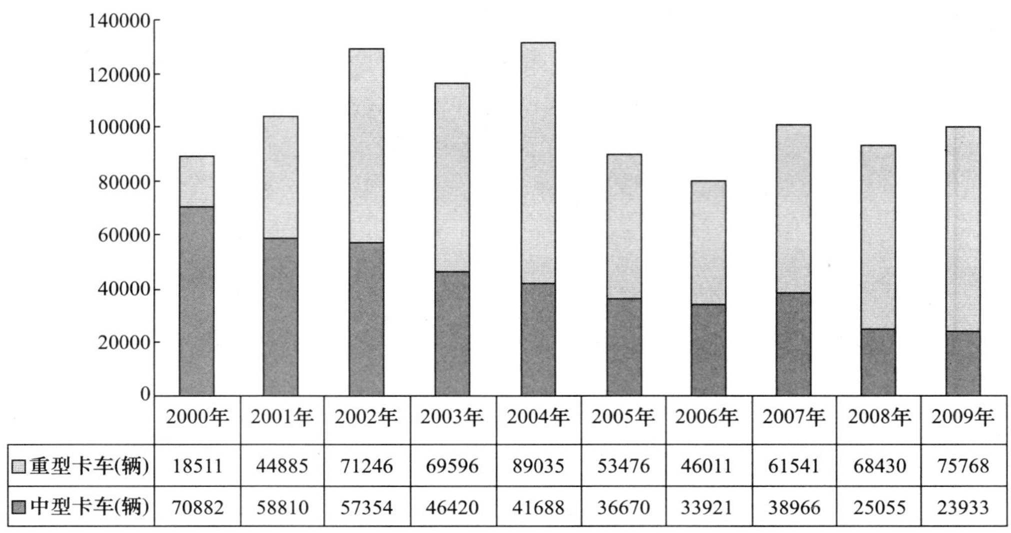

	2000年	2001年	2002年	2003年	2004年	2005年	2006年	2007年	2008年	2009年
□重型卡车(辆)	18511	44885	71246	69596	89035	53476	46011	61541	68430	75768
■中型卡车(辆)	70882	58810	57354	46420	41688	36670	33921	38966	25055	23933

图 4－5　2000～2009 年 D 公司中重型卡车需求情况

（1）建立以市场和客户为中心的企业文化。在内部，大大小小的会议上，高层领导们开始反复倡导要转变观念，要以市场和客户为中心，员工要走职业化、专业化的道路，为客户做好服务工作。在外部，高层领导们在很多场合都呼吁经销商要直接接触终端客户，通过开发和维护直接客户，通过理解并满足客户的需求，来提高客户的满意度和忠诚度，来稳定企业的经营业绩，避免大起大落。除了在会议上反复灌输理念，D 公司还通过开发替客户算账的方法、客户管理的 3 表 1 卡工具、产品试用、规范市场（治理低价抛售、跨区域销售）等强有力的手段，促使全价值链成员开始关注客户需求。随着高层领导在会议上、内部电视台上、内部平面媒体上的不断引导，再加上公司采用了一些新的管理工具和方法的促进作用，在 D 公司内部和经销商员工的思想与行为导向里初步嵌入了要“以市场和客户为中心”的思想，D 公司以客户为中心的企业文化在 2006 年以后初步形成。

（2）创建“铁三角”的工作机制，加强核心职能部门之间的合作。2003 年 10 月，D 公司开始研发新一代的重型卡车产品 L 系列，D 公司在母公司的指导下引进了并行工作流程，2005 年新一代重型卡车 L 系列产品处于上市准备期，公司全价值链的成员在并行工作流程的要求下都需要提前介入上市准备。在新的并行上市流程的引导下，在高层领导的推动下，D 公司打破了以往商品企划、研发、采购、生产制造、市场营销等职能部门老死不相往来的格局，为了促成新产品顺利上市，各职能部门都开始互动起来，按照各自的职责分工协作。在产品上市过程中，高层领导们意识到营销工作的市场表现不仅取决于营销部门的工作，还取决于公司全价值链的协同。为了保持 L 系列产品上市所带来的良好互动局面，D 公司在 2006 年 9 月将商品企划、研发和市场销售三大职能部门联合在一起创建了商品“铁三角”机制①（见图 4－6），“铁三角”采用月度例会制，会议主要讨论商品的市场应对问题（D 公司的主要高层领导和主要职能部门领导都会参会），特别是对战略性大客户反映的问题及时讨论和制订应对方案，并交由相关职能部门执行，下个月例会时会检查上个月决议的执行情况。“铁三角”机制的形成促进了职能部门之间围绕客户需求的沟通，很好地促进了本位主义现象的消除。

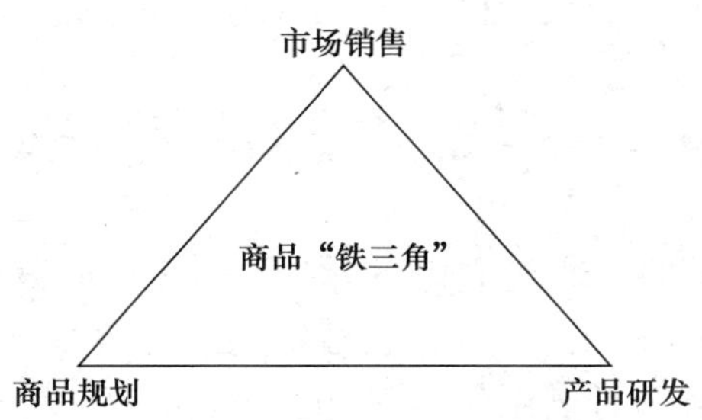

图 4－6 商品“铁三角”机制

（3）探索分品系的销售管理模式。2007 年，销售部在原有的职能科室基础上增设了牵引车、重型载货车、重型工程车、中型车 4 个项目小组，每个小组的组长由主要业务职室的科长兼任，每个小组的成员由各小组组长从销售部门的现有人员中自由选择，项目小组的工作时间主要在工作时间之外，如一天下班后或者每周六上午，小组的工作内容主要是利用自己的销售数据和行业的新车注册数据②进行分析和判断，再讨论下一步本产品系列的销售管理工作重点，明确重点工作后，各小组成员再分别去协调和处理，推进这些工作的落实。2008 年，随着各项目小组工作的深入，在销售部内部项目小组的影响力越来越大，各小组组长已经将项目组的工作当成了主要工作内容，原有的职能科室业务开始主要围绕

① D 公司认为公司的核心职能部门是商品企划、研发、市场销售三大职能机构，因此需要把让它们之间形成定期沟通机制。

② 国家公安部提供有新车注册数据可以分析所有汽车厂家所出售车辆的相关情况。

各项目小组服务，分产品品系的销售管理工作逐步走向正规化，在各项目小组内部已经有了基本明确的工作分工，如销售规划、渠道管理、商务政策管理、市场推广管理等，同时各项目小组也开始与上游的商品企划、产品研发、生产制造、商品收益等职能部门和下游的经销商建立了广泛的业务联系（见图4－7①），分品系的销售管理工作模式在D公司内部发挥越来越重要的作用。

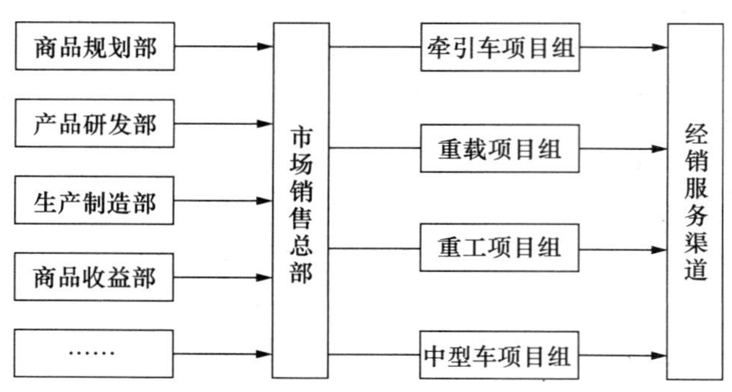

图4－7　以产品品系为中心的销售模式构架

（4）引导经销商同步以市场和客户为中心实施面向终端客户的转型。一是明确经销商未来的发展方向；二是敦促经销商关注终端客户，工作重心下移。2005年、2006年相对于以前若干年D公司经营比较困难，部分投机性强的经销商把资金和精力向风险收益更高的行业转移，其中一个原因是，认为卡车行业的利润来源主要是汽车销售，而产生这个原因的根源又在于对汽车行业的发展前景和对作为汽车经销商的未来发展模式缺乏清晰的认识，没有意识到汽车行业的产业链很长，围绕着客户和产品的生命周期，有很多服务项目可以提供。因此，一方面，D公司领导利用各种场合和媒体向经销商介绍国外发达市场的卡车经销商成熟运营模式；另一方面，D公司以现有经销商中比较接近发达国家经销商运营模式的企业XXD公司②为例进行了解剖，将该公司的具体做法和成功经验详细展示给全部经销商（见图4－8）。这些介绍和解剖触动了大部分经销商的思维，引起了很多经销商的极大兴趣，部分经销商甚至结队前往南方某城市探究XXD现象，向自己的同行取经。部分经销商资金和精力转向的另一个原因是以前以批发为主，并没有直接接触终端客户，为了让经销商重新跟客户交往起来，D公司对

① 重载项目组中的“重载”指重型载货车，重工项目组中的“重工”指重型工程车。

② 2007年3月，D公司派遣一个小组总结了处于南方发达市场的一个优秀经销商XXD的运营模式案例。

经销商也提出了新的要求，即“6有”标准，要求经销商必须具备销售团队、展车、展场、设在辖区重点市场的自有二级网点、推广宣传、维修服务6项基本功能才可能经营好某个产品系列或者区域市场（见图4－9），新的“6有”标准的提出再配合以D公司的商务政策引导，推动着经销商对D公司的卡车业务进行了新的投入，并不得不开始重新走向终端客户。

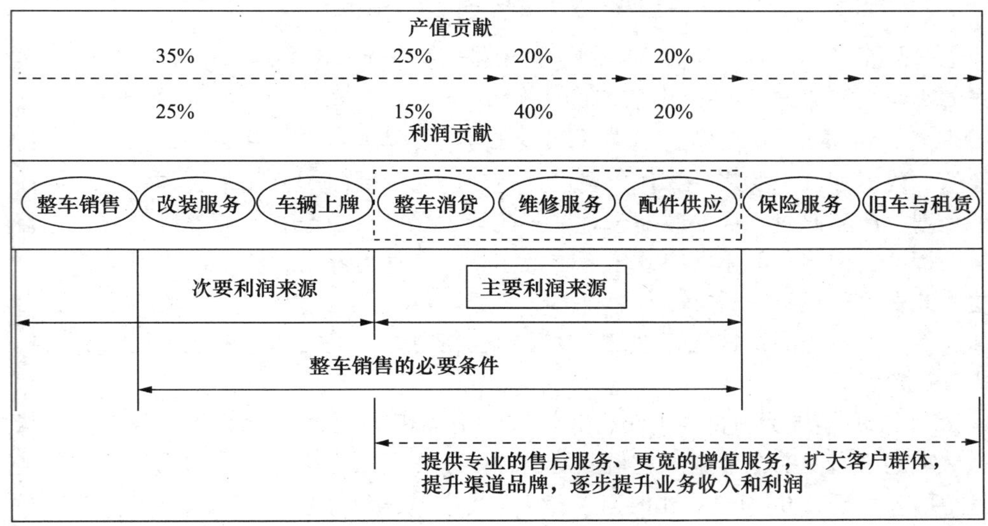

图4－8　XXD公司的运营模式

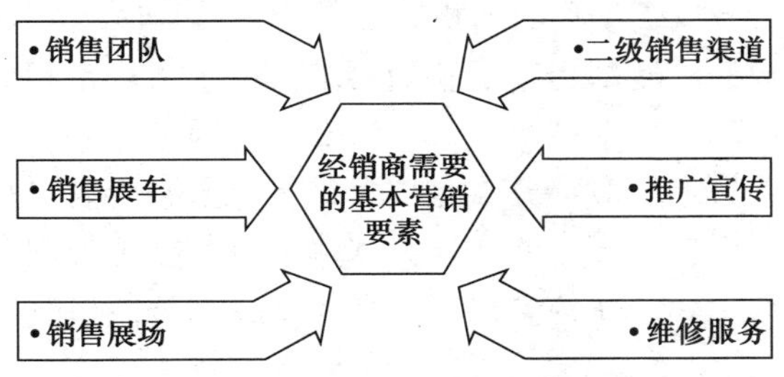

图4－9　经销商“6有”营销要素投入标准

通过产品结构调整、经营上的反思与初步转型，公司的产品结构和整体绩效得到明显改善。新导入市场的L系列产品占重型卡车产品的比重在2007年达到37.8%、2008年达到58.6%①，中重型卡车的比重在2007年达到61.2%、2008年

① 数据来源：D公司的市场部门提供。

达到73.2%，D公司的产品结构问题得到根本改善，与行业的中重型卡车产品结构比例基本保持一致①，满足了市场的主流需求。同时，D公司在整体绩效上也得到了改善，以D公司为主体的母母公司在中重型卡车总销量上仍得以保持行业第一的位置，市场份额在更加激烈的竞争中2007年、2008年连续两年保持了22%的水平②，转型效果初步显现，D公司又开始步入了良性发展轨道。

三、2009～2010年：营销方式与组织结构转型

分品系的销售管理模式在公司全价值链得到了延伸。随着分品系销售管理工作的影响力越来越大，销售部门的工作引起了D公司高层领导的重视与认可，2009年，从事分品系营销工作的人员变成了专职人员，“项目组”几乎成了销售部门的代名词。除此之外，D公司也开始推进上游部门的分品系管理工作，如商品企划、产品研发、商品收益管理等部门除了保持自己原有的业务属性外，也在某种程度上按照分品系的方式组织本部门工作与销售部门相应对，体现了“铁三角”相关部门的同步性。

除了实行分品系销售管理外，D公司也在向分行业的客户解决方案式销售模式进行探索。

“4万亿”投资项目为卡车行业带来了新的市场机会。2008年下半年，由美国次贷危机引发的全球金融危机蔓延到中国，中国政府为了扩大内需、促进经济平稳增长，于2008年11月推出了“4万亿”投资计划，这个计划以铁路、公路、机场等基础设施建设和四川灾后重建为主③，由此带来钢铁、水泥等建材行业运输需求的增长，给卡车行业带来了明显的市场机会。

公司将“4万亿”投资项目的商机管理转化成混凝土行业的市场开发。营销部门的领导对本机构的市场部提出了新的要求，要求市场部针对“4万亿”投资进行商机管理。市场部分析了“4万亿”的投资结构，最后把目标锁定在铁路建设和四川灾后重建项目上。对部分重点项目进行调研分析后，2009年5月，市场部逐渐确定了新的工作目标——所有这些基建项目都需要使用混凝土，而运送混凝土的车型就是与卡车相关联的搅拌车，因此市场部把商机管理转化成了对混凝土行业的市场开发。④

---

① 行业中重型卡车中重型卡车的比重在2007年达到67.3%、2008年达到72.3%。

② 数据来源：D公司的市场部门提供。

③ 张翃：《国家发改委主任张平详解“4万亿”投资构成》，新华网云南频道（http://www.yn.xinhuanet.com/topic/2008-11/28/content_15041828.htm），2008年11月28日。

④ 运送钢材、水泥的卡车产品D公司在行业内具有较高的市场份额，但对于运送混凝土的搅拌车，D公司目前在行业中的份额还比较低，因此D公司选定混凝土行业的目的就是为了进一步提高其搅拌车市场份额。

混凝土行业成功的市场开发，激发了营销机构领导层实施分行业解决方案式销售模式探索的兴趣。通过对混凝土行业进行二手资料分析以及对重点经销商、有合作关系的改装厂①和典型客户市场调研，市场部了解了这个行业的起源、市场规模、市场分布、物流运营模式、客户类别及其需求、重点客户名单等，在这个基础上，市场部把占市场需求60%以上的私营搅拌站所集聚的个人客户确定为目标客户②，并且为这类客户设计了包括通用产品（容积为10/12立方米的搅拌车）、融资租赁/消费贷款（个人用户很缺钱）、上门服务（搅拌车出现问题后必须快速解决，否则上装的罐体极有可能因混凝土凝固而报废）等在内的解决方案模块，由于这些解决方案模块通过大部分的经销商都可以在D公司提供的资源内整合完成，所以市场部只是把它作为一个市场开发策略由销售部门来执行。但对于排名前几位的大客户，市场部有针对性地设计了个性化的解决方案。如一个典型的解决方案是：D公司某一区域经销商注册一家物流公司，经销商销售人员以物流公司的名义把搅拌站的混凝土业务承包下来，然后销售人员寻找用户来购买搅拌车整车并提供融资租赁、货源和针对搅拌站的上门服务③（此时个人用户对搅拌车的售价已经不太敏感了），而搅拌站只需要按单车的运量支付运费即可④（见图4－10）。这一方案不仅很好地解决了搅拌站的购车资金紧缺、混凝土运输⑤和运输管理烦琐等问题，也能解决个人用户的资金紧缺、货源不足、维修不便等问题，真正实现多方共赢。2009年以前，在混凝土行业竞争对手采用这种解决方案的销售方式还很少，因此，市场部针对一般用户的普适性策略和重点大客户的个性化解决方案取得了很大成功。2009年底，D公司的搅拌车份额提高了2个百分点以上，排名前10的大客户成功开发了一半以上。对混凝土行业以客户为中心解决方案式销售模式的成功探索带给D公司营销机构的领导层很大启发。

---

① 用于运送混凝土的搅拌车在卡车行业属于专用车，绝大多数卡车制造商一般只提供搅拌车的底盘部分，而上装由改装厂提供。因此，这个行业有3种销售模式：第一种是卡车制造商向用户提供底盘，用户自己找改装厂提供上装；第二种是改装厂向卡车制造商购买底盘，自己装配上装后销售给用户；第三种是卡车制造商向改装厂购买产能，由改装厂委托向用户提供搅拌车整车。

② 私营搅拌站不是真正的客户。由于竞争激烈，搅拌站的下游客户普遍积压搅拌站的货款，所以搅拌站一般没有多少余钱买车，但由于搅拌站的混凝土是比较稳定的货源，所以搅拌站一般要求个人用户买车然后再到搅拌站干活，因此集聚在搅拌站的个人用户才是最终的目标用户。

③ 如果经销商也从事维修服务业务，上门服务就由经销商自己提供；如果经销商只从事销售业务，那么经销商需要协调D公司当地的服务站提供上门服务业务。

④ 经销商注册的物流公司除以公司名义承包运输业务但并不实际经营外，也可真正开展混凝土运输业务，并附带挂靠个人搅拌车，同时还可从事二手车经营（主要目的是针对消费贷款/融资租赁不能按期偿还的个人用户，将其车辆收回后进行二手车交易）。

⑤ 搅拌站所需要的水泥、沙石料、辅料等原材料，一般由原材料供应商送货上门，因此搅拌站只需负责混凝土成品的运输。

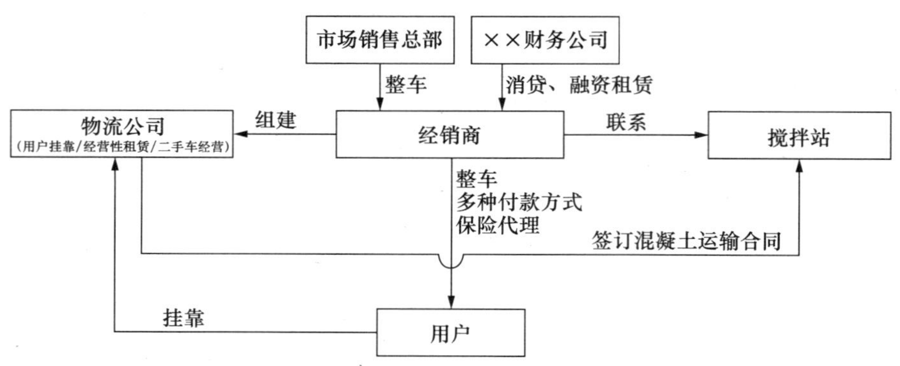

图 4－10 典型的混凝土行业运输解决方案

2010 年 1 月，D 公司对营销部门的机构进行了调整，销售部的分品系销售和市场部的分行业大客户销售在组织结构上进行了确认，形成了新的组织结构形式（见图 4－11）。

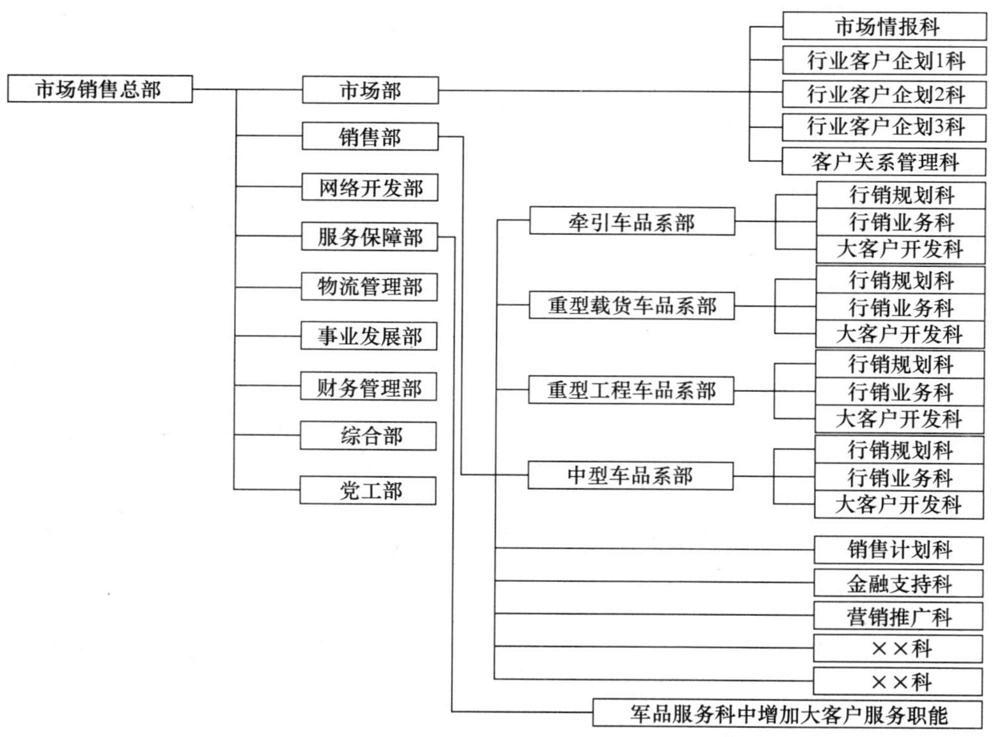

图 4－11 2010 年 D 公司营销部门组织结构

新的组织结构主要变化在于销售部、市场部，服务保障部只是少量的调整。销售部除保留了原有的职能科室外，又新设立了四个品系部，并且每个品系部又下设行销规划科、行销业务科、大客户开发科；与此同时，为了更好地为客户提供融资服务，又新设了一个金融支持科，负责整合D公司及其母公司的内部和外部金融服务资源，为客户提供融资解决方案。市场部撤销了市场战略科①、品牌管理科②和子公司管理科③，新增了主要从事大客户营销工作的行业客户企划一/二/三科和客户关系管理科。服务保障部的主要变化是现有的军品服务科除做好军队用车服务外，再增加大客户的服务企划职能。

组织结构的调整让分品系的销售管理模式得到了强化和延伸，而分行业的解决方式销售模式的探索力量也得到了加强。组织结构调整到位后，各品系部开始从D公司内外部大量招聘品系工作人员，一是补充刚刚正式成立的总部职能科室人员，二是向D公司在全国各省份派驻的指导和协调经销商/服务站工作的驻外机构增设品系经理。组织机构和人员的到位，让D公司分品系的销售管理模式在总部层面职能得以强化，销售部门原有的职能科室开始以各品系部的工作内容为主要服务对象，全力配合品系部工作目标的达成。同时，通过向各驻外机构派遣品系工作人员④，分品系的销售管理模式开始从总部向区域层面延伸，通过各品系部对各产品系列实施经销权单独授予、商务政策单独制定、推广活动单独支持以及品系经理的引导，分品系的销售管理方式在经销商层面也得到推行。对市场部而言，组织机构调整后，一方面，市场部的相关职能科室要做好分行业的市场需求研究与战略客户直接开发工作；另一方面，市场部部长还要统筹市场部及各品系部的大客户相关科室做好D公司关于行业大客户的开发与管理探索工作。关于市场部大客户相关科室的人员需求有两个来源，一是原有科室人员直接转换，二是逐步从其他部门轮调，并且随着行业大客户工作的深入推进，D公司领导层已经有逐步挑选合适人员加入市场部门的意图。

通过分品系进行销售管理和分行业进行大客户开发的组织机构的调整到位以及有效运行，公司在整体绩效上得到了进一步改善。以D公司为主体的母母公司

① 市场战略科最初的定位是制订D公司的中长期营销规划和年度营销计划，但由于D公司内部工作环境的不支持，在2010年组织结构调整中被撤销了。

② 品牌管理科最初的定位是D公司品牌管理方面在营销部门的派出机构，但由于业务量过少以及职能重叠等原因，在2010年组织结构调整中被撤销了。

③ 子公司管理科最初的定位是把D公司的子公司营销工作整合起来，但由于D公司最高层领导在这一问题上的想法一直在变动，整合工作基本上难以持续进行下去，因此在2010年组织结构调整中子公司管理科被撤销了。

④ D公司驻外机构以前的岗位设置主要是区域经理、销售经理和服务经理，区域经理综合负责，销售经理负责所有产品的销售管理，服务经理负责售后服务工作。

在中重型卡车总销量上不仅继续保持行业第一的位置，而且D公司的销量在2010年创造了自公司创建以来的新纪录①（见表4－1）。同时，行业大客户的探索工作也有了新的进展，不仅明确了基本工作模式和职责分工，而且在化危品行业、速递行业和轿运行业取得了前所未有的业绩，大客户的销量从2008年占总销量的5%提升到2010年的8%。②

表4－1　D公司2010年销售情况

序号	企业名称	2010年中重型卡车销量（辆）	同比增长率（%）	市场份额（%）	比同期增长（%）
	企业合计	1289199	44.02	100	0.00
1	母母公司	281469	52.65	21.83	1.23
	其中：D公司	249080	57.09	19.32	1.61
2	竞争对手1	270169	49.78	20.96	0.81
3	竞争对手2	216663	42.78	16.81	-0.15
4	竞争对手3	110732	58.76	8.59	0.80
5	竞争对手4	104425	23.37	8.10	-1.36
6	竞争对手5	53649	30.42	4.16	-0.43
	前6名合计	1037107	45.65	80.45	0.90

第三节　D公司企业转型的案例剖析

第二节对D公司面向解决方案供应商转型的进程做了三个阶段的简要介绍，下面结合个人的参与式观察、D公司员工访谈及内部文件等针对D公司转型过程中每一阶段的主导逻辑从“局内人”的观点进行剖析。本书将转型进程分为转

① 资源来源：D公司市场部提供的行业及公司数据、大众媒体宣传资料。

② 化危品行业，D公司的产品成为行业标杆，中石油、中石化以及全国最大的民营化危品运输公司成为D公司的客户，而且在三家公司里的采购份额居同行最高。速递行业里，天地华宇、德邦、中国邮政等行业前几位的企业，成为了D公司的忠实客户，对D公司开发整个速递行业起到了很好的示范效应。轿运行业里，D公司的市场份额本来就很高，但D公司却从未对大多数客户以厂家名义进行过关系维护，通过一系列市场活动，D公司与该行业的大部分客户建立了直接联系，并对重点客户进行了关系维护，促进了客户的持续采购。

型前期、转型萌芽期和转型探索期，而实质上转型前期只是转型实施前的一种现状，并未有实质性的转型举措，因此D公司这一时期的转型过程可以分为两个阶段，而下文的分析也基于这两个阶段展开。

一、转型萌芽期的剖析

2004年底，D公司结束了从1999年以来的高速增长期，由于整个市场下滑和产品结构的不适应，2005年、2006年D公司经营出现了困难，面临着母母公司、母公司及众多合作伙伴的压力，在这种情况下，D公司不得不开始转型。

这一阶段的转型主要围绕着调整产品结构和提升公司运营效率两个方面展开，目的是促进D公司由内部导向转型为以市场和客户为中心的外部导向，更好地满足客户需求。

1. 产品结构调整的剖析

产品结构的被动调整很明显是源于公司的产品结构未能适应客户需求的转变，因为在2003年中重型卡车市场重型卡车的需求比例已达到65%，而D公司的产品结构里重型卡车的比例只有60%。① 其实，在2001年D公司曾推出过一款重型卡车产品，但市场表现非常差，然而，那个年代市场需求仍以中型卡车产品为主，再加上D公司的中型卡车产品处于强势地位，因此这一款重型卡车产品的失败并未引起D公司高层领导的足够重视，没有进行深入的检讨，也没有后续的研发跟进。

产品结构调整缓慢与两个因素有直接联系，一是合资谈判延误了新产品的研发时间，二是缺乏新产品的核心动力总成资源。一方面，D公司的母母公司从2000年开始与国外汽车企业RC断断续续地进行合资谈判，这一阶段，由于公司领导层和骨干人员都被抽调去分组谈判了，因此公司无暇顾及新产品的研发工作，直到2003年母母公司与RC汽车公司建立合资公司，D公司成为合资公司的一个事业部，公司经营工作基本稳定之后，重型卡车新产品的研发工作才得以持续推进，但新产品平台的研发在卡车行业一般需要3年左右的时间，因此D公司的产品结构调整速度很自然地慢于市场需求发展速度。另一方面，中国的汽车产品研发能力总体上远远落后于发达国家，驾驶室、发动机、变速箱、车桥等汽车产品的核心动力总成大部分缺乏自主研发能力，中重型卡车行业特别是重型卡车行业的新产品研发大多借助于引进国外同行企业旧的总成产品和产品技术，因此，对D公司而言，其重型卡车新产品研发进展的缓慢也与其引进国外同行的重

① 卡车行业一般认为真正的重型卡车产品是280匹马力以上的产品，而180~280匹马力之间的产品属于中重型卡车，D公司的产品结构中，虽然从数据上看重型卡车产品的比重在不断上升，但事实上这些重型卡车产品绝大部分只是行业所谓的中重型卡车产品，280匹马力以上的产品销量微乎其微。

型卡车产品总成与技术进展缓慢密切相关。2003 年，D 公司的母母公司与国外的汽车公司 RC 成立了合资公司不久，D 公司就开始了新一代重型卡车产品 L 系列的研发工作，也是因为通过 RC 公司 D 公司获取了驾驶室、发动机等核心动力总成，车桥也寻找到了新的国外合作伙伴（重型变速箱产品在国内有相对充裕的资源）。

2. 提升公司运营效率的剖析

提升公司运营效率与 D 公司市场化转型不足密切相关。

（1）建立以客户为中心企业文化的剖析。建立以客户为中心的企业文化目的在于改变以自我为中心的内部导向文化。D 公司是国内排名前几位的卡车制造商，1999～2003 年，中国卡车市场持续增长，而 D 公司的产品多年来一直很受欢迎，因此公司的产品研发部门①非常自信，认为自己研发的产品是符合市场需求的，是国内市场最好的。但事实出现的情况是，由于中国市场的区域差异性大、政策法规执行不严，D 公司严格按照国家政策法规研发出来的产品其实并不适应客户需求，例如，2005 年、2006 年市场需要的是超过法规要求承载标准 100% 以上的超载型产品，但 D 公司设计的是严格执行法规，极限是超过法规要求承载标准 40% 的标载型产品，因此 L 系列产品在试用和刚上市时仍有部分产品不太适应市场，这与 D 公司以自我为中心而不是以客户为中心的内部导向密切相关。因此，D 公司领导层才要倡导公司内部及经销/服务商形成“以市场和客户为中心”的企业文化。

（2）创建“铁三角”机制的剖析。核心职能部门之间建立“铁三角”机制，主要目的还在于消除各职能部门之间的本位主义现象，进一步促进公司树立“以市场和客户为中心”的企业文化。卡车市场多年来的快速增长加上 D 公司的品牌优势，让 D 公司基本成了一个官僚机构，各职能部门之间按照业务流程的顺序串联式工作，出现了问题相互推诿，而不是站在市场和客户立场上思考和处理问题，公司很难形成合力。通过重型卡车新产品 L 系列的上市，在 D 公司母公司外方高层领导的引导下，上市准备工作采用了并行的工作流程，工作效率大大提高，而正是在各职能部门并行的工作基础上，D 公司领导不失时机地要求核心职能部门创建了“铁三角”机制。通过“铁三角”机制，核心职能部门之间（事实上带动了整个公司）信息通畅，市场响应速度明显加快，并且能以协同的方式积极面对市场变化，公司原有的本位主义现象被大大削弱。

（3）探索分品系销售管理模式的剖析。分品系销售管理模式的实施是多种原因综合作用的结果。

1）新产品平台上市的项目制管理方式成功经验的进一步强化。2007 年以

① 在 2003 年成立合资公司之前，国内卡车市场产品的品种比较单一，这一时期 D 公司还没有商品规划部门，产品研发部门将产品规划与研发两个职能并在一起执行。

前，D 公司的销售部门一直是以多个职能科室的形式按营销业务流程的基本要素进行销售管理，每个职能部门只对自己负责的营销要素负责（如渠道管理、商务政策、营销推广、订单计划等），没有部门对最终的销量负责，销售部部长是产品销量的唯一责任人。2006 年，D 公司 L 系列新产品成功上市，在新产品的开发与上市全过程中成功借鉴了母公司国外合资方的项目管理经验，整个 L 系列产品项目设立了一名项目负责人（Program Director，PD），全权管理该项目的各项事务，除此之外，还设立首席产品专家（Chief Product Specialist，CPS，确保产品规划和执行过程中的产品竞争力）、首席产品设计师（Chief Product Designer，CPD，负责汽车的造型设计）、首席车辆工程师（Chief Vehicle Engineer，CVE，负责汽车的工艺设计和开发）、首席市场销售经理（Chief Marketing Manager，CMM，负责市场定位、营销策略制定以及市场销售）等多个岗位（见图 4－12），将 D 公司各职能部门充分调动起来，开发、生产和销售工作并行同步展开，协同进行，工作效率和项目成功概率得到大大提升。L 系列新产品开发与上市运用项目管理的方式获得巨大成功，是 D 公司营销机构领导人在销售部门探索分品系销售管理的原因之一，通过分品系的销售管理，每一个产品品系都有一个部长负责，每一个产品品系的部门都围绕本品系产品开展销售规划、渠道管理、商务政策管理、市场推广管理等工作，并且积极同公司上下游部门展开沟通、寻求协作，围绕每一个产品品系，公司全价值链的步伐协同起来，这样原有的以所有产品为工作对象的职能科室调整为围绕着不同产品品系为工作对象，工作更加细化、更具针对性和主动性，每一个产品品系、每个品系的每一项销售管理工作都可以找到具体的责任人，产品销量的达成由原来的销售部部长一人转化为 4 个品系部部长及其所辖部门和公司全价值链的相关职能部门。因此，分品系的销售管理探索可以说是 L 系列产品上市项目制管理方式成功经验的进一步强化。

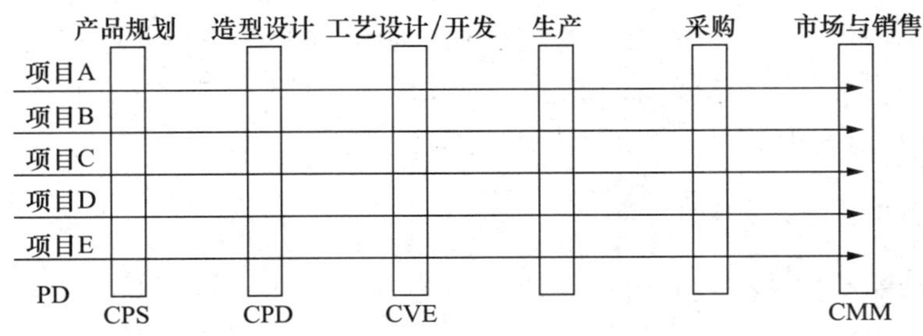

图 4－12　L 系列产品项目的项目管理框架

2）企业内部之间的相互模仿、学习。分品系销售管理模式的探索也与 D 公司母母公司内部其他企业成功实施分品系销售模式密切相关。例如，从事轻型卡车销售业务的 G 公司，从 2003 年起就将其产品系列组建成若干个销售部门单独销售，营销规划、渠道管理、价格/商务、推广活动等各项工作自行开展（商品规划和研发由产品研究部内部分产品系列协同进行），G 公司在销售管理上的这些做法取到了良好的效果，市场地位由 2003 年的第 4 位上升到 2010 年的第 2 位，G 公司的这些做法也得到了母母公司领导的高度赞赏，多次要求 D 公司学习它们的销售管理经验，因此，D 公司分品系的销售管理探索也与内部企业之间相互模仿和学习有一定的关系。

3）产品品种的增多客观上也需要分类管理。分品系销售管理模式的探索与 D 公司产品品种不断增多、不同类别产品市场特性差异化很大有关。随着市场细分和客户需求的个性化增强，D 公司不同产品类别里①的产品品种数量越来越多②，没有任何一个人能够把所有产品的配置、价格和市场特性都弄清楚，客观上需要对其进行分类管理，因此这也是 D 公司管理更加精细化的结果。

（4）引导经销商实施面向终端客户转型的剖析。引导经销商面向终端客户的转型目的在于保证公司的销售管理指令能高效地传递给最终客户。D 公司实施的是经销制的渠道模式，总部营销管理机构销售管理效率的提高必须通过庞大的经销商网络传递出去，如果经销商不专注于汽车销售业务，只是把汽车销售当作一个融资平台，D 公司依托的经销商是没有保障的，卡车市场或经销商投资的其他产业出现波动时，经销商可能抽逃资金，D 公司的经营将面临销量、资金和渠道风险；另外，如果大部分经销商都以批发为主，将造成终端客户对 D 公司的不满，因为大部分直接接触终端客户的二级经销商主要以把车辆转移给客户为主，车辆销售之后的服务工作推卸给了 D 公司，并且以批发商为主的销售渠道极容易扰乱市场秩序，打击原本自己做终端客户的经销商。因此，D 公司引导经销商实施面向终端客户的转型，最终的目的还在于充分保证总部销售管理的指令能通过经销商高效地传递并执行下去，这也是总部实施分品系销售管理其能力提升后，对经销商销售管理工作更精细化的指导和要求，目的还是提高经销商的企业运营效率以便与 D 公司同步。

二、转型探索期的剖析

经过产品结构的调整和公司运营效率的提升，2007 年、2008 年 D 公司销量

① 按照产品形式和用途的不同，可分为牵引车、重型载货车、重载工程车、中型载货车、中型工程车等。

② 根据用途和价格的不同，按驱动形式、驾驶室、发动机、车桥、变速箱等可以匹配出多个产品品种。

和经营质量明显提升，但为了可持续发展的需要，D 公司又在不断地进行转型。

探索期的转型主要包括两个方面，一方面是分行业的客户解决方案式销售模式的探索，另一方面是围绕分品系销售管理和分行业客户开发的组织机构变革，这样的转型既巩固了既有的转型成果，又在稳定的基础业务的基础上，为未来探索新的业务增长点和销售模式。

1. 分行业的客户解决方案式销售模式探索的剖析

D 公司在成功实施分品系的销售管理模式之后，又开始分行业的客户解决方案式销售模式探索，这是多种因素综合作用的结果。

（1）公司战略转型的需要。标杆企业的成功实践开阔了公司领导的视野。2006~2007 年，全球排名前几位的国外卡车企业 V 公司曾与 D 公司谈判，试图建立合资企业，在双方的接触过程中，V 公司分行业的解决方案式销售模式深深打动了 D 公司高层领导。随后，在 2008 年 D 公司又启动了 CRM（Customer Relationship Management）信息系统建设，负责 CRM 系统上线咨询服务的公司是 IBM 全球企业咨询服务部（IBM Global Business Services），IBM 公司作为解决方案式销售的“领头羊”，其咨询顾问在向 D 公司高层领导销售与交流以及针对营销部门的培训时，经常提到 IBM 公司面向解决方案供应商的转型经历和全球商用卡车同行的销售模式，这些知名企业的做法，不仅让领导层开阔了视野，也让公司领导不知不觉地接受了新的观念（国外同行的今天，就是 D 公司的明天）。另外，因母公司国外合资方的背景，D 公司高层领导与部分国外卡车行业巨头都有交流，从中也了解到了国外卡车市场的需求演变趋势和国外同行的发展历程。

公司明确了向解决方案供应商转型的战略方向。正是这些标杆企业的成功实践，给了 D 公司高层领导很大的启发，鉴于此，D 公司在 2008 年明确提出了由“车辆制造商”转型为“车辆方案商”的战略目标，要“对车辆实施全生涯的关怀”，要“成为运输业公认的最佳业务伙伴”，要“为客户创造价值”。[①] 因此，D 公司营销机构以“4 万亿”投资的商机管理为契机实施分行业的解决方案式销售模式探索，事实上是公司战略目标的必然要求。

（2）应对卡车行业未来发展趋势的需要。随着市场竞争的加剧，物流使用者的要求越来越高，这促使了物流行业的整合，物流行业的组织化程度、专业化程度也越来越高，因此作为物流行业的供应商，卡车企业必须适应这一变化趋势，改变以往客户群体主要为散户的现状，增加对不同行业客户需求的理解（而不是只提供标准化的大众商品），为不同行业的物流客户群体提供更具针对性的解决方案，而不仅仅是一辆具备某个功能的车辆，因此，D 公司营销机构实施分

① 资源来源：引自 D 公司总经理 2008 年工作报告。

行业的解决方案式销售模式探索，事实上也是公司对卡车行业未来发展趋势的一种回应。

（3）营销机构领导层通过创新体现业绩的需要。公司高层领导的职业命运由母母公司控制。D公司主要职能部门的一把手及以上级别领导都由母母公司提名、母公司任命，母母公司对这些领导掌握着考核权和任免权，母公司由国外合资方担任的总裁对这些领导掌握着任免时的否决权，因此，一般情况下D公司高层领导的职业命运由母母公司控制。按照多年以来干部任免的常规，只要在工作中没有大的纰漏，D公司这些受母母公司任命的领导，后续发展都会平调或晋升，而没有大的纰漏的表现是，要么目标考核比较突出，要么工作中有很多创新的做法让母母公司领导比较欣赏。

实施分行业的解决方案式销售模式探索，是公司高层领导通过创新体现业绩，获取职业晋升的需要。D公司主要高管人员的职业前途掌握在母母公司领导手中，作为职业发展的需要，考虑到母母公司对D公司的使命定位，D公司的主要高管人员必须通过工作上的不断创新以及业绩上的不断提升来证明和凸显自己。D公司在制造和生产领域有着传统的优势，母母公司的高层领导非常熟知，因此，围绕着市场和客户为中心的外向型企业变革是母母公司高层领导所期望看到的，也因此，D公司营销机构的领导层必须围绕市场体系进行不断的创新才能赢得自己职业生涯的更大进步，鉴于此，D公司营销机构实施分行业的解决方案式销售模式探索，也是其领导层要通过不断创新体现良好业绩，以证明给母母公司领导层获得更好职业发展的需要。

2. 围绕分品系销售管理和分行业客户开发的组织机构变革剖析

2010年1月，在D公司母公司的认可下，D公司对营销部门的组织机构进行了调整，形成了与分品系销售管理和分行业客户开发相匹配的组织机构，对组织机构的调整同样是多种因素综合作用的结果。

（1）组建品系部可以获取更多的资源和支持。将科级单位提升为副部级单位有利于公司内部资源的整合。D公司脱身于国有企业，虽然其母公司有外资背景，但外资方对D公司的管理干预很少，因此从实质上说，D公司仍属于国有企业，而在大型国有企业内部，非常讲究行政级别。2007～2009年，虽然D公司营销机构在进行分品系销售管理模式的探索，但当时的分品系管理机构只是销售部下属的一个项目小组，连最小的行政单元——科室都不是，虽然项目小组的组长由核心科室科长担任，但要整合D公司营销机构内部和公司价值链上下游的资源，项目小组的行政级别和人力资源还很有限，因此，把各品系组建的项目小组

提升为副部级单位①，并增设固定的业务科室非常必要，这样在D公司内部不仅有明确的销售责任单位，而且整合公司内部资源的号召力更强，品系销售管理工作也更精细化。在D公司成立品系部后，随着公司上游的商品企划、产品研发、商品收益管理等部门也按分品系的方式与各品系部相应对，下游的经销企业在各品系部派遣品系工作人员驻点区域市场后，通过各品系部对各产品系列实施经销权单独授予、商务政策单独制定、推广活动单独支持，分品系的销售管理方式在经销商层面也得到推行，因此，D公司以分品系为核心的业务流程更加顺畅，整个公司的步伐充分体现了协同性。

（2）增设分行业客户开发的组织可以创造宽松的面向未来探索的工作环境。公司内部从事分行业客户开发的部门和人力资源数量增加。D公司改组了营销机构原有的市场部，将其变成以分行业客户开发和维护为主的部门，同时在各品系部也增加大客户开发科，还有在服务保障部门增加大客户的服务企划职能，通过这些调整，D公司营销机构内部行业客户开发的部门和人力资源大大增加。

多部门同时开展分行业客户开发工作模式探索，可以降低新业务失败的风险。市场部自成立以来的主要工作是市场情报和营销战略规划（2003～2009年），本质上是参谋职能，对营销机构的具体销售业务参与度不高，因此将分行业的客户开发工作（兼有企划和具体业务双重功能）完全交由市场部去独立探索是存在风险的，也因此在各品系部增设大客户开发科，与市场部的相关科室一起共同开展分行业客户开发的探索工作，可以实现“多条腿走路”，既能增加这项创新性业务的团队力量，又能减少该项业务失败的风险（单纯依靠市场部的行业客户企划科或者单纯依靠品系部的大客户科都可能出现创新性业务探索的失败，但若干个科室在合作与竞争中一同去探索，会大大增加这项业务成功的概率）。②

分行业的客户开发工作在探索之初其组织机构就得到确认，缩短了类似于分品系销售管理模式探索之初组织机构需要逐步明确的时间，让这部分人力资源能更安心和专注地从事该项工作。由此以来，以分品系为核心运营的常规业务支撑着D公司的正常经营，而分行业客户开发作为创新性业务，可以在相对宽松的工作环境之下开展探索性工作（没有严格的销售指标压力，短期内更注重销售模式和业务流程的摸索与建立），减少由于创新性业务失败对传统核心业务造成的巨大冲击。

（3）增设更多的岗位有利于解决员工激励问题。D公司母公司对高层管理人员数量、职能科室设置都有严格的程序和限制，因此，增加高管人员和职能科室

① D公司的行政级别由下至上分别为，科长→部长→总部长→总经理。

② 一名营销机构的现职和退休高管以及品系部和市场部的多名中层干部都有类似评价。

相对困难。一方面，品系部成立后，大部分骨干兼职人员变成了专职人员，不仅增加了高管的人员编制，而且通过增加科室设置，可以增加更多的中层人员数量，这种方式扩大了员工的职业上升通道，大大调动了营销机构员工的积极性。另一方面，原品系项目小组成员，其组长提升为公司高管之后，跟随组长工作的员工的部门向心力更强，工作积极性也得到了提升。因此，通过对分品系销售管理和分行业客户开发的组织机构的建立，营销机构内部增加了更多的岗位编制和中层、高管人员数量，员工的职业通道得到扩充，工作积极性大大调动，有效地激励了部分骨干员工。

（4）通过高层领导的支持强势推进转型。2003～2008年，S先生任D公司营销机构的销售部部长，2009年被提拔为营销机构的副职负责人（兼销售部部长），2010年被提拔为正职负责人，① 分品系销售管理模式的成功推进、分行业客户开发工作的顺利启动以及组织机构的最终变革与D公司营销机构领导S先生的强力推进密切相关。

2007年，S先生任销售部部长时提出了分品系销售管理的想法，2008年分品系的项目小组成员由兼职变成专职，2009年“项目组”几乎成了销售部门的代名词，因此在S先生的推动下分品系销售管理工作获得了巨大的成功，但尽管如此，分品系管理的核心组织——项目小组直至2009年仍旧是D公司的编外机构，因此，当S先生成为营销机构的副职负责人后，通过影响D公司的高层领导，促使领导们接受分品系销售管理的观点以及可以给公司带来的好处，D公司高层领导接受并向其母公司做了建议，最终于2010年1月营销机构的分品系组织机构得到了母公司的确认和调整。对于将市场部改组成分行业的客户开发机构以及在各品系部中增设大客户开发科这样的机构，也是基于S先生的两点认识，一是市场部原有的工作内容与营销机构主要业务关联性不高，需要对其进行改造以便贴近市场、客户和竞争对手②；二是分行业客户开发工作的探索需要“乱中取胜”，必须有多个部门在合作与竞争中寻找到合适模式，不能把鸡蛋放在一个篮子里③。

正是由于S先生提出了分品系销售管理模式并成功地进行了实践，取得了良好的业绩，使其职位获得了提升，S先生在D公司的话语权越来越重，鉴于此，分品系销售管理和分行业客户开发的组织机构能得到D公司高层领导的认可并最

① 转引自D公司内部人事任免文件。

② 转引自2009年12月S先生在听取市场部汇报分行业客户开发工作思路时向D公司副总经理阐述的观点。

③ 转引自2010年上半年营销工作会上S先生在听取部分驻外中高层干部讨论分行业客户开发工作时的发言。

终调整到位，所以转型探索期的转型措施得益于S先生的强力推动。

第四节 基于解决方案供应商转型的主导逻辑探讨

综观2004～2010年这7年，随着公司内外部环境的变化，D公司的转型经历了多个阶段。如先后调整了产品结构、构建了以市场和客户为中心的企业文化和业务流程、成功实践了分品系销售管理模式、成功启动了分行业客户开发模式的探索、成功推动了组织结构调整等，并且这些转型项目随着环境的变化仍将深入和持续推进。

从现有研究转型主导逻辑的文献上看，Romanelli和Tushman、黄旭的观点无法有效地解释案例企业的转型主导逻辑。依据Romanelli和Tushman（1985）按转型启动时间早晚的分类方式，D公司的转型主导逻辑既有反应式的，也有先应式的，例如，产品结构调整和以市场和客户为中心企业文化和业务流程的构建是在公司发生危机后进行的转型，显然是反应式转型主导逻辑，而分品系销售管理模式的实践、分行业客户开发模式探索的启动以及组织结构的调整则是公司主动进行的转型，显然是先应式转型主导逻辑。依据黄旭（2004）按转型意愿强弱和转型能力大小分类的四种转型主导逻辑范式，D公司对产品结构的调整和以市场和客户为中心企业文化和业务流程的构建显然是战略反应式转型主导逻辑，而分品系销售管理模式的实践、分行业客户开发模式探索的启动以及组织结构的调整则是战略先应式转型主导逻辑。显然这两种观点的主导逻辑只是一种根据转型启动时间点、意愿与能力划分的转型类型而已，并不具备持续引导企业做出转型决策的思维模式的“本质性”的效果。

然而通过对D公司转型演进过程中的案例剖析，本书认为，利用丘海雄等的观点来解释D公司的转型主导逻辑是比较合适的，即效率逻辑体现的是企业经济活动的内在目标，持续引导着企业转型，而合法性逻辑和权力逻辑体现的是转型如何实现的问题，为企业转型的实施提供支持。

一、讨论一：案例企业转型的效率逻辑分析

在转型萌芽期，案例企业通过被动响应环境变化，提高了企业的运营效率。由于产品结构与市场需求不相匹配，D公司通过积极开发L系列重型卡车产品实现了产品结构的成功转换，达到了与客户需求的平衡状态，提高了公司产品的利用效率。同时，为了能将满足客户需求的产品和服务高效地传递给目标客户，D

公司也采取了一系列措施提高内部运营效率，例如，建立以客户为中心的企业文化（而不是以生产制造为中心的内部导向文化）并引导经销商产生协同，创建“铁三角”机制加强公司各职能部门之间“以市场和客户为中心”的合作，实施分品系的销售管理模式探索精细化营销等。不难看出，在转型萌芽期D公司的一系列转型措施，是在被动响应环境变化的情况下，打破了企业原有的耗散结构，建立起了新的平衡状态，使企业系统与变化了的环境保持匹配，完成了一次企业进化，实现了公司的高效运营和持续增长。

在转型探索期，案例企业通过主动响应环境变化，提高企业的运营效率。D公司基于对市场和客户需求发展趋势的判断以及公司的战略目标，继成功实施了分品系销售管理模式后，又启动了分行业的客户解决方案式销售模式探索，并将公司组织机构特别是营销部门的组织机构进行了相适应的调整。很明显，D公司在转型探索期的变革主要是基于对市场环境未来变化的感知而对公司成长的一种主动干预，其目的是响应外部环境的变化并将其转换为公司内部的战略导向，同时进一步把这种战略导向转化为行动举措，促进企业系统形成新耗散结构，完成自身的进化，进而提高公司的运营效率并促进可持续增长。

虽然追求效率的方式有所差别，但在案例企业基于解决方案供应商的转型过程中效率机制自始至终在发挥着作用。综观D公司自2004年以来的转型历程，不难看出，无论是由于对环境感知缓慢而实施的被动转型，还是由于对环境感知灵敏而实施的主动转型，D公司一直以来都是一个效率追求者，效率机制自始至终在发挥着作用，只是公司追求效率的形式有所差别，如有的是通过产品转型、有的是通过市场转型、有的是通过组织结构转型（并且这些转型还将继续），但无论是什么样的追求效率的方式，始终是公司在适应环境变化过程中，企业系统的自我更新过程和从低级有序向高级有序转化的过程，这些转化过程推动着企业系统由旧的平衡状态过渡到新的平衡状态，实现公司与环境的进一步匹配，进而实现公司的效率增进和可持续增长。

二、讨论二：案例企业转型的合法性逻辑分析

从D公司的转型历程看，模仿机制对转型的实施发挥着重要作用。合法性机制对组织的影响分为强意义的和弱意义的，由于D公司的转型过程都是自主选择的，没有被制度决定，因此合法性机制对其影响是弱意义的。Dimaggio和Powell（1983）指出，模仿机制是组织之间趋同的重要机制之一，组织倾向于模仿其领域中的标杆企业或者社会中被广泛承认的某些组织，因此这些组织更成功。

在转型萌芽期，以市场和客户为中心企业文化的建立、“铁三角”机制的创建和分品系销售管理模式的探索都是在模仿的基础上自我学习创新的结果。D公

司试图建立以市场和客户为中心的企业文化，其核心主张源于母公司的外资方总裁Z先生，Z先生来自于发达国家的汽车公司，市场观念非常强烈，面对D公司当时的业绩下滑问题，他提出要“以市场、用户为中心来考虑问题”，“在目前形势下，指明方向的就是用户和市场。我们活动的目标，都在‘市场与用户’之中”，正是在Z先生的指引下，D公司才开始注重以客户为中心的企业文化的建立，因此，D公司这项举措也可以看作是对Z先生所属公司的模仿和学习。“铁三角”机制的创建，是在母公司导入合资方RC的项目管理工作方法（如CFT、新产品开发与上市流程等）之后，D公司加以学习和创新之后的成果。分品系销售管理模式的探索实施，既有营销机构领导层学习总结L系列产品成功上市经验的成分，也有借鉴集团内其他企业G公司的分品系销售管理成果的成分。

在转型探索期，实施分行业的客户解决方案式销售模式探索，也有模仿和学习的成分。例如，在与国外卡车企业V公司进行合资谈判的过程中，V公司分行业的解决方案式销售模式让D公司高层领导深受启发，还有IBM全球企业咨询服务部在向D公司的CRM系统进行上线咨询服务时，介绍了IBM公司面向解决方案供应商的转型经历和全球商用卡车同行的销售模式，也让D公司高层领导更进一步地接受了新的观念，正是这些标杆企业的影响，促进了D公司提出解决方案供应商的转型目标。

综观D公司自2004年以来的转型历程，不难看出，在推行新的转型措施时，模仿机制扮演着重要角色。这些模仿要么出现在D公司出现危机需要方向指引时，要么出现在一些新的创新项目实施时，总之都是D公司在追求目标比较模糊或对未来环境尚不确定时采取的一些做法，以便于减少转型的风险。

三、讨论三：案例企业转型的权力逻辑分析

权力是权力主体根据自身的目的影响他人行为的能力。

营销机构高层领导S先生有效地运用权力机制推动了部分转型措施。在转型萌芽期，S先生进行了分品系销售管理模式的探索，并通过营销机构的实践取得了良好效果，营销机构在公司的话语权大大增强，S先生在这样的背景下说服了D公司高层领导推进营销机构上游部门如商品企划、产品研发、商品收益管理等的变革，要求这些部门除了保持本部门的原有业务属性外，也要按分品系的方式将本部门工作与营销部门工作相衔接，大大促进了公司“铁三角”部门工作的协同性。在转型探索期，S先生启动了分行业的客户解决方案式销售模式的探索行动，并且推动公司高层领导调整了营销部门的组织结构，实现了分品系销售管理模式与分行业客户开发的解决方案式销售模式在营销部门的组织结构中同时体现。

很明显，S先生通过分品系销售管理模式的成功实施在D公司内部的个人影响力大大增强，他利用这一点说服了高层领导建立了有利于营销部门的规则。如组建品系部获取更多的资源和支持、在组织机构调整时增设更多岗位解决员工的激励问题、改造市场部使其成为分行业客户开发的部门之一、市场部与品系部同时设立分行业客户开发的职能科室等，因此，权力机制在推动D公司的转型方面也发挥着重要作用。

四、结论

本书通过案例研究发现，传统制造企业在向解决方案供应商转型过程中，效率逻辑、合法性逻辑和权力逻辑三种机制更适合于解释转型的主导驱动逻辑问题。效率逻辑体现的是企业经济活动的内在目标——提高效率和实现可持续成长是企业的永恒追求，因此，效率逻辑自始至终在企业转型中发挥着主导作用。合法性逻辑和权力逻辑体现的是转型主导逻辑如何实现的问题，合法性逻辑要发挥弱意义的影响必须有相应的合法性来源，如强制性的制度法规或者广为社会接受的观念、其他组织成功的做法和专业化等；权力逻辑要发挥根据自身的目的建立有利于自己规则的作用，必须是权力的行动者拥有操控权力的机会、能力和意愿，并能不断增强权力的来源。

本书通过案例研究发现，企业在转型过程中虽然效率逻辑自始至终都发挥着主导作用，但不同的时期效率逻辑解决问题的目的是不一样的，并且可能是多种多样的。例如，在D公司转型过程中，在转型萌芽期，效率逻辑发挥作用的主要目的是被动地应对公司生存危机下的产品结构调整和市场转型；在转型探索期，效率逻辑发挥作用的主要目的是主动地进行战略调整以适应市场发展的需求，但同时也兼顾了政治上的需要，如领导层体现自身业绩满足职业发展的需要、在大企业官僚行政体制下获取更多行政资源和岗位资源的需要等。

本书通过案例研究发现，合法性逻辑是降低企业转型风险的重要手段。合法性逻辑在D公司转型过程中发挥作用的时机，都处在公司追求的目标比较模糊或者对未来的环境尚不确定时，如业绩下滑时，D公司虽然知道需要调整产品结构，但对问题出现的本质却缺乏清晰的认识，正是在此时，母公司外方总裁指出要“以市场、用户为中心来考虑问题”，也正是在这种情况下，D公司开始注重以市场和客户为中心的企业文化的建立，指引着公司危难时机的成功转型。再如，分品系销售管理模式探索的成功，既学习、总结了L系列产品上市过程中的项目管理经验，又借鉴了集团内其他企业分品系销售管理的成果。

本书的结论确认了权力逻辑作为主导性的工具手段的价值，增强了效率逻辑、合法性逻辑和权力逻辑三种机制的企业转型主导逻辑的理论适用性。本书得出的结论与丘海雄等在研究广州一家国有企业进行组织结构转型时得出的结论是基本一致的，但丘海雄等对权力逻辑是否推动了组织转型并没有明确的结论，而本书通过个案研究发现，权力逻辑是一种重要的实现企业转型的工具手段，因此，本书的研究不仅对企业转型的效率逻辑、合法性逻辑和权力逻辑三种主导性的转型驱动机制进行了进一步确认，而且对前人的企业转型主导逻辑研究结论进行了补充和完善，增强了三种机制的企业转型主导逻辑的理论适用性。

第五章　企业转型的组织结构演进

企业组织结构是企业为实现其战略目标而对其内部各组成部分在工作分工、管理跨度、职责权限、沟通机制等方面进行的系统性结构安排，其主要功能在于促成组织成员之间的分工与协作，让他们为实现组织的目标而共同努力。随着市场环境的不断变化，企业的组织结构也陆陆续续出现了一元的职能制、项目制、矩阵式和二元组织等多种形式，因为每一种组织结构形式都有其适用的条件，所以企业必须根据自身发展的需要选择适合自己的组织形式。传统制造企业一般采用职能制的组织形式，那么如果向解决方案供应商转型，其组织的结构形式会如何演变呢？

第一节　D公司组织结构演进的案例介绍

传统制造企业的组织结构形式大多以直线职能制为主，在客户需求差异化增强、市场竞争压力及企业谋求超越的背景下，许多制造企业日益重视服务产品的提供，并试图将实体产品与无形的服务整合成客户真正需要的解决方案提供给客户。向客户提供解决方案不仅是产品/服务的创新，也是一种商业模式的创新，因此，它需要新的企业文化、新的企业能力、新的组织结构等来适应新的发展要求。本书通过D公司营销部门在面向解决方案的转型中组织结构的演变过程，试图探析传统制造企业在基于解决方案供应商的转型过程中其组织结构是如何演变的。

一、1999~2004年D公司营销部门的组织结构

1999~2004年，大客户的销售工作并未引起公司的足够重视。在这一阶段，中国商用车市场基本处于持续快速增长阶段（见图5-1），由于绝大部分商用车

企业都以经销制为主，没有直接面对终端用户，并且经销制总体运行情况良好，所以这一时期的大客户销售工作并没有引起D公司的足够重视，主要以引导经销商加强大客户销售为主，D公司投入的精力和在组织上的系统应对非常少，因此可以将这一时期看作针对大客户面向解决方案式营销转型的前期。

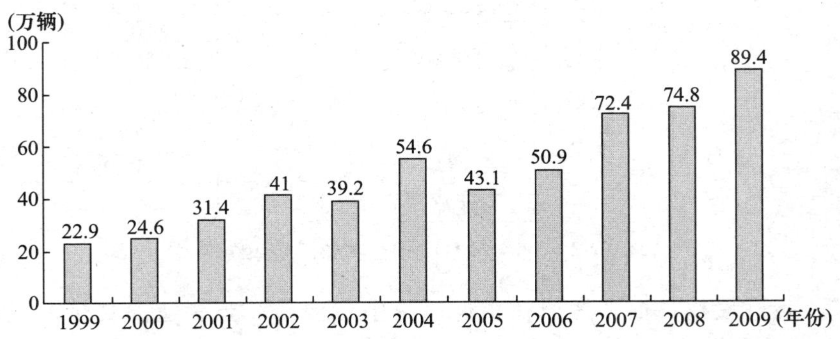

图5-1　1999~2009年中重型卡车市场需求情况

在公司稳定的职能制组织结构中，只有少量的大客户销售相关职能协助经销商从事大客户开发工作。2003年以前，D公司的营销工作最开始是由具备法人资格的销售公司来实施的，随着市场环境的变化和D公司组织机构的调整，销售公司演变成了D公司的一个营销职能部门，形成了相对稳定的组织结构，其2004年的组织结构如图5-2所示。从这一时期市场营销部门的组织结构可以看出，针对大客户D公司已经设置了专门的职能科室来处理一些相关业务，如销售部下属的集团客户销售科、服务保障部下属的军品服务科。军品服务科只针对D公司生产的军队用车组织服务站提供服务，其他大客户并未将其纳入管理范畴。

集团客户销售科主要从事三项工作：

（1）计算经销商的大客户销售返利①。D公司为了鼓励经销商实施大客户销售，设计了一些过程管理规则，如根据经销商上报的年度大客户开发计划、大客户信息、大客户拜访记录、大客户销量等为经销商提供专项返利②，集团客户销售科在每个季度要为经销商计算一次大客户销售返利，连同其他返利一起返还给经销商。

---

①　这一时期绝大部分国内的商用车企业都以经销制为主，没有直接面对终端客户。

②　在这一阶段，D公司还没有专门的客户关系管理系统软件，跟经销商之间的交互还依靠电子文档、传真等手段。

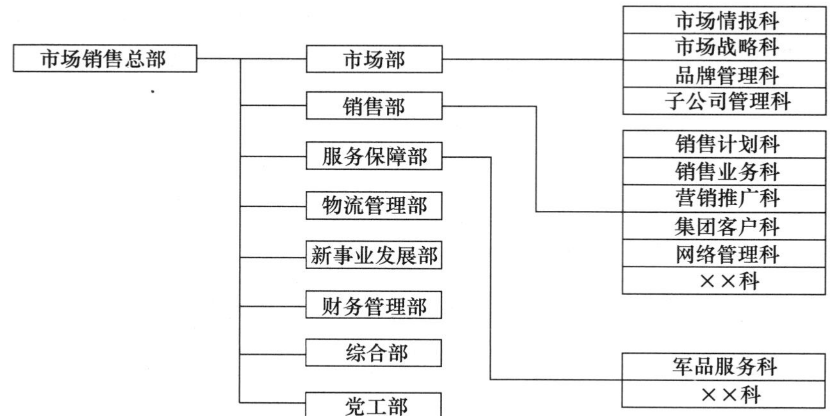

图 5－2　2004 年 D 公司营销部门组织结构

（2）投标授权。很多客户在招标过程中希望与汽车制造商直接建立联系，事实上，经销制的销售管理方式下汽车制造商一般不会直接面对客户，所以对客户的招标，汽车制造商一般采取对经销商发放授权书的形式让其代表厂家参加应标，因此集团客户销售科要协调办理全国众多的经销商投标授权文件。

（3）大客户销售支持。针对经销商销售过程中有些大客户希望到汽车制造商生产所在地参观（如参观总装配厂、发动机厂、车桥厂等）、拜会汽车制造商主要领导、希望汽车制造商技术人员对产品做出说明等事宜，集团客户销售科要协调 D 公司的内部资源来支持经销商满足大客户的要求。

从集团客户销售科的工作内容可以看出，这一时期 D 公司针对大客户只是以简单的实物产品销售为主，与针对散户的销售方式没有本质区别，在组织构建上也仍以职能制的形式简单地应对大客户的复杂需求，尚未形成客户经理组建团队以及项目管理等制度系统地为客户提供解决方案。

二、2005～2008 年 D 公司营销部门的组织结构

2005～2008 年是 D 公司营销转型的萌芽期。重型卡车市场经过 2004 年前所未有的高涨以后，2005 年、2006 年进入了低迷期，面对不尽如人意的经营业绩，在母公司、母母公司、经销商、服务站、供应商的多重压力下，D 公司在这一时期对自己的经营模式进行了比较系统的反思，整个公司无论从观念上还是行为上都开始有了很大的转变。2007 年、2008 年虽然市场意外地恢复了快速增长①，但

① 经过 2005 年、2006 年以后，很多汽车行业内的市场分析人士对 2007 年市场没有过高预期，但后来由于国家计重收费政策的严格实施拉动了新一轮的卡车需求；2008 年，由于雪灾、四川地震及《国家第三阶段机动车污染物排放标准》的实施，市场发展又超过业内人士预期，出现了又一次暴涨。

对D公司而言，前两年刚刚调整的观念和行为还处于磨合期，新换代的两大系列产品还处于成长期①，公司经营绩效还处于恢复期②，因此，2005～2008年可以看作营销转型的萌芽期。

中重型卡车市场的大幅下滑促使公司领导层认识到大客户开发工作的重要性。2005年、2006年中重型卡车市场相对萧条，而2006年4月，D公司升级换代的L系列产品上市，在市场需求不旺的时候，L系列产品的销量更让D公司的母公司及母母公司关注（母公司及母母公司对该产品寄予了很大期望，希望它能尽快替代老产品，弥补产品线），也正在这一时期，D公司高层领导认识到了大客户对达成销量目标的重要支撑作用。2007年以前，D公司主要依靠经销商销售，自己基本没有直接向客户实施过销售（除军队用车外），但经过2005年、2006年的萧条期，D公司意识到有必要把一些大的客户直接管理起来。

负责大客户销售管理工作的集团客户销售科开始尝试直接向部分大客户进行销售。2006年12月初，D公司营销部门对集团客户销售科的负责人进行了调整③，新任科室负责人F先生带领的团队除继承了原有的科室职能外，还开始尝试与部分龙头性的行业大客户接触并利用经销商进行订单交付。④ 集团客户销售科开始直接接触的大客户起源于大客户采购模式变化所带来的机会。很多大客户，特别是跨区域的集团性公司，在全国各地都有很多分公司或控股公司，以前的车辆采购都由各分公司独自进行，近几年开始推行分公司申报计划、总公司集中招标采购，这造成的后果是全国几乎没有一家经销商能够与这些集团公司总部直接维护关系，因此只有D公司作为汽车制造商身份出面才能实施客户关系维护，在每次应标并拿到订单后再交由某区域经销商进行车辆交付。由于集团客户销售科人员相对较少，所以当时只能选择性地与10个以内的大客户进行直接接触。

在大客户销售过程中，集团客户销售科自己指定的客户经理依靠个人魅力整合公司内外部资源向客户提供解决方案。在与这些大客户接触过程中，鉴于每一个客户的需求及公司内外部资源协调的复杂性，集团客户销售科对每一个大客户在科室内部都指定了一个客户经理，客户经理全权代表D公司了解客户需求，并组织、整合公司内外部资源向客户提供解决方案。需要说明的是，这些客户经理

---

① D公司有重型和中型卡车两大系列产品，但已多年未进行升级换代了，2006年4月重型卡车换代产品L系列上市，2008年5月中型卡车换代产品J系列上市。

② 2005年由于销量下滑，D公司亏损，2006年虽然销量有所上升，但D公司只是略有盈余，直至2007年、2008年，D公司绩效才恢复到正常水平。

③ 资源来源：D公司营销部门2006年12月4日文件《关于×××等人职务任免的通知》。

④ 由于D公司推行的是经销制，如果抛开经销商直接对客户实施销售会招致经销商的极大抵制，对现有的经销体系会有很大冲击。因此，D公司在试点进行大客户开发时，先期的客户接触与后期维护主要由D公司销售人员执行，当地的经销商主要负责客户订单的交付。

只是D公司营销部门所属销售部集团客户销售科里的一名普通员工（除科长外），客户经理的指派更多的只是科室的行为，在营销部门和D公司内部并没有正式的文件来任命客户经理并说明其职责与权限，当然也谈不上为其组织团队协同其工作了，因此，客户经理在组织内外部资源整合成解决方案满足客户需求时，需要根据自己的工作需要按现有的业务流程请求不同部门的协同支持。由于客户经理的职位低下，更多的时候他需要靠个人影响力在D公司内部和外部开展工作，如果相关职能部门有他们自己认为更重要的事情或者这些职能部门的领导对某客户经理不太感兴趣，某客户经理在取得公司内部支持时进展会比较缓慢，在万不得已的情况下，会通过销售部的领导来协调相关事务，以保证解决方案的快速交付。

三、2009～2010年D公司营销部门的组织结构

2010年，分品系销售管理模式与分行业客户开发模式在公司组织结构上得到了认可。正如上一章所介绍，2007年、2008年营销机构同时还在尝试分品系的销售管理模式探索，并取得了极大的成功，但这些从事分品系营销工作的人员直至2009年才变成了专职人员。2009年混凝土行业解决方案式销售方式市场开发的成功，引发了D公司分行业解决方案式销售模式探索的兴趣。2010年1月，D公司对营销部门的机构进行了调整，销售部的分品系销售方式和市场部的分行业大客户销售方式在组织结构上得到了确认，形成了新的组织结构形式（见图4－11）。

由于营销机构中多个科室同时从事大客户开发工作，经历了短暂的混乱之后，这些职能部门的工作得到了暂时的协同。在新的组织结构中，市场部和销售部都有从事大客户工作的科室，由于事先并没有非常清晰地界定两个部门同类科室之间的工作职责与业务流程，在2010年第一季度出现了很多混乱状态，如各品系部多头收集客户信息①、各品系部大客户开发科以本品系产品适用的行业来区分客户、市场部和品系部都在同时分行业研究客户需求、市场部和品系部同时从事大客户开发工作但两个部门需要开发的客户却没有区分等。鉴于这种混乱状态，2010年4月，营销部门内部从事大客户开发工作的相关职能部门经过一系列讨论，最终对工作职责做出了初步界定。市场部主要从事分行业的客户需求研究与分行业的市场开发策略制定、客户信息收集与客户分配、战略客户直接开发与协助及大客户开发相关事务的牵头组织等工作，各品系部的大客户开发科主要负

① 2010年6月，D公司的CRM信息系统在其所有的经销、服务渠道成员中开始推广使用，因此在此之前，为了获取大客户信息以便于开展工作，各品系部大客户开发科都要求经销商上报使用本品系产品的大客户信息。

责经销商实施的重点客户开发的管理以及大客户开发过程中涉及本品系产品方案的援助等。

市场部在实施战略客户开发过程中，对每一个战略客户采取了客户经理—销售团队的团队销售模式。客户经理全权代表D公司负责组织公司内部和外部资源满足战略客户需求，例如，负责组织销售团队与战略客户建立联系，并在行业研究提供的共性知识基础上进一步了解客户的独特需求，然后与销售团队一起初步设计客户解决方案。销售团队负责在客户经理的组织下协助客户经理提供客户解决方案的组件，销售团队成员基本包括了D公司全价值链的主要成员，如产品销售、商务价格、金融支持、服务保障、产品研发、商品企划、财务管理以及D公司的经销、服务企业等（见图5－3①），但事实上，销售团队还隐含包括了D公司的外部供应商，例如，假如战略客户对D公司母公司下属的财务公司金融产品不太满意，负责金融支持的团队成员还会利用外部的银行或金融机构合作伙伴来提供合适的金融产品；再如，如果战略客户对D公司现有的产品提出个性化需求，负责商品研发的团队成员还会协同外部的零部件供应商进行研发设计和匹配。另外，在销售团队中D公司不同层级的领导也包括在其中，例如，客户经理需要拜见战略客户的高层领导，可以要求D公司相应级别的高层领导出面。因此，客户经理所配备的销售团队从原则上讲基本可以调动D公司的所有资源。

战略客户经理及其销售团队的组建与管理得到了公司前所未有的支持。战略客户经理由市场部归口管理，但可来源于市场部、销售部同大客户相关的职能科室人员，一般由市场部部长直接指定后报营销部门最高领导S先生通过。客户经理所需要的销售团队的组建，一般根据客户解决方案涉及的内容由相关职能科室指派人员，销售团队成员根据自己职能领导的安排在自己业务领域内协助客户经理提供客户解决方案，客户经理的考核由市场部牵头组织的绩效评价委员会组织实施，销售团队成员的考核则是客户经理和职能部门经理的评价各占一部分比例。D公司营销部门对客户经理规定有明确的职责与权限，但当客户经理遇到自己无法协调的事情时，一般通过市场部/销售部部长来协调，市场部/销售部部长也无法协调时会通过营销部门最高领导S先生来协调。同时，D公司内部非常便利的邮件系统（微软公司的Exchange产品），让客户经理及其团队能将工作进展情况及时共享给相关人员，促进了职能部门和高层领导对客户及D公司销售团队

① 考虑图形的布局，图中有很多简称，如“客代”指客户经理、“财务部”指D公司市场销售总部的财务管理部、“服务部”指D公司市场销售总部的服务保障部、“网络部”指D公司市场销售总部的网络开发部、“物流部”指D公司市场销售总部的物流管理部、“商企”指D公司商品规划总部下属的商品规划部、“研发”指母公司所辖的商用车技术中心、“财务公司”指母公司所辖的一个金融机构、“商代处”指D公司市场销售总部所辖的区域商务代表处。

的理解，也加快了职能部门和高层领导对客户经理及其团队解决客户问题时需要他们业务支持的处理速度。

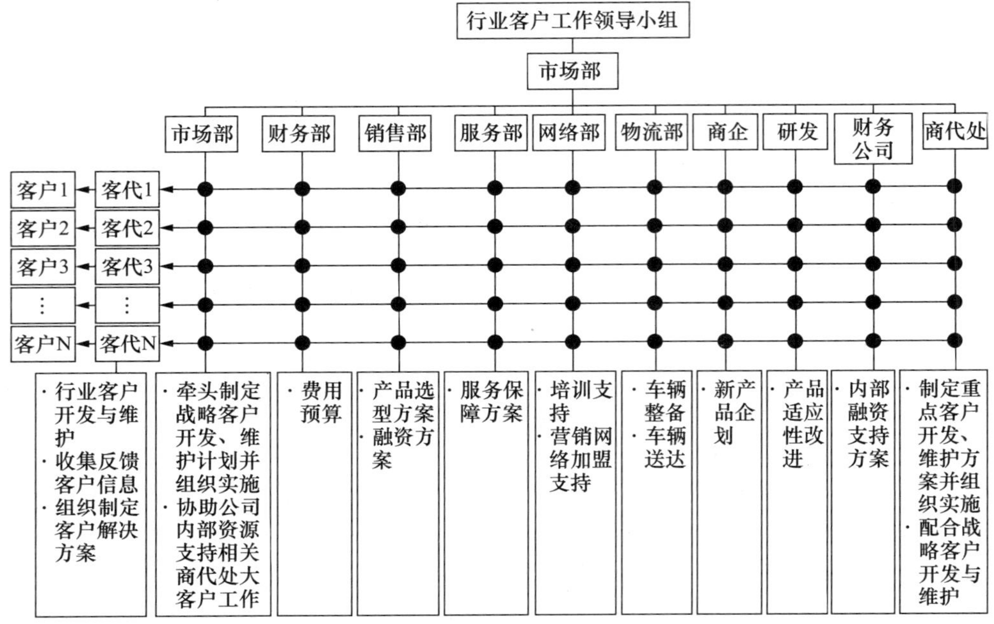

图5－3 战略客户的团队销售组织形式

对重点客户由经销商负责开发，品系部的大客户开发可根据所属品系负责管理，客户开发与维护模式类似于战略客户开发模式。

第二节 D公司组织结构演进的案例剖析

上一节对中重型卡车制造商D公司面向解决方案供应商转型过程中营销组织结构演进过程做了三个阶段的简要介绍，下面针对D公司转型过程中每一阶段营销组织结构的特点、组织结构的演进逻辑以及基于解决方案的组织结构策略进行剖析。

一、D公司营销组织结构的特点

在D公司面向解决方案式营销转型的前期、萌芽期和探索期三个阶段，其营销组织结构呈现出不同的特点。

1. 2004 年以前：职能制组织结构

2004 年以前，中重型卡车行业前三名企业的市场集中度非常高，几乎保持在 80% 以上，相当于寡头市场，公司采取职能制的组织结构来应对大客户需求。作为市场前三名之一的 D 公司实施的是经销制，并且市场的竞争程度也不需要过于关注大客户的差异化需求，因此，D 公司的营销部门只是在销售部下面设置了一个职能科室来处理全国经销商关于大客户的一些事务，如销售返利、投标授权、接待、产品推荐等，从来没有因为某一个大客户而指定一个客户经理组建一个团队来解决客户的问题，因此，这些工作内容大部分都是例行工作，虽然有部分工作需要跨部门协调，但相对简单易行。

从 D 公司营销组织结构表现出的特点来看，它是典型的职能制组织结构①，如图 5－4 所示。

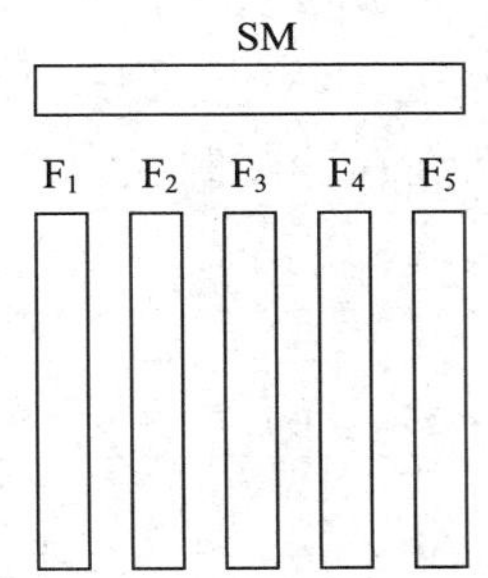

图 5－4 职能制组织结构

注：$F_1 \sim F_5$ 表示组织中不同的职能部门，SM 表示高层管理。

在市场竞争不太充分的条件下，公司采取职能制组织结构是合适的。职能制组织结构的特征是企业将所有的工作任务分解成子任务，然后交给相应的部门去完成，各部门的工作任务大多是同一类别的，有利于提高工作效率，产生规模效应，因此，这种组织结构在市场环境比较稳定、不同部门之间的协调相对简单时比较有效。但一旦市场环境变化很快，非例行工作增加，工作大多需要跨部门协作完成时，这种组织结构会降低工作效率，不适应环境的需要。D 公司在转型前期市场竞争不太充分，市场环境相对稳定，对大客户也没有提供个性化解决方案的市场条件，因此，常规的职能制组织结构是比较适合的。

2. 2005～2008 年：弱矩阵式组织结构

公司增加了大客户直销功能，但客户经理的职权有限。中重型卡车市场长时

① Mike Hobday. The Project－Based Organisation：An Ideal form for Managing Complex Products and Systems？. Research Policy，2000，29（7－8）：876－879.

间的高速发展后突然进入了低迷期，再加上D公司新推出的一系列换代产品艰难的上市推广过程的体验，让D公司在市场竞争和相关利益群体的舆论压力下感受到了大客户对公司可持续发展的重要性，因此，对既有的销售部下属的集团客户销售科增加了大客户直销功能。虽然在这一时期直接开发和维护的大客户数量并不多，但对每一个大客户都指定了对应的客户经理，这个客户经理相当于解决客户问题的专职项目负责人，由其依靠公司现有流程协调相关职能部门的资源为客户提供解决方案，一般会得到职能部门包括人力资源的支持，但由于其职位低下，可能有时需要更高级别的领导介入才会得到某些部门的配合。D公司的客户经理虽然为了某个客户的解决方案协调职能部门的各项工作，但协助他工作的团队却不固定，他也没有权力影响职能部门的安排，当然对这些不固定的团队成员的考核、激励、晋升等也没有影响权。

从这一阶段D公司营销组织机构表现出的特点来看，它已经在向弱矩阵式组织结构模式发展①（见图5－5），已经开始尝试利用项目管理的方法来向大客户提供解决方案，只是项目制的实施在职能制组织结构里运作还不太流畅。

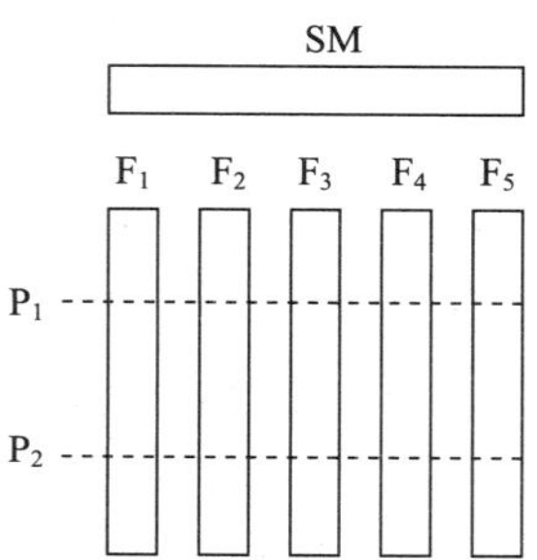

图5－5 弱矩阵式组织结构

注：P_1～P_2表示组织中的主要项目。

弱矩阵式组织结构适合公司处于探索阶段的大客户直销业务。弱矩阵式组织结构的特征是在组织的项目中可能只有项目经理一个是全职人员，项目团队由各职能部门下属的职能人员或职能组所组成，项目成员利用他们所在的职能部门为项目提供服务，项目经理可能在本项目的专项奖金、补贴等方面对项目成员有决定权，但对于薪酬、绩效评估、晋升等方面仍然只有职能经理才能对项目成员施加影响。弱矩阵式组织结构适用于变革准备程度比较低、需要跨部门协调的项目数量还比较少的企业。虽然面临竞争压力，但D公司接触客户的主要渠道仍旧是

① Mike Hobday. The Project－Based Organisation：An Ideal form for Managing Complex Products and Systems?. Research Policy，2000，29（7－8）：876－879.

经销企业，通过设置客户经理的项目制方式来为大客户提供解决方案还处于尝试阶段，因此这一阶段采用弱矩阵式组织结构有利于减少对原有职能型组织的冲击，能为客户经理探索性的工作创造一个相对稳定的环境。

3. 2009 ~2010 年：强矩阵式组织结构

经过萌芽期的尝试，D 公司逐步认识到针对大客户的解决方案在公司内部实行项目制管理以及分行业实施大客户开发非常必要。在转型探索期，D 公司调整了组织机构，在市场部和销售部分别成立了专门的职能科室从事大客户营销工作，虽然两个部门相关科室的职能有过一段时间的混乱期，但经过碰撞，实施了初步的分工与协作，基本形成了合力共同开发和维护大客户。

在这一阶段，客户经理的职权大大增强，可以较好地调动公司内外部资源为客户提供解决方案。D 公司明确实施了客户经理 + 销售团队的大客户组织方式，客户经理可以根据客户解决方案的需要要求相关职能部门派遣人员组建销售团队，团队成员全职或兼职地协助客户经理的工作，客户经理是客户解决方案的主要负责人，对关键问题具有决策权，而职能部门经理只是以协商的形式提出参考性意见，客户经理原则上可以调动公司内外部一切可用资源，可以对团队成员的考核施加影响。

从这一阶段 D 公司营销组织机构表现出的特点来看，它已经由弱矩阵式组织模式转变为强矩阵式组织模式①（见图 5 -6），利用项目管理的方法向大客户提供解决方案在组织结构上得到了进一步的确认。

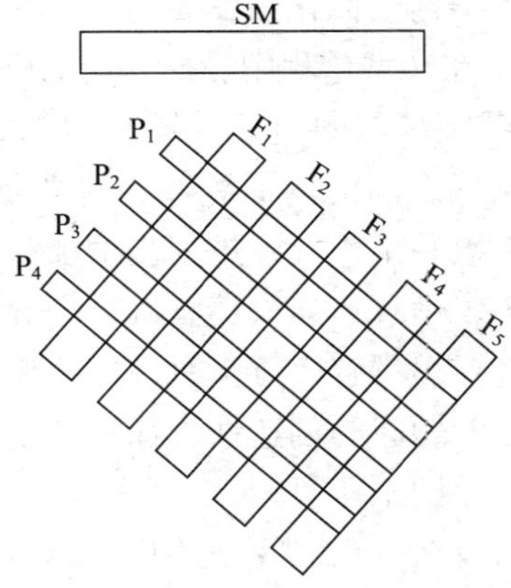

图 5 -6 强矩阵式组织结构

① Mike Hobday. The Project - Based Organisation: An Ideal Form for Managing Complex Products and Systems? . Research Policy, 2000, 29 (7 -8): 876 -879.

在中重型卡车市场竞争越来越充分的时代，公司针对大客户销售业务增加项目管理的力度、采取强矩阵式组织结构是合适的。强矩阵式组织结构的特征是拥有专职的、具有较大权限的项目经理（其职权不会弱于职能部门经理）以及部分专职的项目团队成员，适用于产品多元化、职能部门多、业务复杂及时间紧迫、项目工作与各职能部门关联强的企业。D公司产品与服务种类众多，为大客户提供的解决方案内容比较繁杂，需要涉及多个职能部门，并且客户一旦向D公司下了订单，需求都比较急迫，因此在中重型卡车市场竞争越来越激烈的时代，针对大客户的解决方案在公司内部实行项目管理职能更加强化的强矩阵式组织模式是适合市场环境需要的。

二、D公司营销组织结构的演进逻辑

在基于解决方案式营销的转型过程中，项目管理在公司的日常运营过程中发挥的作用越来越大。D公司的营销组织机构在不断地根据市场环境和公司战略进行调整，由最初的职能制组织结构演变为弱矩阵式组织结构再演变为强矩阵式组织结构，跨部门工作从少变多，跨部门协调效率从低到高，客户（项目）经理从无到有，客户（项目）经理权限从弱到强，项目管理力度从小到大，因此，随着转型的深入，项目管理越来越嵌入到了组织的日常运营过程中。

1. D公司营销组织结构的演进趋势

综观D公司不同阶段的营销组织结构形式，其演进过程遵循了组织层级扁平化、组织边界网络化、组织结构柔性化的发展趋势。

（1）组织层级扁平化。在转型过程中，D公司的营销机构不断强化对大客户的重视程度，不断增强应对大客户的组织，不断增加直接面对大客户人员的授权，缩短客户经理与高层领导之间的沟通距离，这即是组织层级扁平化的趋势。通过扁平化，客户经理的人数和工作权限进一步增加，工作重心进一步向客户倾斜，组织层级事实上在减少，信息传递快捷有效，领导与员工更加平等，这种变化不仅加快了客户经理向客户提供解决方案时内部协调的速度，而且充分发挥了客户经理及其团队解决客户问题时的创造性，加大了工作的挑战性，促进了员工的快速成长，减轻了高层领导的工作负担。

（2）组织边界网络化。D公司在转型过程中不断打破职能部门之间老死不相往来的局面，先后建立了“商品铁三角”、“服务铁三角”等跨部门的沟通机制，并且随着向大客户提供解决方案采用的项目负责制的实施，在D公司内部的所有职能部门之间（不光是营销机构）、D公司与供应商、渠道成员等合作伙伴之间、D公司与客户之间，横向交流与协同作战成为一种常态，因此，通过向协同提供客户解决方案的方向共同努力，D公司内部的职能部门之间边界越来越模糊，D

公司同合作伙伴之间的交互越来越频繁，组织结构的网络化特征体现得日益明显，最大限度地实现了资源共享和工作效率的提高。

（3）组织结构柔性化。为了向客户提供解决方案，在转型过程中，D公司的营销机构由最初的职能制组织结构演变为弱矩阵式组织结构再演变为强矩阵式组织结构，项目制的工作方式越来越嵌入到了组织的日常运营过程中，组织结构柔性化的特征也越来越明显。通过项目制的工作方式，D公司可以将内部不同职能部门以及外部不同合作企业具有不同知识和技能的员工集中于一个动态的团队中，当成功为某个客户提供解决方案后除客户经理外其余团队成员会回归到自己原有的职能部门里（一般后续围绕客户的大部分工作会由职能部门来接手）。这种柔性化的项目制组织结构机动灵活、博采众长、弹性十足，不仅加快了D公司对大客户需求的响应速度，增强了D公司应对市场变化和竞争的反应能力，而且实现了D公司组织结构稳定性与灵活性的统一，大大降低了经营成本，促进了人力资源开发和组织结构的扁平化与网络化。

2. D公司营销组织结构的演进逻辑

作为一个传统的大型制造企业，D公司在向解决方案式营销的转型过程中在组织结构上先后采取了职能制、弱矩阵式和强矩阵式的组织结构形式，组织结构的发展明显体现了扁平化、网络化和柔性化的趋势，那么D公司营销组织结构朝着这些趋势演进的内在逻辑是什么呢？

企业的活动有运营和项目之分，针对企业活动的不同管理模式，实质上是企业在不同的分工与协作模式之间进行选择。人们通常将企业的活动分成运营（Operations）和项目（Projects）两类[①]，尽管这两类活动有时会出现重叠，但这样划分的目的是为了运用更合适的管理方法管理不同的活动，以提高企业的组织绩效，也就是为了企业资源配置得更加有效，人们如何将企业活动进行分工与协作的问题。运营活动通常是持续和重复性的，管理上主要强调通过专业化来提高效率，而项目活动通常是临时的和一次性的，管理上主要强调通过协作化来提高项目绩效，不同的管理模式（运营管理模式或者项目管理模式）实质上都是企业在不同的分工与协作模式之间进行选择。[②]

分工形式的不断发展促进了企业组织结构的不断演变。自从亚当·斯密系统地阐述分工思想以来，分工的原则被广泛应用于人类社会的各种组织中，分工作为企业组织设计最重要的原则始终没有改变，变化的只是分工的形式，而分工形式的不断发展则促进了企业组织结构的不断演变。鲁塞尔·古里克曾说过，“分

① ［美］项目管理协会：《项目管理知识体系指南》（第4版），王勇、张斌译，电子工业出版社2009年版。

② 徐理：《企业项目管理的组织结构研究》，西安建筑科技大学硕士学位论文，2005年，第36－37页。

工是组织的基础，也是组织的原因”，因此，分工理论应作为认识企业本质的基础，也只有从分工理论中才能找到企业组织结构演变的合理解释①。

鉴于此，本书从分工的角度通过分析D公司营销机构运营与项目两类活动的变化来理解其组织结构演进的内在逻辑。

在转型前期，公司营销机构采取了以运营管理模式为主导的职能制组织结构。在这一阶段，D公司作为中重型卡车市场的几大寡头之一，市场份额几乎保持在30%以上，并不需要过于关注大客户的差异化需求，跨部门的协调性工作基本很少（项目活动非常少），因此，只有销售部下属的一个职能科室来处理全国经销商关于大客户的一些例行事务（主要从事运营活动），公司营销机构也采取了以运营管理模式为主导的职能制组织结构。

在转型萌芽期，公司营销机构采取了运营管理模式附加少量项目管理模式的弱矩阵式组织结构。在这一阶段，市场需求下滑以及竞争加剧让D公司开始重视大客户销售，对部分重点客户指定了客户经理，尝试通过项目制向客户提供解决方案，因此公司内部的跨部门协调工作开始增多（在原有的运营活动基础上项目活动开始增加），但由于客户经理制的运行还处于摸索阶段，所以其职权、得到的支持和掌握的资源还非常有限，因此，公司营销机构此时采取的是运营管理模式附加少量项目管理模式的弱矩阵式组织结构。

在转型探索期，公司营销机构采取了运营管理模式附加项目管理模式进一步增强的强矩阵式组织结构。在这一阶段，由于公司战略的需要以及前期针对部分客户提供解决方案业务的经验和教训，D公司增加了从事大客户解决方案业务的员工队伍，明确了团队销售方式，增强了客户经理的职权（针对解决方案业务的项目制管理方式得到了强化），因此，公司营销机构此时采取的是运营管理模式附加项目管理模式进一步增强的强矩阵式组织结构。

综观D公司基于解决方案的转型过程，营销组织机构从职能制到弱矩阵式再到强矩阵式的不断演变，事实上也是企业从传统的以生产为中心的运营管理模式向以客户为中心的项目管理模式的动态转型过程。传统的以生产为中心的制造企业有着稳定的常规业务，因此企业活动以运营为主，大多采用职能制机械组织结构，通过专业化的分工提高运营效率。为了寻求企业的可持续发展，企业的重心又会向大客户倾斜，但大客户需求的满足很多是综合性的，需要不同职能部门的同心协力，必须采用项目制的有机组织方式来提高协作效率。所以，D公司营销组织结构演进的根源实际上是围绕着组织效率的提高而在不同的管理模式之间进行权衡或者不同的分工与协作模式之间进行选择的结果，而组织结构演进过程中

① 叶志桂：《分工发展与企业组织结构的演变》，《福州大学学报》（哲学社会科学版），2002年第3期，第103页。

表现出的扁平化、网络化和柔性化趋势无不与企业分工与协作过程中项目管理模式的逐步增强密切相关。

第三节 基于解决方案供应商转型的组织结构探讨

在面向解决方案供应商的转型过程中，D 公司的营销机构由职能制调整为矩阵式，在矩阵的一端是相对于原有的以例行工作为主的职能部门，在矩阵的另一端是主要以临时性的项目制为主的提供解决方案业务的大客户部门，D 公司营销组织结构的变革体现了新老业务以不同方式运作的基本特征。营销组织结构的变革显然只是传统制造企业面向解决方案供应商转型过程中组织结构全面变革的一个缩影，那么问题就是，传统制造企业在转型过程中究竟应该采取什么样的组织结构形式才适合发展解决方案业务呢？

解决方案业务不仅是一种产品创新（Product Innovations），更是一种商业创新（Business Innovations）或者范式创新（Paradigm Innovations）①，范式创新相当于一种突破性创新，但传统的成熟性企业普遍存在着阻碍突破性创新的结构惰性和文化惰性②，因此，要想成功实现基于解决方案业务的转型，传统成熟企业必须采取新的管理模式，使用新的组织结构来摆脱困境，既要能让传统业务持续地运营并进行渐进性创新以保证主流组织的稳定发展，也要能让解决方案业务不断地进行探索实现新的业务突破。

从另一个角度看，在传统制造企业的客户群体中，并不是每个客户都会喜欢使用解决方案③，有些客户仍旧喜欢成本低廉的产品，因此对大的企业而言，只关注一种类型的客户肯定不行，必须覆盖两种类型的客户才可能实现其盈利目标，也因此，传统制造企业在转型中必然会形成以两种不同的方式对待不同类型客户的组织结构，一种是运用低成本要素（主要提供产品）为交易性客户服务的效率驱动型组织结构，另一种是以有效性为主导的（主要提供解决方案）、围绕重点客户/垂直型市场而组织的、为咨询性客户服务的组织结构，这事实上就形成了二元组织。

---

① Charlotta Windahl. Integrated Solutions in the Capital Goods Sector: Exploring Innovation, Service and Network Perspectives. Linköping University, 2007 Doctoral Dissertation.

② 张洪石：《突破性创新动因与组织模式研究》，浙江大学博士学位论文，2005 年。

③ Cornet 等在 "Customer solutions: from pilots to profits" 一文中提到："在大多数行业里，一个大型供应商的顾客群里只有 10% 的顾客愿意接受解决方案并可让供应商获利；另外 10% 的顾客可能足够大，但不一定愿意接受解决方案，而是在等待验证的结果。"

二元组织结构既能充分利用传统制造企业原有的竞争优势，又能以全新的竞争方式快速响应市场和客户的需求，同时，也有效平衡了企业中渐进性创新和突破性创新的矛盾，因此，在传统制造企业中增加解决方案业务时，应该是一种比较适合的组织结构形式。

D公司的营销组织机构从职能制到弱矩阵式再到强矩阵式不断演变，事实上是从一元组织结构向二元组织结构的不断强化过程。在传统的矩阵式组织中，职能制组织的人员相对稳定，而以项目制方式工作的项目团队需要随时从不同的职能部门抽调各种专业人员，团队任务完成后，这些人员又回到原来的专业职能部门，这种方式始终存在着项目团队核心人员不稳定、职能制工作方式与项目制工作方式互相影响等问题。因此，传统制造企业在向解决方案供应商转型过程中，伴随着企业对解决方案业务重视程度的逐步提高，组织会由一元的职能制到弱矩阵式到强矩阵式再到二元的矩阵式与项目制并举的组织结构演变，逐步强化解决方案业务在企业中的地位。企业最终形成的组织将会是由强矩阵式为主的产品业务单元、强项目制为主的解决方案业务单元和弱矩阵式为主的战略中心三部分构成的平衡架构①（见图5－7）。

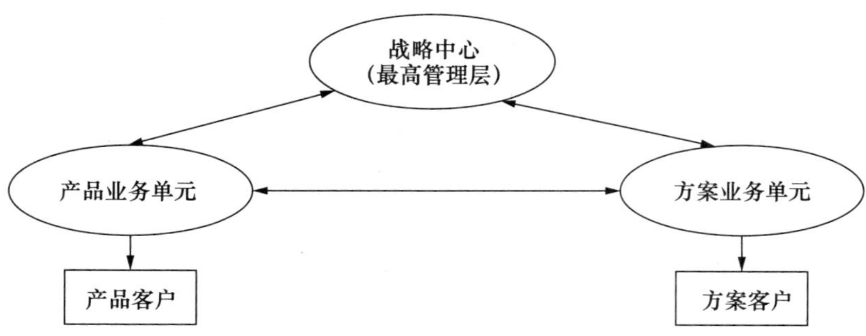

- 在直接向客户销售产品的同时，也是解决方案部门的内部供应商
- 把产品线标准化、简化和模块化，为解决方案做好准备
- 灵活和开放地响应解决方案部门的要求
- 和解决方案部门协商合作，为解决方案定制合适的产品
- 在客户计划、解决方案开发、产品规范、销售活动优先权、为解决方案包定价等方面进行协作

- 领导对解决方案的推进
- 支持解决方案部门与产品部门之间的横向交互合作
- 管理共同的客户计划流程和共同的绩效评估系统
- 沟通解决方案部门和产品部门
- 包含来自解决方案部门和产品部门的领导
- 促进富含人际关系的网络建立

- 开发和交付整合的解决方案
- 对客户或部门承担盈亏责任
- 根据解决方案的销售机会和交付使用来配置和重新配置团队
- 利用核心团队和内外部的专家队伍
- 和其他公司建立合作关系，为解决方案寻找产品和服务

图5－7 解决方案企业的平衡组织架构

① Foote, Galbraith, Hope, Miller. Making Solutions the Answer. McKinsey Quarterly, 2001 (3).

一、讨论一：基于解决方案的二元组织结构形式

结合传统的企业组织结构理论、二元组织结构理论以及D公司的转型过程，本书认为，传统制造企业基于解决方案供应商转型时一般会根据本企业内外部环境的需要采取适合自己的组织结构形式。通常，传统制造企业都有相对稳定的基础业务和组织结构，因内外部环境突变而全面调整其组织结构去转型从事解决方案业务的概率非常小，大多数企业都是基于竞争和成长的需要在现有业务的基础上增加解决方案创新业务，因此，采用时间上分离的二元组织结构形式的企业应该是少数，绝大多数企业都会采用平行结构和职能上分离的二元组织结构形式。

另外，莱斯等所说的平行结构和职能上分离的二元组织结构形式也可以看作是企业渐进性转型过程中采用的、对解决方案业务重视程度由弱到强的两种结构形式。企业刚刚提出要向解决方案业务转型时，通常会把它当作一个新项目嵌入现有的主流组织中，此时极有可能以专业委员会或者项目组的形式推进业务；当这项业务取得了相当的收入并且运行模式基本成熟，企业极可能在现有的组织中成立一个单独的职能部门来操作这项业务；当这项业务大到可以冲击传统的基础业务时，企业极可能为它单独成立一个业务单元或者内部企业专项从事这项业务。

考虑二元组织的具体形式，对传统制造企业的主流组织而言，最常见的通常是职能制组织结构，而对从事解决方案业务的新兴组织而言，可能采取委员会、项目组、单独的职能部门和内企业等组织形式，其中委员会、项目组、单独的职能部门可以归为平行结构的二元组织，而内企业可以归为职能上分离的二元组织。

（1）解决方案业务推进委员会。在传统制造企业刚刚认识到需要向客户提供解决方案业务时，很可能组建一个专业委员会来负责解决方案业务的推进，这常常是一个临时性的机构（但也可能作为常设机构），一般负责解决方案业务推进的思路明晰、解决方案模块的组织构建、重大事项的协调与决策等，委员会的成员可由企业高层负责人、大客户部门负责人及其他与客户密切相关的职能部门代表组成，在有需要时开会（也可能成为例会），会议可由高层负责人主持，会后由专职负责人督办（最可能的是大客户部门相关人员）、协调会议决议执行情况。推进委员会的形式可以作为解决方案业务展开前期的临时性推动机构，也可能作为解决方案业务正常运行后协调解决方案业务与常规业务之间资源配置矛盾、各职能部门矛盾的工作平台。

（2）解决方案业务推进项目组。为更快地推进解决方案业务，传统制造企业可能从各职能部门抽调人员组建项目组专门负责构建解决方案业务以及向客户组织提供解决方案。这个项目组可能是临时的，也可能在相当长时间内是常设的，小组成员可能是专职的，也可能是兼职的，但项目组的负责人很可能是专职的。为便于解决方案业务的组织推进，这个项目组通常拥有较高的自主权，在资源调度方面会得到企业高层负责人的全力支持。

（3）整合大客户部门的解决方案常设机构或独立的解决方案部门。有些传统的制造企业业务比较繁杂，组织机构庞大，而解决方案业务又是企业非常重要的转型项目，特别是大客户营销的重要组成部分，这些企业通常会投入大量的人力、财力和物力将解决方案业务构建成现有大客户部门的一个常设机构或者独立设置一个职能部门。这种常设机构或者独立的职能部门拥有很多优先权，一般会得到企业最高层领导的最大支持。

（4）成立以解决方案业务为主导的内企业。如果传统制造企业的解决方案业务与现有的业务关联度不太紧密（主要依靠外部合作伙伴）或者业务量足够大或者在既有的企业内部发展阻力太大等原因，传统企业有可能为解决方案业务成立一个单独的企业让其自主运营。

二、讨论二：基于解决方案的二元组织结构运行条件

传统制造企业增加解决方案业务时逐步形成了二元的组织形式，主流组织与新兴组织之间不可避免地会产生一些冲突，如资源竞争、管理理念和组织流程异质性造成的摩擦等，因此，要想使具有悖论的组成元素能同时有效地融合在同一个组织中，就必须有一些必要的运行条件来平衡这些组织悖论。①②③

1. 高层管理者具备二元性

作为二元组织的关键领导，高层管理者在塑造主流组织与新兴组织的二元性过程中扮演着重要角色。首先，高层管理者必须具备感知矛盾的思维能力，要能感知到两个组织之间的矛盾所在，并且能正视而不是忽视或否认它们的存在，这是解决组织二元性冲突的前提条件。其次，高层管理者必须具备处理矛盾的知识和技能。这需要管理者具有包容冲突的心态、同时处理多任务的能力和奉行行动主义的管理风格。

2. 工作机制鼓励协作性

主流组织与新兴的以解决方案为中心的组织之间虽然存在着结构、能力、文

---

① 凌鸿、赵付春、邓少军：《双元性理论和概念的批判性回顾与未来研究展望》，《外国经济与管理》，2010 年第 1 期，第 25 - 32 页。

② 周俊、薛求知：《双元型组织构建研究前沿探析》，《外国经济与管理》，2009 年第 1 期，第 50 - 57 页。

③ 张玉利、李乾文：《双元型组织研究评介》，《外国经济与管理》，2006 年第 1 期，第 5 - 7 页。

化等方面的内部不一致性，却拥有共同的、明确的组织愿景，从这一点来讲，两者必须加强工作上的协作。再者，向客户提供解决方案业务必须使用主流组织的各种资源，组建跨部门的项目团队，这势必造成新兴从事解决方案业务的组织与主流组织之间的资源冲突，所以管理者也有必要在组织中营造一种鼓励合作的工作环境，通过设定一些工作机制鼓励两者之间的协作，如跨业务单元工作轮换、开发和配置共享目标系统①、建立内部转移支付价格制度等。

3. 激励制度具备二元性

传统制造企业主流组织的考核一般是内部导向的、以个人为中心的，而新兴的解决方案组织需要转变成客户导向的、以项目团队为中心的，例如，针对某一解决方案业务，一般按项目整体进行考核，凡参与解决方案项目的员工都纳入考核范围，按贡献大小分配奖励。同时，在项目考核中，主流组织的考核制度可能只关注企业的销售量/额，但针对解决方案业务还必须考核客户的满意度、解决方案是否为客户提供了价值等。因此，需要在主流组织和新兴组织中根据各自业务运营方式的不同建立差异化的激励制度，以促进双方目标的有效达成。

三、结论

本书通过案例研究认为，传统制造企业在向解决方案供应商转型过程中，支撑企业正常运行的组织结构，从职能制到弱矩阵式再到强矩阵式不断演变（案例企业的结构形式还会继续演变），演进的根源实际上是围绕着组织效率的提高而在不同的管理模式之间进行权衡（以生产为中心的运营管理模式和以客户为中心的项目管理模式）或者在不同的分工与协作模式之间进行选择的结果，而组织结构演进过程中表现出的扁平化、网络化和柔性化趋势无不与企业分工与协作过程中项目管理模式的逐步增强密切相关。

本书发现，基于解决方案供应商转型时，传统制造企业一般会采取渐进性的、职能逐步增强的二元组织结构形式，确认了 Davies 等的三阶段解决方案组织变革模型，也确认了笔者主张的“解决方案业务的组织形式应该是企业转型不同阶段的产物，伴随着业务转型的进程，组织形式也会表现出不同的特征，所以不能一概而论解决方案业务的组织形式，它的实施路径是渐进的过程”的观点。本书认为，传统制造企业基于解决方案供应商转型时一般会根据本企业内外部环境的需要采取适合自己的二元组织结构形式，通常大多数企业都会基于竞争和成长的需要在现有常规业务的基础上逐步增加创新性的解决方案业务，也因此对解决方案业务的重视程度会由弱到强，进而除继续保持传统的职能制主流组织形式

① 实行项目奖励制。对所有参与设计和传递某一解决方案项目的员工按贡献大小进行奖励，团队所有成员收入的增加在一定程度上取决于其他成员的表现。

外，针对新兴的解决方案业务，还会采取委员会、项目组、单独的职能部门和内企业等不断强化对该项业务重视程度的组织形式，形成二元的组织结构形式，最终，企业形成的组织将会是由强矩阵式为主的产品业务单元、强项目制为主的解决方案业务单元和弱矩阵式为主的战略中心三部分构成的平衡架构。在这种结构下，主流组织保证企业传统业务的正常运营和稳定发展或者满足交易型客户群体的需求，而新兴的解决方案组织通过相对独立的项目运营，保证企业未来的可持续发展或者满足解决方案型客户群体的需求，主流组织与新兴的解决方案组织之间虽然存在着结构、能力、激励制度、文化等方面的内部不一致性，但二者却拥有共同的组织愿景。

第六章　企业转型的营销组合策略演进

市场营销组合理论自诞生以来，一直是市场营销理论的核心内容，并主导着企业的营销实践活动。1960 年，麦卡锡将市场营销组合简化为 4Ps 组合，1967 年，科特勒以 4Ps 组合作为市场营销的策略构架，进一步确认了以 4Ps 为核心的营销组合方法。随着以麦卡锡和科特勒为代表的营销管理学派权威地位的确立及其营销专著的畅销，4Ps 理论在营销学界和企业界得到了广泛的传播和应用。然而，随着顾客权力的日益增长，市场环境在不断变化，在长达 40 多年时间里，越来越多的学者和企业家不断地质疑被奉为经典的 4Ps 营销组合范式，推出了 6P、11P、7P、4C、3R、4R、4V、4S、4E 等营销组合新理论，那么如果转型为解决方案供应商，以 4Ps 模型为代表的营销组合策略又会发生怎样的变化呢？解决方案供应商应该采取什么形式的营销组合策略呢？

第一节　D 公司营销组合策略的案例介绍

多年以来，以 4Ps 为代表的营销组合理论以其简单易记、操作性强的特点受到了企业界的持续追捧，理论界也根据市场环境的变化对其进行了不同角度的修订，因此，营销组合理论伴随着企业界的广泛应用和理论界的不断完善保持了旺盛的生命力。解决方案式营销作为 20 世纪 90 年代兴起的新的营销方式正日益受到企业界的广泛关注，以 IBM 为代表的 IT 类公司的成功实践举世瞩目，那么问题是：传统的以 4Ps 营销组合模型为主导的制造企业向解决方案供应商转型时，其营销组合策略会发生哪些变化？本书以 D 公司在基于解决方案供应商转型过程中，营销部门使用的营销组合策略的演变过程来探析这种变化。

一、1999 ~ 2004 年 D 公司的营销组合策略

1999 ~ 2004 年，针对大客户的营销组合策略与零散用户没有太大差别。在

这一阶段，中国的卡车市场基本处于持续快速增长态势，并且经销制总体运行情况良好，所以这一时期的大客户销售工作并没有引起足够的重视，主要以管理经销商返利为主。在这样一种市场环境下，集团客户销售科从事的只是针对经销商大客户销售过程中的支持性工作，所以这一时期针对大客户的营销组合策略与零散用户没有太大差别。D 公司通过经销商针对大客户的营销组合方式大致如下：

1. 产品

（1）实物产品。D 公司研发和生产了什么样的产品都会传递给经销商，经销商只可能在现有产品资源的基础上向大客户推荐合适的产品，一般来说，D 公司不太可能根据经销商提供的客户需求信息对产品做出适应性改进，也不会关心产品卖给顾客后是否适用。

（2）售后服务。产品销售完成后进入服务流程，用户一般通过在各个区域与 D 公司合作的维修服务企业来实现服务保障，在 D 公司的服务流程上和对维修服务企业的激励制度上大客户和零散用户没有差别。

（3）上门培训。对一些购买量特别大的客户，在维修服务企业的要求下，D 公司可以安排人员上门提供使用、保养和维修技术培训。

（4）融资服务。D 公司主要依靠所属母公司的财务公司为所有符合设定条件的客户提供融资服务，对大客户没有区别对待。

2. 价格

D 公司根据成本加成的方法年初为每一个型号的产品制订统一价格后一般一年内不会做出调整，对于经销商向大客户销售的订单，报经销售部领导审批后可以适度降低价格，但对于产品是不是能为客户创造与价格等值的价值，没人关心这种事。

3. 渠道

D 公司采用经销制，主要依靠经销商销售，经销商在大客户销售过程中一般处于单打独斗状态，D 公司的销售/服务人员、技术人员、供应商等一般不会协同经销商开展销售工作。

4. 促销

所有的促销组合基本是 D 公司站在自身立场上的举动，没有考虑终端顾客的核心需求、基本与顾客没有过任何形式的互动。D 公司最常用的促销方式主要是针对经销商的营业推广活动，试图通过对经销商的拉动作用，寄希望于经销商采取各种手段吸引终端顾客的购买（一般在销售淡季或某些产品出现滞销时使用）。广告一般在新产品上市时阶段性地使用，公关宣传也主要在某些区域出现大的天灾人祸时采用，人员在经销制下基本没有推销。

二、2005～2008 年 D 公司的营销组合策略

经过 2005 年、2006 年的市场大萧条和 2006 年 4 月 D 公司升级换代产品 L 系

列的上市导入过程，D 公司高层领导意识到大客户的重要性。通过对集团客户销售科负责人及其工作思路的调整，D 公司开始有选择性地与部分重点大客户进行了直接接触，在这些销售过程中，D 公司采取的营销组合策略具有如下特点：

1. 产品和服务

D 公司针对每一个大客户指定了一名客户经理，客户经理在了解客户需求后返回公司同相关职能部门探讨客户的解决方案，然后再与客户签订购买协议，但一旦客户解决方案实施过程中出现任何问题，客户经理又会重复上面的动作。针对客户的解决方案，如产品、服务、培训、融资等，D 公司相对于以前已经有了一些适应性改变。如：

（1）实物产品。D 公司根据客户经理反馈的信息，可以对产品做出适应性改进以满足客户需求，但如果实在无法做出改变，就放弃当次应标。需要说明的是，由于销售人员精力有限，D 公司对客户需求只能是被动式的响应。

（2）服务与培训。服务保障部门根据 L 系列产品上市总结的经验已经开始要求把服务融入售前、售中、售后的各个阶段。例如，服务保障部门要求客户经理在大客户签订购车协议后提供客户所在地及车辆信息，它再通知所在区域的服务企业提前储备针对性的车辆易损配件；当大客户的车辆交付后，服务保障部门通知当地服务企业上门提供车辆整备服务和使用培训。

（3）融资服务。为客户提供了多种融资方案。以往 D 公司主要依靠母公司所属财务公司为所有客户提供消费贷款服务，但财务公司的贷款条件比较苛刻，对很多比较大的客户需求不能灵活地满足（如零首付、融资租赁、分期付款等），为此营销部门开始主动与国内的银行机构和大型租赁公司接洽和合作，为客户准备了多种融资方案以供选择。

2. 价格

对大客户的价格，D 公司可以做到一事一议，根据客户的重要程度和采购批量大小，在公司规定的通用合同价格上下进行调整以应对竞争。D 公司客户经理虽然也在投标时或与客户日常沟通时利用前两年公司开发的替客户算账的方法说明自己公司的产品比竞争对手能带来更高的价值（如节油、使用成本低、残值高等），但还没有将这一算账工具用于产品的定价上。

3. 渠道

产品的交付仍旧通过当地经销商进行，但由于一般交付的产品只是汽车的底盘部分，产品上装仍需要客户自己寻找改装厂定制或者经销商代为定制。不过，部分客户经理已经开始意识到客户需要的是完整产品，汽车厂家或经销商应该有义务提供这样的产品，而不是让客户自己解决上装问题。服务仍由合作的第三方服务站来提供，但有些针对产品服务的抱怨问题必须由 D 公司或 D 公司的供应商协助才能解决。

4. 促销

D 公司通过对几个大客户的直接销售，已经意识到供需双方之间的交互很重要，并开始利用高层拜访、组织某一客户的各分公司进行技术交流等活动形式来促进销售。

三、2009~2010 年 D 公司的营销组合策略

在市场部制定的大客户工作方案和随后的工作实践中所采取的营销组合策略具有如下特点：

（1）根据经验以及 D 公司的产品优劣势现状①，按行业细分客户群体（把客户细分成 14 个重点行业类别，并且对这些行业进行了重要程度的排列），对重点行业研究典型企业的物流运营模式、不同类别客户的需求规模与需求差异、竞争对手使用的营销手段等，在对某一行业选择目标客户后，市场部根据已经了解的客户需求初步设计客户解决方案模板并协调公司资源解决开发客户的关键共性课题。

（2）主要针对公路用车的客户提供解决方案。D 公司的产品优势主要在公路用车上，因此，市场部确定以公司的优势产品为基础，优先针对公路用车的物流行业客户实施解决方案式营销。

（3）客户分类开发。把大客户分成战略客户、重点客户和一般客户 3 类，市场部主要从事战略客户的开发与维护（最终的订单交付环节仍旧通过经销商完成）；重点客户主要由 D 公司经销商进行开发和维护，但营销机构所属销售部下设的品系部大客户科负责为经销商提供后援支持和管理职能。一般客户主要由经销商自行开发和维护。除此之外，根据不同的客户类别，D 公司也采取了差别化的满足策略，例如，对部分战略和重点客户，可以根据需要开通绿色服务通道②、上门驻点服务③等定制化的服务方式。

（4）对战略客户采取客户经理 + 销售团队的团队销售模式。客户经理全权代表 D 公司，负责组织公司内外部资源满足战略客户需求，销售团队负责在客户

---

① 卡车产品可分成牵引车、载货车、自卸车、专用车四种类型，专用车一般由前三种车型的底盘加特制上装改装而成，牵引车和载货车主要在路况比较好的等级公路上使用，而自卸车大部分在路况不太好的工地上使用（一般将自卸车称作工程车主要指这种用途），只有少部分在等级公路上使用。D 公司当前的优势产品主要是公路用车产品，而在非公路上使用的自卸车竞争力不强。

② 用作公路运输的卡车绝大部分都是在全国范围内流动，但部分战略和重点客户由于有相对固定的运输线路，所以 D 公司可以要求自己分布在客户运输线路上的服务站提前做好相应车型的配件储备，并且当这些客户有服务需求时，可以优先、差别化地安排其服务，这种服务方式 D 公司称为“绿色服务通道”。

③ 驻点服务就是在客户车辆使用所在地建立临时维修服务场所，阶段性地为客户提供专项服务，待客户维修服务业务运作正常后再撤销临时驻点的做法。

经理的组织下协助客户经理提供客户解决方案的组件。

（5）解决方案的设计与传递需要多次交互。客户经理把初步设计的解决方案与战略客户沟通后，双方一起可能需要多个回合才能最终明确解决方案的具体内容，而在传递过程中也要有双方的很多次互动才可能最终实现交付。

（6）通过用户算账工具来分析客户运营成本和收益以降低价格敏感性。通过对客户运营模式的了解，客户经理会把D公司的解决方案带给客户的收益或降低的成本同客户以前的或竞争对手的产品或解决方案进行比较，实实在在地证明D公司的解决方案能为客户创造更多价值，以此促进战略客户接受D公司的报价。

第二节　D公司营销组合策略演进的案例剖析

上一节对中重型卡车制造商D公司基于解决方案供应商转型过程中的营销组合策略演进过程做了三个阶段的简要介绍，下面针对D公司每一阶段营销组合策略的特点、营销组合策略演进的逻辑以及基于解决方案的营销组合策略进行剖析。

一、D公司营销组合策略的特点

在D公司基于解决方案式营销转型的前期、萌芽期和探索期三个阶段，其营销组合策略有着不同的特点。

1. 转型前期的营销组合特点：战术性4Ps

2004年以前，特别是1999~2004年，中国经济蓬勃发展，投资、消费、出口“三驾马车”的增长速度明显加快（见图6-1），特别是对中重型卡车需求拉动效应明显的固定资产投资（基础设施建设的增加必将带来工程用车的需求增长）增速更为突出[①]。与此对应的是，当时中国的中型卡车市场已经处于平稳发展期[②]，并且前3名市场参与者的集中度非常高，几乎是100%；重型卡车市场的需求虽然快速增长，但前3名市场参与者的集中度仍旧几乎保持在80%以上，

① 中重型卡车市场的发展与国民经济的发展阶段密切联系，例如，经济发展以基础设施建设拉动为主导时，中重型卡车市场主要以用作工程建设的自卸车为主，但如果经济发展转向消费拉动为主时，中重型卡车市场又会以牵引车和载货车这些用作公路物流运输的车型为主。

② 中国的中型卡车市场从19世纪50年代中国汽车工业起步以来，经过多年发展，市场基本进入成熟期，因此，需求相对稳定，年需求在19世纪90年代保持在16万~18万辆。

这一时期市场基本处于供不应求的局面（特别对排名前3的D公司而言），竞争并不充分（见图6－2、图6－3），因此，主流中重型卡车制造商使用的营销组合策略都是以生产为中心的，这与4Ps营销组合模型发源于短缺经济时代的背景几乎是如出一辙，所以在转型前期D公司使用的营销组合策略事实上是以4Ps模型为主导的。

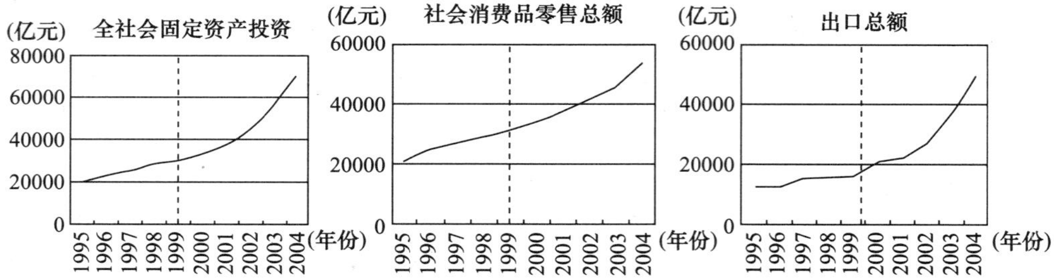

图6－1　1995～2004年中国经济的“三驾马车”运行情况

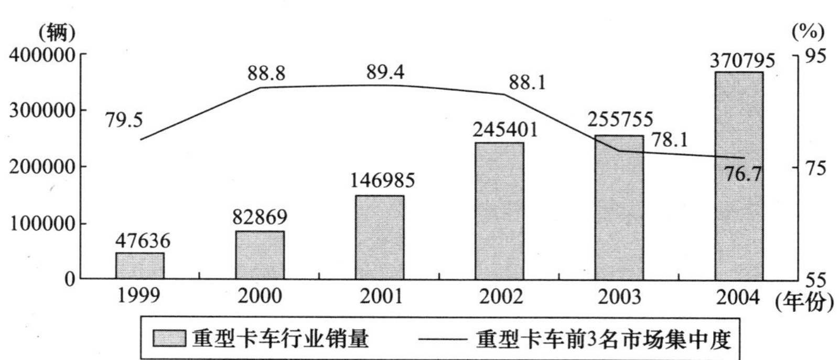

图6－2　1999～2004年重型卡车行业前3名的市场集中度情况

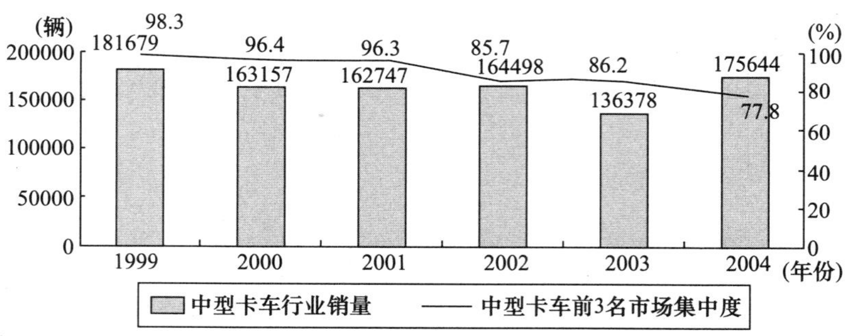

图6－3　1999－2004年中型卡车行业前3名的市场集中度情况

这一时期，由于市场需求非常旺盛，D 公司虽然也听取客户的一些意见，但总的来说，都是以自我为中心的经营观念。基本上是 D 公司根据竞争需要（虽然竞争不太激烈）向所有客户提供标准化的产品和服务；价格主要考虑自身的成本和利润；产品和服务的传递主要通过经销商、服务站完成（除非有重大产品质量事故，D 公司或者产品的主要总成供应商才会派人到现场进行考察和协助，但仍旧由经销商、服务站直接面对客户）；针对客户的促销主要是新产品上市期间告知性的电视/平面广告，以及国家出现重大天灾人祸时考虑大型企业社会责任①捐款、捐物后的公关宣传。

2. 转型萌芽期的营销组合特点：战略性 4Ps + 战术性 4Ps 的组合

2004 年，中重型卡车需求达到了一个高峰，紧接着市场出现了暴跌，伴随着市场的震荡，随后的 4 年，D 公司进入了调整期，基于解决方案式营销的转型开始酝酿。

2005 年、2006 年中重型卡车市场需求，特别是重型卡车市场需求相对于 2004 年萎缩得比较厉害，很多制造商的产能突然放空，市场竞争空前加剧，而对于 D 公司而言，竞争压力更为突出。事实上，卡车市场在 2003 年已经显现出重型化的趋势，2004 年由于国家超限、超载治理导致用户提前购买，从而引发的需求暴增掩盖了卡车产品继续重型化的趋势，因此，2005 年当市场总需求下跌再加上产品的重型化趋势，D 公司由于缺乏真正的重型卡车产品而举步维艰②。

除市场总需求下降外，这一时期客户需求开始表现出差异化，或者说由于竞争的加剧客户需求的差异开始引起各中重型卡车制造商的关注。2003 年以前，D 公司有一款工程车产品年销售 3 万多辆，以一种配置的产品来应对所有的使用条件。2006 年，D 公司新研发的工程车产品投放市场后批量爆发了很多质量问题，经过分析，D 公司才发现工程车市场事实上有很多不同的使用条件，可以细分为不同的市场，由此，不同的细分市场所要求的产品配置是不同的，例如，拉砂石料的工程车与拉铁矿石的工程车在产品配置上差异就很大，如果把拉砂石料的工程车用作拉铁矿石，产品就会出现质量问题。因此，竞争的加剧迫使 D 公司开始注重对客户需求的研究和市场的细分，根据细分市场的差异提供不同配置的产品。

为了应对竞争的加剧以及需求的差异化，D 公司开始倡导市场和客户导向，

① D 公司的母母公司是国资委直接管理的中央企业，因此作为孙公司，D 公司要与母母公司一起承担一些社会责任。

② 卡车行业一般把 180～280 匹马力的车型称作中重型卡车产品，而 280 匹马力及以上车型被称作真正的重型卡车产品。D 公司是从中型卡车起家，后来也陆续研发了一些中重型卡车产品，但由于缺乏自有知识产权的重型发动机、驾驶室、车桥、变速箱等关键总成或者引进国外合作伙伴的总成技术过晚，一直迟迟没有真正的重型卡车产品上市。

注意倾听客户的声音，收集、归纳典型客户的需求并在此基础上细分市场，利用“铁三角”的机制消除公司内部的本位主义、加强职能部门之间的协作等，这些转变为D公司采用新的营销组合策略带来了很大的促进作用，而以上这些也正是新的营销组合策略产生的内、外部背景因素。

分析D公司在这一阶段营销组合策略产生的背景和表现出的特点，与科特勒在原有的战术性4Ps营销组合基础上增加战略性4Ps营销组合的环境背景是基本相似的①，所以D公司使用的营销组合策略事实是科特勒总结的战略性4Ps+战术性4Ps的组合，但这里的战术性4Ps已经具有可以简化为4Es的营销组合模型的雏形。

由于D公司在经营过程中分析发现（市场研究），部分集团性大客户采购模式产生了变化（市场细分），由此根据战略需要选择了近10家大客户以制造商的身份直接进行开发和关系维护（目标优选），并且在客户开发与维护过程中将订单的直接交易部分交给经销商来做，服务部分主要交给服务站来做②，目的是不损害现有的经销体制，不与渠道成员之间产生直接冲突（市场定位）。由此可以看出，D公司在实施解决方案式营销之前，事实上有一个战略性4Ps的研究、细分、优选与定位过程，而后来的战术性4Ps也正是在战略性4Ps的基础上组合使用的。

上面谈到D公司的战术性4Ps初步具备4Es的特点，可以从以下两个方面来进行说明：

（1）4Es营销组合模型在解决方案产品背景下的含义。

1）项目。“解决方案”的定义与“项目”的定义在本质上是一个意思，因为“解决方案”是一个“产品和服务无缝连接的整合体”，并且“解决方案”肯

---

① 科特勒1986年在中国对外经贸大学演讲时提出了战略营销的4P，它的提出是现实市场交换环境变化导致的结果。生产力的发达导致市场供过于求，有效需求的不足使得市场上竞争日趋激烈；营销观念哲学的提出和发展，使得企业认识到仅仅依靠战术营销组合的6Ps（科特勒的分法），难以应对日益复杂和竞争激烈的市场，企业如果要在市场中取得成功，需要有长期的战略营销计划。战略4P就是常用的STP分析，其落脚点是为了定位，定位的目的是为了更好地克服整个市场有效需求不足这一最主要的交换障碍，因此，由6Ps演变到增加战略4P后的10Ps，其内在动力还是因为现实市场交换过程中出现了新的障碍，为了有效克服障碍，市场营销组合必须增加新的内容。由于本书所做研究不存在政治权力（Policy Power）和公共关系（Public Relation）两个Ps应用的背景（营销者需要借助政治力量和公共关系技巧去排除产品通往目标市场的各种障碍，取得有关方面的支持与合作，实现企业营销目标），所以在借鉴科特勒10Ps框架时没有考虑政治权力和公共关系两个Ps。转引自 http：//baike. baidu. com/view/1466056. html? goodTagLemma、http：//wiki. mbalib. com/wiki/6Ps% E8% 90% A5% E9% 94% 80% E7% 90% 86% E8% AE% BA。

② 如果执行订单的渠道成员是4S店（整车销售Sale、零配件Sparepart、售后服务Service、信息反馈Survey），那么事实上订单执行和服务工作都是由一家企业来做的。

定必须在限定时间内向客户进行交付[①]。当传统意义的“产品”（更多是指实体产品）演化成“解决方案”时，营销者需要在企业内部组建一支团队来协助他满足客户的需求，需要整合公司内部和外部资源，并且在解决方案中融合多种产品和服务要素来解决客户面临的本质问题，因此，营销者事实上是将针对客户的解决方案当成了一个项目来运作，传统的营销组合之一的“产品”在解决方案式营销背景下，调整成“项目”更为贴切。

2）价值。在传统的营销背景下，企业把以成本为导向确定的“价格”视为它为客户带来的价值，而在解决方案式营销背景下，为“解决方案”定价的准则发生了变化，企业除了要考虑自身的成本外，更要考虑企业提供的“解决方案”在客户创造价值过程中的实际表现能够为客户带来多少价值。因此，传统的营销组合之一的“价格”在解决方案式营销背景下，调整成“价值”更为贴切（事实上基于为客户创造的价值的价格），因为解决方案式营销的立足点就是要解决客户面临的根本性问题，如果不能做到这一点，那么“解决方案”对客户来说是没有价值的，“解决方案”的“价格”与“价值”就是不等值的，这种定价方法就是不合理的。

3）网络[②]。科特勒认为，分销渠道是指某种货物或劳务从生产者向消费者移动时取得这种货物或劳务的所有权或帮助转移其所有权的所有企业和个人。在科特勒的概念里，分销渠道主要包括商人中间商、代理中间商以及作为分销渠道起点和终点的生产者和消费者，但不包括供应商、辅助商等。事实上，在解决方案式营销中，为了帮助生产者向用户转移解决方案离不开解决方案供、产、销过程中所有的企业和个人，如供应商、制造商、商业伙伴（商人中间商、代理中间商、辅助商等）以及最终的用户等，这实际上表明传统的渠道已经演化成了以某一个企业为中心的“价值网络”，中心企业必须依靠价值网络才能有效传递解决方案（很明显“价值网络”概念更体现了解决方案式营销“整合”的特征）。

4）互动。传统的“促销”策略是指企业如何通过人员推销、广告、公共关系和营业推广等各种促销方式，向消费者或用户传递产品信息，引起他们的注意和兴趣，激发他们的购买欲望和购买行为，以达到扩大销售的目的。从定义中可以发现，传统的促销策略是企业的单向行动，缺乏顾客的参与。但作为解决方案的销售，为了达成销售，进而扩大销售，事实上在解决方案的创造阶段必须有顾

① 这里的“交付”主要是指首次将整合性产品或完工的项目交付给用户，但后续的保障性服务仍然会根据客户的需求加以满足，不会交付完了就对客户置之不理。

② 本书认为丁兴良的捷道（Quick accEss）表明了工业品行业的营销渠道要以短渠道为主，但如果就解决方案产品而言，丁兴良忽略了要进行一个复杂产品项目的管理，离不开该产品项目所涉及供应链的整体协同，因此表达出协同概念的“网络”（Network）比“捷道”更符合解决方案的营销实际，本书将“捷道”（Quick accEss）调整成“网络”（Network）。

客的参与，解决方案供应商以及它的供应网络必须就顾客面临的问题与顾客进行多轮互动，最终才能与顾客一起创造出适合顾客的解决方案。解决方案式营销从解决方案的创造开始就已经内在地嵌入了“互动”的要素，所以其“促销”策略自然而然地必须通过供需双方的互动才能最终实现，仅仅依靠供应商单方面的传递信息是不够的。

（2）D公司战术性4Ps的特点。

1）表现出把“解决方案”当作“项目”运作的一种趋势。D公司针对每个大客户指定了一名客户经理，由客户经理一个人（在公司内部没有成立专门的项目组来支持客户经理的工作）协调相关职能部门、整合公司内外部的资源来创造客户的解决方案。因此在这一阶段，D公司虽然把针对每一个大客户的解决方案当作一个项目由唯一一名客户经理来处理，但毕竟还不是真正的项目制度，只是表现出把“解决方案”当作“项目”运作的一种趋势。

2）在价格方面，初步具有了基于价值定价的意识。D公司已经有意识地利用替客户算账的工具方法来表明自己的解决方案相比竞争对手能为客户带来更多的价值，但这种算账的方法比较粗略，还不能同解决方案的定价有机地结合起来，因此只是初步具有了基于价值定价的意识。

3）在渠道方面，已经具备了利用价值网络达成目标的意识。事实上D公司多年以来一直依靠经销商、服务站来传递产品和基本的维修、配件等服务，近年来依靠母公司所属的财务公司（财务公司也依靠经销商直接接触客户）传递消费贷款服务（并已开始寻找更多的合作伙伴提供更多的融资服务），在2006年L系列产品上市时又把大的总成和上装供应商整合到一起为客户提供售后服务等，这一切说明D公司在为客户传递解决方案方面已经具备了利用价值网络达成目标的意识。

4）在促销方面，正在增加与客户的互动，改变以往单向传递信息的做法。D公司以往利用公共关系、营业推广等手段比较多，广告特别是电视广告已经很少使用了。在直接接触大客户过程中，D公司已经开始利用高层拜访、技术交流会等手段促进与大客户的交流，加强彼此了解，因此，D公司在解决方案的营销过程中正在增加与客户的互动，改变以往单向传递信息的做法。

3. 转型探索期的营销组合特点：4Rs+（战略性）4Ps+4Es

2005年以后，虽然中重型卡车需求基本处于增长状态，但竞争更加激烈（见图6-4、图6-5，中重型卡车前3名的市场集中度基本上处于持续下降状态），在营销上迫切需要创新。

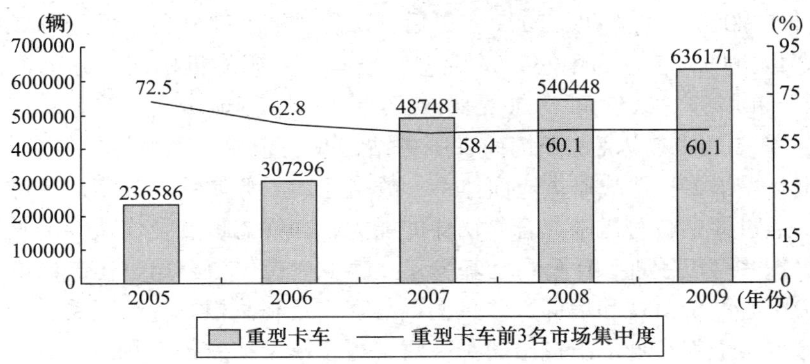

图6-4　2005~2009年重型卡车行业前3名的市场集中度情况

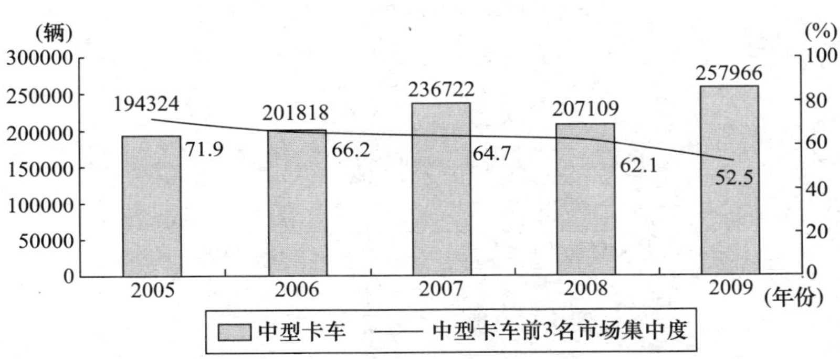

图6-5　2005~2009年中型卡车行业前3名的市场集中度情况

经过2005年、2006年“以市场和客户为中心”营销理念的初步建立以及2007年、2008年通过一个科室的员工对部分重点大客户实施直接销售，D公司在2009年以后最终明确以一个职能部门的力量为主实施分行业的大客户开发工作，目标是要为重点大客户提供有价值的物流车辆解决方案，成为这些客户最佳的业务合作伙伴。D公司以往主要依靠经销商、服务站来接触大客户，现在变成制造商有一个专职的部门直接开始介入大客户的开发与维护，倡导为大客户提供解决方案，这在中重型卡车行业还是首屈一指的。

分析D公司在这一时期针对大客户采取的营销组合策略具有3个层级的特点，即公司层面（经营理念或哲学）、经营层面（经营战略）和操作层面（营销战术）都表现出了不同的营销组合。

在公司层面，4Rs营销组合作为一种经营哲学在发挥作用。通过2005年、2006年D公司以高层领导为首的全公司各职能部门的反思与观念、机制调整以及2007年、2008年的强化，2009年以后，D公司绝大部分员工已经形成了比较强烈的“以市场和客户为中心”的观念，公司主要职能机构建立起的商品开发“铁三角”和服务“铁三角”[①]（见图6-6）工作机制能全面、快速响应客户商品与服务需求，对供应商、经销商、服务站、改装企业、金融机构等合作伙伴，D公司也确立了要打造战略供应商体系、战略经销服务体系、战略改装体系等战略思想，通过评估自身需求与合作伙伴的能力，加强与重点合作伙伴的长期合作等，通过这些可以发现，D公司已基本建立起了一套作为公司整体导向的以市场和客户为中心的价值观和信仰，并且注重与客户及利益相关者长期关系的建立与维护，这事实上就是舒尔茨提出的4Rs营销组合模型在发挥作用，因此，D公司在公司层面上拥有4Rs营销组合模型的特点，作为一种经营哲学在发挥作用。

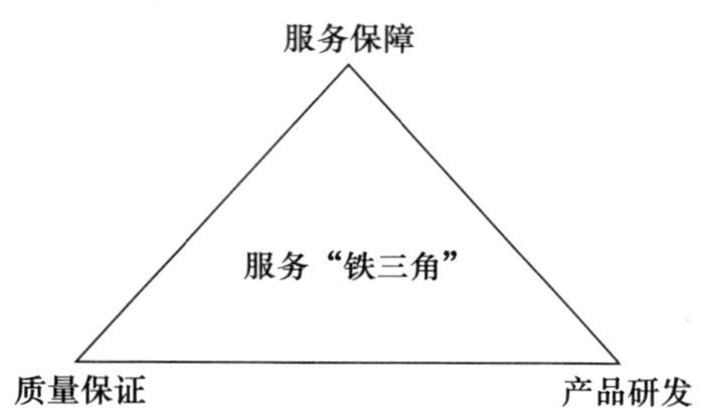

图6-6 服务“铁三角”机制

在经营层面，战略性4Ps的营销组合在发挥作用。D公司确立要在营销机构里设一个专门的部门直接对大客户实施分行业的开发和维护，根据多年的市场经验先将客户分成14个类别，再依据现有的客户档案、行业研究报告提供的信息等将不同行业的客户细分成战略、重点和一般客户，战略客户由D公司直接进行开发和维护[②]，重点客户由经销商进行开发和维护，但D公司有比较多的后援支持，一般客户直接由经销商开发和维护。这些工作实际上是D公司基于自身的资源与能力分析后确立的营销战略上的问题，充分运用了科特勒的市场研究、市场细分、目标优选和市场定位的战略性4Ps的营销组合模型。

在操作层面，4Es营销组合在发挥作用。D公司把战略客户的需求当成了一

① 服务“铁三角”团队与机制是在2009年初正式形成的，由市场营销所属的服务部门、制造所属的质量保证部门和研发部门3个主要单位构成。

② 战略客户的开发和维护主要由D公司派遣客户经理牵头负责，但解决方案的具体交付仍保持原有的业务流程不变，例如，产品、融资部分由经销商交付，服务部分由服务站交付，培训根据需要可能有多个交付主体。

个项目来运作，配备专职客户经理，并在内部组建一支团队来支持客户经理的工作，与客户就其真实的需求进行多层次的互动（客户公司的高层、管理层、操作层），针对客户解决方案的交付也整合了公司内部和外部的资源（D公司的供应商、经销商、服务站、改装企业、金融机构等），在解决方案的定价上也初步开始考虑为客户创造价值的环节，因此D公司在操作层面上使用的营销组合具有项目、价值、网络、互动的特点，即运用的是4Es营销组合模型。

二、D公司营销组合策略的演进逻辑

在基于解决方案式营销的转型过程中，D公司根据市场发展变化和自身战略的需要，采取的营销组合策略在不断地调整，分别经历了转型前期的以短期交易为主的4Ps营销组合策略阶段、转型萌芽期的开始注重战略定位和项目管理的“战略性4Ps+4Es”营销组合策略阶段，转型探索期的开始注重与客户及利益相关者建立长期关系的“4Rs+战略性4Ps+4Es”营销组合策略阶段。

1. D公司营销组合策略的演进趋势

综观D公司不同阶段的营销组合策略，其演进过程遵循了从注重短期交易关系到注重长期交易关系的发展趋势，并且营销组合的互动性、战略性和整合性越来越强。

在转型前期，营销组合具有短期利益导向和缺乏互动的特点。中国的中重型卡车需求，特别是重型卡车的需求处于高速膨胀期（1999~2004年5年间重型卡车需求的复合增长率为51%），而中重型卡车前3名企业的市场集中度达到75%以上，在这种情况下处于前3名之列的D公司基本上生产多少产品就销售多少产品，这相当于D公司处于一个短缺经济时代的市场环境，企业更关心生产问题，对市场和客户缺乏足够的关注，此时供应商、经销商、服务站、改装厂、社会团体等利益相关者都想紧密围绕着D公司，对它的约束力比较微弱，因此，D公司采取短期利益导向的4Ps营销组合策略是很自然的，其营销理念还未上升到注重长期性的战略层次上来，也基本不存在因关注客户和利益相关者而与之进行互动了。

在转型萌芽期，营销组合的互动性和考虑长期利益的战略性得到增强。市场大幅下跌（特别是重型卡车）后虽然隔年又进入了快速增长期（2005~2008年3年间重型卡车需求复合增长率为32%），但市场竞争开始加剧，中重型卡车前3名企业的市场集中度已经下降到60%左右，此时D公司开始反思自己的经营理念和行为，树立市场和客户意识，消除内部的本位主义，这实际上是D公司面对竞争的压力开始考虑长期发展问题。对部分战略性大客户指定客户经理，由其整合公司内部和外部资源，专项负责满足客户需求，目的是为了更好地服务于这些客户，促成其可持续地购买，长期忠诚于D公司；对经销商等第三方合作伙伴在开发和维护战略大客户过程中，仍由他们来与客户进行直接交易，目的是为了不损害他们的既得利益，强化与D公司的长期合作关系，促使其更好地为客户提供服务。因此，这一时期D公司针对大客户的营销组合策略在原有的4Ps基础上进行了双重进化，首先开始注重战略问题，强调与客户及利益相关者的互动，使用以前从未考虑过的战略性4Ps，试图利用对战略性大客户的重视来减少因竞争加剧对D公司销量带来的影响，再者，在战略性4Ps的影响下，原有的战术性4Ps也初步转化成以项目为中心的4Es，通过充分的互动来更好地服务于战略大客户，所以D公司在竞争的压力下已经开始从长远的角度来处理企业与外部利益者之间的关系。

在转型探索期，基于供应链的营销观念的运用进一步加强了营销组合的长期性、战略性及互动性。中重型卡车市场的竞争更加激烈，前3名企业的市场集中度进一步下降。经过萌芽期的经营反思、"铁三角"工作机制的成功建立以及针对部分战略大客户营销工作的摸索，在新的时期D公司已经搭建起了公司层、经营层、操作层3个层面的营销组合策略框架，公司层的营销组合关注的是应该与客户发展长期关系，应该与相关的合作伙伴基于各自的核心竞争力加强分工与协作，在此基础上整个价值网络对客户的需求做出快速反应，并获得合理的回报，这明显反映的是基于供应链的营销观念，体现的是多赢的关系营销的思想，因此其长期性、战略性及互动性是不言而喻的；经营层的战略性4Ps和操作层的以项目为中心的4Es体现的长期性、互动性的观点在上面已经有过分析。并且，D公司的营销组合策略从"4Ps"过渡到"战略性4Ps+4Es"再过渡到"4Rs+战略性4Ps+4Es"，它反映的是企业受市场环境的约束条件越来越多，营销组合的管理越来越复杂，因此，营销组合的整合运用趋势越来越明显。

2. D公司营销组合策略的演进逻辑

D公司作为一个传统的大型制造企业，以往在营销上采取的是科特勒经典的4Ps营销组合策略，在面向解决方案式营销的转型探索中，D公司先后采取了"战略性4Ps+4Es"、"4Rs+战略性4Ps+4Es"的营销组合策略，表现出了从注重短期交易关系到注重长期交易关系的发展趋势以及互动性、战略性、整合性增强的特点。那么D公司营销组合策略演进的内在逻辑是什么呢？

无论是交易营销范式还是关系营销范式，"交换"都是营销活动的基础，都是营销的核心概念①，因此本书从交换的角度来理解D公司营销组合策略演进的内在逻辑。

---

① 孟慧霞：《4Ps营销组合理论的演进及争论解析》，《山西大学学报》，2009年第7期，第59－60页。

营销组合的作用是克服交易控制权失衡导致的交换障碍。尼尔·博登在首次探讨“营销组合”概念时曾谈到，不仅要理解营销组合要素的多样性，也要对相关的市场力量给予充分考虑，因为市场营销就是策划能够成功地适应各种市场力量的营销方案的过程。[①] 尼尔·博登所强调的“市场力量”事实上就是现实中影响交换实现的各方利益主体，而营销组合的最大作用就是促进交换过程中各方利益主体的利益分配均衡，克服由于各方利益主体交易控制权的失衡所导致的交换障碍。[②③]

在转型前期，战术性4Ps营销组合策略的使用是由于交易控制权偏向卖方，处于失衡状态。在这一阶段，中重型卡车市场需求快速膨胀，D公司作为国内排名前3位的制造商，产品供不应求，在交换中明显处于强势地位，在很大程度上控制着交易的主动权，因此，此时的营销组合策略只要能促成交易达成的基本条件即可。交易达成的基本条件是：至少双方有交易的愿望，并是自由地发出、接受或拒绝某项供给；更进一步的，每一方必须拥有对另一方有价值的东西，并且每一方必须有能力进行沟通和交付。[④] 交易达成的基本条件概括了营销组合需要完成的四项基本功能[⑤]，沃尔特·范·沃特斯库特具体给出了营销组合必须提供的四项基本功能[⑥]，而这正好分别对应着麦卡锡提出的4Ps模型的产品、价格、促销、渠道。因此，转型前期D公司的4Ps营销组合策略是在D公司供不应求的交换场景过程中由于处于强势地位而必备的交易条件，此时，由于“物以稀为贵”，交易控制权偏向卖方，处于失衡状态。

在转型萌芽期，交易控制权开始向客户倾斜，企业在原有的战术性“4Ps”基础上增加战略性“4Ps”的运用，是希望客户掌握的交易控制权向企业倾斜。在这一阶段，中重型卡车市场竞争加剧，客户有了更多的选择，主权意识得到加强，交易控制权开始向客户倾斜。此时，D公司意识到大客户对其可持续发展的重要性，为此，它在原有的4Ps基础上增加了战略性4Ps的运用，战略性4Ps其

---

① Neil H. Borden. The Concept of the Marketing Mix. Journal of advertising research, 1964, 4 (6): 2-7.

②⑤ 陆卫平、晁钢令：《营销组合理论演变的内在逻辑：基于交换障碍克服的视角》，《市场营销导刊》，2006年第6期，第33页。

③ 晏国祥：《营销组合理论演变的动因分析及其对我国企业营销实践的启示》，湘潭大学硕士学位论文，2003年，第37页。

④ 沃尔特·范·沃特斯库特：《市场营销组合》，载《市场营销百科》（迈尔克·J. 贝克主编，李垣主译），辽宁教育出版社1998年版。

⑥ 沃尔特·范·沃特斯库特（Walter van Waterschoot, 1996）给出的营销组合必须提供的四项基本功能即：构造对目标交易方有价值的某种东西；决定目标交易对方需要为此付出什么；吸引目标交易方对所提供的产品或服务产生注意，并且对目标交易方对此的感觉和嗜好施加影响；将某项供给置于目标交易方可以处置的状态之下。参见晏国祥：《营销组合理论演变的动因分析及其对我国企业营销实践的启示》，湘潭大学硕士学位论文，2003年，第301页。

实就是STP分析，其落脚点是定位。定位的目的，一方面为了能使自己提供的解决方案真正符合特定目标市场客户的需求，挖掘特定市场的客户潜在需求；另一方面通过定位形成与竞争对手的差异，运用差异化的战略来与竞争对手争夺有限数量的市场需求。因此，定位的最终目的实际上是取悦客户、排斥竞争对手，希望客户掌握的交易控制权向自己倾斜，以此克服由于整个市场供过于求而导致的交易控制权失衡的状态。

在转型探索期，交易控制权进一步向客户和利益相关者倾斜，企业在原有的战略性4Ps+战略性4Ps的基础上增加4Rs组合的使用，是为了在一定程度上减缓企业交易控制权弱化带来的负面效应。在这一阶段，中重型卡车市场的竞争更加激烈，交易控制权进一步向客户倾斜，利益相关者在开发和维护客户方面的协同作用进一步提升。此时，D公司在原有的“战略性4Ps+4Es”营销组合基础上又增加了注重长期关系的4Rs营销组合的运用。4Rs组合推动着D公司与客户及利益相关者之间通过互动、合作、信任、承诺建立起良好的长期关系，以此更好地激励着利益相关者共同为客户提供解决方案，并且实现与客户的重复交易。因此，4Rs组合的增加使用为客户和利益相关者交易控制权长期向D公司倾斜奠定了基础，在一定程度上减缓了D公司交易控制权弱化带来的负面效应。

综上所述，在面向解决方案式营销的转型过程中，D公司采取的营销组合策略从“4Ps”演变到“战略性4Ps+4Es”再演变到“4Rs+战略性4Ps+4Es”，营销组合的整合性、互动性和战略性趋势越来越明显，究其演变的内在动力还是因为现实市场交换过程中由于市场竞争的不断加剧，企业的交易控制权逐渐弱化，客户和利益相关者的交易控制权逐渐增强，从而企业为了克服这种交易控制权的失衡状态，不得不调整只注重自身利益和短期交易关系的营销理念，与客户和利益相关者建立起更长久的交易关系，策划出更合时宜的，互动性、整合性和战略性更强的营销组合策略，促使交易控制权的分配达到一个新的均衡。①

第三节　基于解决方案供应商的营销组合策略探讨

在面向解决方案式营销的转型过程中，D公司的营销组合策略从最初的“4Ps”逐步演变成了“4Rs+战略性4Ps+4Es”，这反映了基于解决方案的营销组合就像解决方案本身具有一定的整合性一样，是企业根据内部条件和外部环境

① 交易中的任何一方都可能希望比另一方取得合作关系上的更大的控制权，但这取决于任何一个时间点上供求双方之间对交易控制能力的对比和均衡关系。

的要求对既有营销组合的整合运用。

一、讨论一：基于解决方案的营销组合的理论源头

关于基于解决方案的营销组合应该具有整合性，可以从解决方案的定义和产品整体概念的三层次理论中寻找到一些源头。

格罗鲁斯和科特勒的观点都表明，现实世界以产品与服务的混合体居多，因此解释现实的应该是交易营销与关系营销组合的混合体，而解决方案的营销组合更是如此。格罗鲁斯（Grönroos，1991）在"营销战略连续流"的分析中，论证了纯粹的"交易营销"或"关系营销"只适合于纯粹的产品或服务，在产品服务连续流的两端之间，起作用的是两者的混合体。科特勒（Kotler，2000）以无形服务和有形物质的比重为标准将产品分成了5类，其中3类都是无形服务与有形物质的混合体。[①] 这些研究都表明，现实世界以产品与服务的混合体居多，能真正解释现实的既不是交易营销与4Ps，也不是关系营销与4Rs，而是两者的整合体。解决方案的定义是"产品和服务无缝连接的整合体"，因此，基于解决方案的营销组合也应该是交易营销范式下的营销组合与关系营销范式下的营销组合的混合体。

借鉴科特勒的三层次整体产品结构模型，解决方案式营销的营销组合应该是由核心层、形式层和延伸层组成的整体营销组合。整体产品概念是市场营销理论中的一个重要概念，是解决方案概念的雏形，其中，科特勒的三层次整体产品结构理论对阐述基于解决方案的营销组合策略很有借鉴意义。[②] 科特勒认为，一个完整产品包括三个层次，即核心层、形式层和延伸层，其中，产品核心层是提供给客户的核心利益，即客户所要求的使用价值或效用；产品形式层是满足客户需求的特定形式，它是产品核心层的载体；产品的延伸层是提供给客户的所有附加利益，目的是形成差别优势、提高满意度、增强竞争力。从D公司使用的"4Rs + 战略性4Ps + 4Es"的解决方案营销组合看，解决方案的营销需要公司层面、经营层面和操作层面等整个公司的参与，体现的是公司整体营销的思想，因此，解决方案式营销的营销组合也可参照整体产品的三层次结构理论，通过对既有的营销组合模型按核心层、形式层和延伸层进行重新构架，以此表达解决方案式营销的整体营销组合的思想。

① 5类产品，即纯粹有形产品、附加部分服务的有形产品、混合物、主要服务产品附带有少量的有形产品和其他服务、纯粹的服务产品。

② 关于产品的层次结构理论，虽然比较知名的有莱维特的四层次产品结构理论、科特勒的三层次和五层次产品结构理论，但科特勒的三层次结构理论是站在制造商的角度引导生产者和销售者根据顾客的需求去提供产品和服务，本书也主要是从制造商的角度来探索解决方案式营销的，所以在这里借鉴科特勒的三层次产品结构理论来说明营销组合问题。

二、讨论二：基于解决方案的营销组合的基本形式

整体营销组合就是营销组合的组合，它是各种营销组合的集成化。营销组合集成的基础是因为它们之间存在着互补的关系，根据这些互补关系，参考产品的三层次结构理论，可构建起由各种营销组合组成的适合于解决方案式营销的三层次整体营销组合概念模型。在这个模型中，4Cs 组合是核心层，4Es 组合是形式层，战略性 4Ps、4Rs、科特勒 6Ps 中的 2Ps 等都是延伸层，如图 6－7 所示。

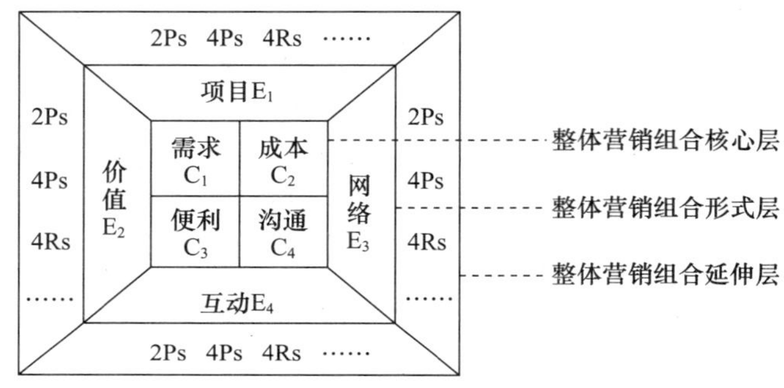

图 6－7 整体营销组合概念模型

在解决方案式营销的整体营销组合中，处于核心层、形式层和延伸层各个层次的营销组合，其作用与地位是不同的，但又是相互依赖、相互支撑的。①

（1）4Cs 组合是整体营销组合的本质与核心。营销的本质是要通过创造客户价值来实现企业的自身价值，因此，客户导向是企业必须奉行的营销理念。4Cs 组合是强调客户导向的营销组合，因此，其他营销组合必须在 4Cs 的指导下进行设计和使用，鉴于此，4Cs 组合是其他任何组合的共同本质，体现了营销策略体系的核心价值。

（2）4Es 组合是整体营销组合的基础与形式。无论是交易营销范式还是关系营销范式，“交换”都是营销活动的基础，所以不论企业的解决方案是什么样的，都必须产生交换活动，而产生交换活动就不可能离开 4Es 这四个关键的营销要素，其他的营销组合也只有在 4Es 的基础上才能实现，所以 4Es 组合是其他组合实现的基础和表现形式，是整体营销组合的战略性组合。

（3）战略性 4Ps、4Rs 等组合是整体营销组合的延伸与扩展。无论是战略性 4Ps 还是 4Rs，这些营销组合关注的是企业发展的长期性问题，一般很难量化，

① 姜红：《集成化营销组合及其应用》，《市场营销导刊》，2008 年第 3 期，第 31－34 页。

具有战略性、全局性和抽象性的特点。但是随着解决方案企业竞争的加剧，竞争的焦点终究会从整体营销组合的形式层（4Es）转向核心层（4Cs）和延伸层（战略性4Ps、4Rs等），因此，针对解决方案的营销，整体营销组合的延伸层扮演的角色将越发重要。延伸层具有开放性和选择性的特点，如果还有新的反映战略性、长期性的营销组合变量，可以置于延伸层，这就是开放性；在应用整体营销组合时，需要明确延伸层的具体营销变量，可以是某一营销组合中的变量，也可以从各种营销组合中选择一些变量，这就是选择性。

解决方案的营销组合体现的是整体性，因此，其作用的有效发挥依赖处于不同层级的营销组合之间的融合程度。融合的原则应该是"用4Cs组合来思考，用4Es组合来行动，用4Rs等组合来指导"，即把核心层（4Cs）的价值取向落实到形式层（4Es）的具体操作，并通过延伸层（战略性4Ps、4Rs等）的指导，培育和创造差异化竞争优势，优化和扩大客户价值，进而实现和提升整体营销组合的绩效。

三、讨论三：基于解决方案的整体营销组合的注意事项

基于解决方案的整体营销组合的应用，是建立在营销组合集成化基础上的定制化过程。在整体营销组合模型的三层次框架下，企业必须根据顾客特征、产品与产业属性、商业模式、环境状态等，结合自身的能力进行三个层次的构建与设计，定制出适用于自身条件和发展需要的整体营销组合。需要强调的是，整体营销组合仍然应该具有针对性、可控性、动态性和复合性等特点，并通过强化这些特点来提高其实用性和有效性。因此，在应用解决方案的整体营销组合时，需要重视以下三个方面①：

1. 重视战略性4Ps

营销组合是针对目标市场和市场定位所确立的营销策略体系，这就是所谓的"针对性"。战略性4Ps是整体营销组合应用的前提和基础，任何企业的市场营销活动都必须遵循这一过程，以此寻求营销组合设计的依据和方向。所以，战略性4Ps是强化整体营销组合针对性的必要条件。由于整体营销组合整合了更多的营销要素，服务于产品与服务混合情景的市场，就更需要通过战略性4Ps，从复杂的混合情景中挖掘出高价值的目标市场，确立恰当的市场定位，进而定制更具针对性的整体性营销策略以取得解决方案产品的竞争优势。

2. 完善三个层次的构建

解决方案产品虽然具有不易模仿的特点，但随着竞争的加剧，竞争的焦点迟

---

① 姜红：《集成化营销组合及其应用》，《市场营销导刊》，2008年第3期，第31－34页。

早会从形式层（4Es）的竞争（往往是恶性竞争）转向核心层（4Cs）和延伸层（2Ps、4Ps、4Rs……）的竞争（往往是合作竞争），并且更加重视关系资源、技术和商业模式。解决方案企业只有善于从核心层和延伸层入手，不断挖掘市场机会和培育差异化优势，才能在激烈的市场竞争中长期生存和持续发展。所以，解决方案企业应该努力完善整体营销组合三个层次的构建。

3. 加强三层次间的融合

由于整体营销组合是各种营销组合的组合，因此，对其复合性的把握更需要强化的是各层次之间的有效融合。这种融合的关键是，把各种理念下的营销组合工具统一到以顾客需求及价值创造为核心的营销模式，并增强其可操作性。

在前面分析各种营销组合之间的关系时，已得出了整体营销组合各层次融合的原则，即“用4Cs组合来思考，用4Es组合来行动，用其他组合来调整和拓展”，换言之，就是把核心层（4Cs）的价值取向落实到形式层（4Es）的具体操作，并通过延伸层（2Ps、4Ps、4Rs……）的拓展，培育和创造差异化的优势领域，优化和扩大顾客价值，进而实现和提升整体营销组合绩效。

四、结论

本书通过案例研究发现，传统制造企业在向解决方案供应商转型过程中，直接与外部客户产生关联的营销组合策略表现出了越来越强的整合性、互动性和战略性趋势。案例企业转型过程中，营销组合从“4Ps”演变到“战略性4Ps+4Es”再演变到“4Rs+战略性4Ps+4Es”，表现出了越来越强的整合性、互动性和战略性趋势，这种演进的内在动力是因为现实市场交换过程中由于市场竞争不断加剧，企业的交易控制权逐渐弱化，客户和利益相关者的交易控制权逐渐增强，企业为了克服这种交易控制权的失衡状态，不得不调整只注重自身利益和短期交易关系的营销理念，与客户和利益相关者建立起更长久的交易关系，策划出更合时宜的，互动性、整合性和战略性更强的营销组合策略，促使交易控制权的分配达到一个新的均衡。

本书通过案例研究发现，解决方案产品的营销组合应该像解决方案产品本身具有整合性一样，需要企业根据内外部条件的要求对既有营销组合进行整合运用，它适合采用整体营销组合策略（或者整合营销策略），这一发现确认了本书对营销组合理论未来发展趋势的基本判断，并将整体营销组合策略在解决方案产品的营销中得到了具体应用。在这个整体营销组合策略架构中，4Cs组合是核心层，4Es组合是形式层，战略性4Ps、4Rs、科特勒6Ps中的2Ps等是延伸层，而处于核心层、形式层和延伸层各个层次的营销组合其作用与地位不同，但又相互依赖、相互支撑，4Cs组合是本质与核心，4Es组合是基础与形式，战略性4Ps、

4Rs 等组合是延伸与扩展。

本书认为，针对解决方案产品的整体营销组合具有针对性、可控性、动态性和复合性等特点，要通过强化这些特点来提高其实用性和有效性。具体来说，要重视战略性 4Ps、完善整体营销组合三个层次的构建并加强这些组合各层次之间的有效融合。

第七章　结论与展望

第一节　研究结论

本书对解决方案现有的理论成果进行了系统梳理，为后续研究者提供了比较全面的基础性资料和参考文献，有利于后续研究者的参考、借鉴和进一步研究；同时，本书通过个案研究，从“局内人”的视角，对什么主导逻辑驱动了传统企业朝着解决方案供应商的转型、企业最基础的组织结构会怎样演变和企业直接与客户产生交互的营销组合策略会怎样演变三个尚未被引起足够重视的问题进行了探讨，试图补充和完善解决方案理论，并为传统企业基于解决方案供应商的转型实践提供理论和方法指导。研究结论主要体现在以下五个方面：

一、解决方案的界定

基于文献梳理、理论推导与辨析，本书对解决方案进行了界定。对解决方案的界定不是一蹴而就的，最初从整体产品、产品服务、产品—服务系统、全面服务、功能产品、运营服务、服务增强、服务化等多个概念发展而来，虽然 1993 年 IBM 前董事长郭士纳明确使用了“解决方案”一词，但多年来不同背景的研究者对“解决方案”的定义至今仍未达成一致意见，基于文献梳理、理论推导和辨析，本书认为：解决方案是由企业和顾客共同创造的、满足顾客个性化和本质需求的、为顾客兑现价值主张的产品和服务无缝连接的整合体。

同时，本书还对解决方案的内涵进行了以下辨析和澄清：

（1）解决方案产品的内容：虽然解决方案强调它是“产品和服务无缝连接的整合体”，但并非指解决方案产品必须既包含有形的实物产品又包含无形的服务产品，而是指在解决方案产品中必须有一系列能为顾客创造价值的要素，它可

能是由有形产品组成的产品包，也可能是由无形服务组成的服务包，但更可能是由有形产品和无形服务组成的整合包（纯粹的有形产品和纯粹的无形服务只是极端现象，在产品服务连续流里，两者的混合体才是更普遍的现象）。

（2）解决方案产品的基本特征：①针对性。解决方案是由顾客（和它的网络）同供应商（和它的网络）为满足顾客的特殊需求而共同创造的定制化产品。②价值性。解决方案必须以顾客价值为导向，向顾客兑现价值的承诺。③动态性。解决方案不是永远不变的对顾客有价值，它们也将被商品化，而且随着顾客需求的不断变化，解决方案产品的内容也必须不断调整。

（3）解决方案产品的价值来源（至少有3种价值来源）：①帮助客户增加收入，如改善运营绩效、提高资产效率和扩大市场份额等。②降低客户购买和使用产品或服务的总成本，如降低原材料的使用成本、降低过程或交易成本、提高便利性等。③承担客户的风险和部分业务的责任，如承接以前由客户自己运营的资产，规避客户管理和技术风险；提供不间断的服务供应，避免客户业务的中断；承担价格和数量风险等。

（4）解决方案产品的基本类型：①从解决方案产品的动态发展角度来讲，它可分为单一产品、单一产品的标准解决方案、单一产品的定制解决方案、多个产品的标准解决方案和多个产品的定制解决方案五种类型。②从解决方案产品的行业适用性来讲，它可分为横向和纵向两种，横向解决方案对大多数行业都是通用的，可以对不同行业的顾客类型使用，而纵向解决方案在行业内可以通用，但不同行业的解决方案会有很大差异。③站在中间商的角度按解决方案组件的捆绑和整合程度，它可分为四种类型，即标准的产品、全套组件、捆绑的全套组件和定制的整合组件。不同的分类方式可以相互联合使用，并且体现了解决方案产品是一个从标准化到定制化再到标准化不断发展的动态过程。

二、传统制造企业向解决方案供应商转型的主导驱动逻辑

企业转型的主导逻辑是指对企业转型问题持有的深层次基本假设，这些假设持续地引导着企业有意或无意地根据它们来理解和认知企业内外部的各种现象，并做出企业转型的相关决策。企业转型的主导逻辑指导着转型的实施过程，而转型的实施又反馈给企业转型的主导逻辑，使其通过学习不断加以修正，思维模式决定行为模式，而行为模式对思维模式又有反作用，二者形成的互动关系推动着企业转型的发展。

本书通过案例研究发现，传统制造企业在向解决方案供应商转型过程中，效率逻辑、合法性逻辑和权力逻辑三种机制更适合于解释转型的主导驱动逻辑问题。效率逻辑体现的是企业经济活动的内在目标——提高效率和实现可持续成长

是企业的永恒追求，因此，效率逻辑自始至终在企业转型中发挥着主导作用。合法性逻辑和权力逻辑体现的是转型主导逻辑如何实现的问题，合法性逻辑要发挥弱意义的影响必须有相应的合法性来源，如强制性的制度法规或者广为社会接受的观念、其他组织成功的做法和专业化等。权力逻辑要发挥根据自身的目的建立有利于自己的规则的作用，必须是权力的行动者拥有操控权力的机会、能力和意愿，并能不断增强权力的来源。

本书通过案例研究发现，虽然效率逻辑自始至终都在企业转型过程中发挥着主导作用，但不同的时期效率逻辑解决问题的目的是不一样的，并且可能是多种多样的。例如，在D公司转型过程中，在转型萌芽期，效率逻辑发挥作用的主要目的是被动地应对公司生存危机下的产品结构调整和市场转型；在转型探索期，效率逻辑发挥作用的主要目的是主动地进行战略调整以适应市场发展的需求，但同时也兼顾了政治上的需要，如领导层体现自身业绩满足职业发展的需要、在大企业官僚行政体制下获取更多行政资源和岗位资源的需要等。

同时还发现，合法性逻辑是降低企业转型风险的重要手段。合法性逻辑在D公司转型过程中发挥作用的时机，都处在公司追求的目标比较模糊或者对未来的环境尚不确定时，如业绩下滑时，D公司虽然知道需要调整产品结构，但对问题出现的本质却缺乏清晰的认识，正是在此时，母公司外方总裁指出要“以市场和用户为中心来考虑问题”，也正是在这种情况下，D公司开始注重了以市场和客户为中心企业文化的建立，指引着公司危难时机的成功转型。再如，分品系销售管理模式探索的成功，既学习和总结了L系列产品上市过程中的项目管理经验，又借鉴了集团内其他企业分品系销售管理的成果。

本书的结论确认了权力逻辑作为主导性的工具手段的价值，增强了效率逻辑、合法性逻辑和权力逻辑三种机制的企业转型主导逻辑的理论适用性。本书得出的结论与丘海雄等在研究广州一家国有企业进行组织结构转型时得出的结论是基本一致的，但丘海雄等对权力逻辑是否推动了组织转型并没有明确的结论，而本书通过个案研究发现，权力逻辑是一种重要的实现企业转型的工具手段，因此，本书的研究不仅对企业转型的效率逻辑、合法性逻辑和权力逻辑三种主导性的转型驱动机制进行了进一步确认，而且对前人的企业转型主导逻辑研究结论进行了补充和完善，增强了三种机制的企业转型主导逻辑的理论适用性。

三、传统制造企业向解决方案供应商转型的组织结构演变

现有的研究成果认为，基于解决方案供应商的转型在组织结构上需要调整。有的观点认为，组织上可能需要形成三个部分的架构，即以解决方案为中心的前端业务单元、以产品为中心的后端业务单元和管理两者的战略中心；也有观点认

为，以解决方案为中心的业务，是作为一个独立的业务单元设立解决方案组织还是让解决方案组织成为现有业务单元的一部分，是一个重要的决策问题。因此，虽然研究者们都意识到组织结构需要变化，但究竟应该如何变化仍然没有形成一致的意见，很难对传统企业的转型实践产生指导作用。

本书通过案例研究，在文献梳理和理论推导的基础上，提出二元组织既能充分利用传统制造企业原有的竞争优势，又能以全新的竞争方式快速响应市场和客户的需求，同时，也有效平衡了企业中渐进性创新和突破性创新的矛盾，因此，在传统制造企业中增加解决方案业务时，应该是一种比较适合的组织结构形式，确认了本书提出的“传统企业基于解决方案供应商的转型比较适合采取二元的组织结构形式”的观点。传统制造企业在向解决方案供应商转型过程中，伴随着企业对解决方案业务重视程度的逐步提高，组织会由一元的职能制到弱矩阵式到强矩阵式再到二元的矩阵式与项目制并举的组织结构演变，并最终形成由强矩阵式为主的产品业务单元、强项目制为主的解决方案业务单元和弱矩阵式为主的战略中心三部分构成的组织架构。

结合二元组织理论，本书认为，大多数企业都是基于竞争和成长的需要在现有业务的基础上增加解决方案业务的，因此，采用时间上分离的二元组织结构形式的企业应该是少数，绝大多数企业都会采用平行结构和职能上分离的二元组织结构形式，同时，平行结构和职能上分离的二元组织结构形式也可以看作企业渐进性转型过程中采用的、对解决方案业务重视程度由弱到强的两种结构形式，这个结论确认了 Davies 等的三阶段解决方案组织变革模型，回答了解决方案组织的实施路径问题。企业刚刚提出要向解决方案业务转型时，通常会把它当作一个新项目嵌入现有的主流组织中，此时极有可能以专业委员会或者项目组的形式推进业务；当这项业务取得了相当的收入并且运行模式基本成熟，企业极可能在现有的组织中成立一个单独的职能部门来操作这项业务；当这项业务大到可以冲击传统的基础业务时，企业极可能为它单独成立一个业务单元或者内部企业专项从事这项业务。其中委员会、项目组、单独的职能部门可以归为平行结构的二元组织，而内企业可以归为职能上分离的二元组织。

传统制造企业增加解决方案业务时逐步形成了二元的组织形式，主流组织与新兴组织之间不可避免地会产生一些冲突，因此，要想使具有悖论的组成元素能有效地融合在同一个组织中，就需要一些必要的运行条件来平衡组织悖论。

（1）高层管理者具备二元性。高层管理者在塑造主流组织与新兴组织的二元性过程中扮演着重要角色。首先，高层管理者必须具备感知矛盾的思维能力，能感知并正视两个组织之间的矛盾。其次，高层管理者必须具备处理矛盾的知识和技能。

（2）工作机制鼓励协作性。主流组织与解决方案为中心的组织之间虽然存在着结构、能力、文化等方面的内部不一致性，却拥有共同的组织愿景；再者，向客户提供解决方案产品必须使用主流组织的各种资源，组建跨部门的项目团队。因此，解决方案组织与主流组织之间肯定存在着资源冲突，所以管理者有必要在组织中营造一种鼓励合作的工作环境，通过设定一些工作机制鼓励两者之间的协作。

（3）激励制度具备二元性。传统制造企业主流组织的考核一般是内部导向的、个人为中心的，而新兴的解决方案组织需要转变成客户导向的、项目团队为中心的，因此，需要在主流组织和新兴的解决方案组织中根据各自业务运营方式的不同建立差异化的激励制度，以促进双方目标的有效达成。

四、传统制造企业向解决方案供应商转型的营销组合策略演变

市场营销组合理论自诞生以来，一直是市场营销理论的核心内容，并主导着企业的营销实践活动。4Ps 理论在理论界和企业界得到了广泛传播和应用，但随着市场环境的不断变化，越来越多的学者和企业家在不断地质疑并改造 4Ps 营销组合范式，但如果要转型为解决方案供应商，传统制造企业以 4Ps 模型为代表的营销组合策略会发生怎样的变化还没有人进行过相关研究。

本书通过案例研究发现，传统制造企业向解决方案供应商转型过程中，直接与外部客户产生关联的营销组合策略表现出了越来越强的整合性、互动性和战略性趋势。案例企业转型过程中，营销组合从“4Ps”演变到“战略性 4Ps＋4Es”再演变到“4Rs＋战略性 4Ps＋4Es”，表现出了越来越强的整合性、互动性和战略性趋势，这种演进的内在动力是因为现实市场交换过程中由于市场竞争的不断加剧，企业的交易控制权逐渐弱化，客户和利益相关者的交易控制权逐渐增强，从而企业为了克服这种交易控制权的失衡状态，不得不调整只注重自身利益和短期交易关系的营销理念，与客户和利益相关者建立起更长久的交易关系，策划出更合时宜的，互动性、整合性和战略性更强的营销组合策略，促使交易控制权的分配达到一个新的均衡。

解决方案产品的营销组合应该像解决方案产品本身具有整合性一样，需要企业根据内外部条件的要求对既有营销组合进行整合运用，它适合采用整体营销组合策略（或者整合营销策略），这一发现确认了本书对营销组合理论未来发展趋势的基本判断，并将整体营销组合策略在解决方案产品的营销中得到了具体应用。在借鉴科特勒整体产品的三层次概念模型基础上，本书基于案例研究，构建了针对解决方案产品的整体营销组合框架，在这个营销组合的模型中，4Cs 组合是核心层，4Es 组合是形式层，战略性 4Ps、4Rs、科特勒 6Ps 中的 2Ps 等都是延

伸层。

在解决方案产品的整体营销组合中，处于核心层、形式层和延伸层各个层次的营销组合其作用与地位不同，但又相互依赖、相互支撑。

（1）4Cs 组合是整体营销组合的本质与核心。营销的本质是要通过创造客户价值来实现企业的自身价值，4Cs 组合是强调客户价值导向的营销组合，因此，其他营销组合必须在 4Cs 的指导下进行设计和使用，也因此，4Cs 组合是其他任何组合的共同本质，体现了营销策略体系的核心价值。

（2）4Es 组合是整体营销组合的基础与形式。无论是交易营销范式还是关系营销范式，“交换”都是营销活动的基础，所以不论企业的解决方案产品是什么样的，都必须产生交换活动，而产生交换活动就不可能离开 4Es 这四个关键的营销要素，其他的营销组合也只有在 4Es 的基础上才能实现，所以 4Es 组合是其他组合实现的基础和表现形式，是整体营销组合的战术性组合。

（3）战略性 4Ps、4Rs 等组合是整体营销组合的延伸与扩展。战略性 4Ps、4Rs 等营销组合关注的是企业发展的长期性问题，很难量化，具有战略性、全局性和抽象性的特点。但是随着解决方案企业竞争的加剧，竞争的焦点终究会从整体营销组合的形式层（4Es）转向核心层（4Cs）和延伸层（战略性 4Ps、4Rs 等），因此，针对解决方案的营销，整体营销组合的延伸层扮演的角色将越发重要。延伸层具有开放性和选择性的特点，如果还有新的反映战略性、长期性的营销组合变量，可以置于延伸层，这就是开放性；在应用整体营销组合时，需要明确延伸层的具体营销变量，可以是某一营销组合中的变量，也可以从各种营销组合中选择一些变量，这就是选择性。

解决方案的营销组合体现的是整体性，因此其作用的有效发挥依赖处于不同层级的营销组合之间的融合程度。融合的原则应该是“用 4Cs 组合来思考，用 4Es 组合来行动，用 4Rs 等组合来指导”，即把核心层（4Cs）的价值取向落实到形式层（4Es）的具体操作，并通过延伸层（战略性 4Ps、4Rs 等）的指导，培育和创造差异化竞争优势，优化和扩大客户价值，进而实现和提升整体营销组合的绩效。

在整体营销组合模型的三层次框架下，企业必须根据顾客特征、产品与产业属性、商业模式、环境状态等，结合自身的能力进行三个层次的构建与设计，定制出适用于自身条件和发展需要的整体营销组合，因此，在应用解决方案的整体营销组合时，需要重视以下三个方面：

（1）重视战略性 4Ps。战略性 4Ps 是整体营销组合应用的前提和基础，任何企业的市场营销活动都必须遵循这一过程，以此寻求营销组合设计的依据和方向，所以战略性 4Ps 是强化整体营销组合针对性的必要条件。

（2）完善三个层次的构建。解决方案产品虽然具有不易模仿的特点，但随着竞争的加剧，竞争的焦点迟早会从形式层的竞争转向核心层和延伸层的竞争，并且更加重视关系资源、技术和商业模式。解决方案企业只有善于从核心层和延伸层入手，不断挖掘市场机会和培育差异化优势，才能在激烈的市场竞争中长期生存和持续发展。所以，解决方案企业应该努力完善整体营销组合三个层次的构建。

（3）加强三层次间的融合。由于整体营销组合是各种营销组合的组合，因此，对其复合性的把握，更需要强化的是各层次之间的有效融合。这种融合的关键是，把各种理念下的营销组合工具统一到以顾客需求及价值创造为核心的营销模式，并增强其可操作性。

五、转型主导逻辑、组织结构与营销组合策略之间的关系

本书认为，转型的主导逻辑会直接影响转型的方式，在案例研究过程中得到了确认。本书发现效率逻辑、合法性逻辑和权力逻辑更适合于解释基于解决方案供应商的转型问题，并且这三种逻辑对企业转型时使用的组织结构和营销组合会产生影响。

效率逻辑对组织结构和营销组合的使用有直接影响。效率逻辑对组织结构的影响表现如下：基于解决方案供应商转型时，传统制造企业一般会采取渐进性的、职能逐步增强的二元组织结构形式，而不是使用激进的、一步到位的组织变革方式，这样做的目的既是为了减少新兴的解决方案组织与传统的主流组织之间的直接冲突，为解决方案业务创造一个宽松的工作环境，也是为了减少解决方案业务失败对主流业务造成冲击的风险，很明显，这种做法减少了企业内部的交易成本，是效率逻辑在发挥作用。效率逻辑对营销组合的影响表现如下：基于解决方案供应商转型时，传统制造企业为了克服交易控制权向客户和利益相关者转移的趋势，而不断策划出互动性、整合性和战略性更强的营销组合策略，并对解决方案产品使用了整体营销组合策略，这种营销组合策略变化背后的原因还是希望增加销售成功率，提高企业的销售效率，提高企业的交易控制权。

合法性逻辑对组织结构和营销组合的使用有直接影响。模仿机制是合法性逻辑发挥作用的重要途径，基于解决方案供应商转型时，传统企业可以参照、模仿同行先进企业或者国际标杆企业的成功做法，使用相似的组织结构和营销组合策略实施企业转型，这样可以减少失败的风险，提高转型的成功率。在 D 公司的转型过程中，分品系销售管理和分行业客户开发的组织结构以及市场部针对战略客户实施的整体营销组合很明显是受到了同一集团下的 G 公司、国际同行 V 公司和 IBM 全球企业咨询服务部的示范作用的影响。

权力逻辑对组织结构有直接影响，对营销组合策略通过组织结构产生间接影响。在基于解决方案供应商转型时，高层管理者通过增强个人影响力，建立有利于自己的规则，来达到按自己意愿调整组织结构的目的，因此，权力机制可以直接对组织结构的变革产生影响。在D公司转型过程中，S先生通过自己的影响力推动公司建立了分品系销售管理和分行业客户开发的组织结构，已经说明了这一点。权力逻辑通过组织结构的变革间接影响营销组合策略的实施。营销组合策略是企业与客户直接交互的手段，企业的管理者不可能直接对客户施加只在企业内部产生效力的权力影响，但管理者可以通过按自己的意愿设定组织结构，让组织结构中的员工实施适宜的营销组合策略来与客户产生交互，因此权力逻辑对营销组合策略只产生间接影响。在D公司的转型过程中，S先生通过将市场部调整成分行业客户开发的主要机构，市场部顺其自然地按照S先生所期望的营销组合方式来实施解决方案业务的销售。

第二节　对企业实践的启示

20世纪80年代以来，由于经济全球化以及信息、互联网技术的迅猛发展，许多行业的产品和服务大同小异，已经成为一件件普通的商品，现在的稀缺资源是客户。客户的要求越来越高，有的想使成本更低，有的想获取解决方案，成为低成本供应商就需要无情地削减成本，而且供应商将缺乏定价的灵活性。面对这样的竞争环境，许多企业都试图朝着解决方案供应商转型，因为与单一的产品或服务相比，解决方案产品整合了大量的有形产品和无形服务要素，可比性非常小，在定价上相对灵活，可以带来更高的收入，并且随着企业与客户之间的深度交互，解决方案供应商逐渐掌握了顾客的经营流程，使得顾客更换供应商的门槛升高，因此提高了顾客忠诚度。

成为解决方案供应商的前景非常诱人，然而将一个企业成功地转型成为解决方案供应商却需要很多技巧，但到目前为止，没有一家模仿者的转型能做到像IBM那样成功，也因此很少有管理者能真正认识到转型挑战的艰巨性。传统企业向解决方案供应商转型的迫切性，亟须相应的理论支持，然而目前理论界对解决方案领域的关注却非常少，国内研究更是空白。本书通过非常难得的“局内人”视角的个案研究，对传统制造企业向解决方案供应商转型的主导逻辑问题、组织结构和营销组合策略演变等非常重要的转型课题进行了理论探讨，并初步得到了一些结论，虽然这些结论还需要大样本的验证，但仍旧对企业向解决方案供应商的转型具有一定的指导和借鉴意义，具体来说，本书的发现对于企业实践的指导意义体现在以下方面：

一、加强以市场和客户为中心的企业文化建设

人们都认识到企业文化在所有企业中都发挥着重要作用，文化的转变应该明确地成为企业转型的一部分。

传统企业中有许多企业的企业文化仍是以自我为中心的产品导向，公司内部职能部门之间本位主义严重、合作意识淡薄，公司外部对待客户表现出官僚主义作风，以自我为中心的企业文化明显阻碍了企业面向解决方案供应商的转型。因此，如果企业确立要成为一个解决方案供应商，就必须建立以市场和客户为中心的企业文化，在整个企业中营造出“顾客需求”、“顾客价值”、“价值承诺”、“合作”、“项目管理”等与解决方案供应商相对应的文化意识特征，并直接指引着企业员工的行为导向。

为了成功实施企业文化的转型，企业需要从行为角度界定期望的文化特征、根据目标行为识别文化特征之间的差距以及弥补这些差距相关的系统和结构、通过正式或非正式的途径交流并以奖金/用人机制等支持转型行为的实施，只有当转型通过企业内部不同团队的人员采取大量的行动实施时，基于解决方案供应商的转型才可能获得最大的成功。

二、充分利用标杆管理和权力机制加快转型的效率

合法性机制通过模仿其他成功组织的做法以减少环境不确定情况下的风险，这种机制对传统企业基于解决方案供应商的转型路径选择具有较高的借鉴意义。传统企业虽然知道需要向解决方案供应商转型，但大多不知道如何实施这项转型，同行企业中或者国际知名企业中如果有类似转型经验的，传统企业可以将这些企业的做法当作标杆进行学习、借鉴，或者借助于国际知名的咨询公司，因为这些咨询公司接触同类企业或者知名企业的机会比较多，比较了解基于解决方案供应商转型的一些通用的实施路径，所以，通过标杆学习或者咨询公司的辅导，可以大大降低转型的风险。

对权力机制进行合理使用也可以提高转型的效率。企业权力理论认为，企业管理阶层所拥有的管理能力、组织能力，对企业所拥有资源的计划、配置、运用和控制能力，对环境的认识和反应能力，对突发事件的处理能力等，构成其各自所有者谈判力的基础，从而他们各自在企业权力博弈过程中的谈判力很不相同，并形成不同的权力配置结构和安排，也进一步影响了企业在资源配置上的结构和安排。因此，传统企业的高层管理者如果对企业的权力资源配置得当，权力的合

理使用将会为朝着解决方案供应商的转型争取到更多的企业内外部资源和支持，以保证转型的顺利实施。

三、使用适合企业资源条件的二元组织形式减少转型的阻力

传统的成熟企业大多拥有稳定的常规业务和组织结构，因此，普遍存在着阻碍变革的结构惰性和文化惰性，对解决方案业务而言，它毕竟是在现有业务基础上增加的一种探索性的新兴业务，因此，传统企业应该在考虑自身资源条件的基础上采用合适的二元组织形式，而不是直接使用激进式的组织变革，这样既可以保障企业的稳定，减少变革的阻力，又有利于降低转型失败的风险。

比如，传统企业刚刚启动解决方案业务时，通常会把它当作一个新项目嵌入现有的主流组织中，此时极有可能以专业委员会或者项目组的形式推进业务；当这项业务取得了相当的收入并且运行模式基本成熟，企业极可能在现有的组织中成立一个单独的职能部门来操作这项业务；当这项业务大到可以冲击传统的基础业务时，企业极可能为它单独成立一个业务单元或者内部企业专项从事这项业务。这种随着解决方案业务影响力逐步扩大而逐渐增加解决方案业务组织资源的做法，能在一定程度上降低传统业务对解决方案业务施加的阻力，促进各职能部门和企业员工之间的互相理解与合作。

四、重视顾问式销售方法的使用

解决方案产品的营销需要整个公司的参与，体现了公司整体营销的思想，使用的是整体营销组合策略。虽然在这个模型中有核心层、形式层和延伸层之分，但真正让客户直接感受到的营销组合仍旧是形式层的4Es，而在4Es中的项目、价值、互动、网络四要素事实上可以通过顾问式的销售方法将其全部运用起来。[①]

客户和供应商之间必须相互信任和相互了解才可能最有效地向客户提供解决方案。要做到这一点，解决方案的营销人员对客户的了解必须至少不亚于客户对自己的了解，他们应该经常去帮助客户发现问题，寻找创造价值的机会并将这些机会明确地挖掘出来，然后帮助客户分析和评估各种可供提供的解决方案（即使这意味着要使用竞争对手的产品），并且展示这些解决方案是怎样为客户提供利益的，最后再以团队协作的形式向客户提供解决方案。不难看出，解决方案的销售过程正是顾问式销售方法的实施过程，也是4Es综合使用的过程，因此，传统

① Rackham和De Vincentis（1999）认为，顾问式销售就是销售代表通过对顾客企业运营的深入理解并运用分析专长来帮助顾客企业解决紧迫问题，使自己成为一种长期的、值得信任的、增加价值的资源。在整个过程中，销售代表都扮演着顾问的角色，制定和推荐总体的解决方案或利用精确的根据顾客企业的需求和偏好设计的产品或服务包来很好地满足顾客的要求。

企业在向解决方案供应商转型过程中，要有意识地引导顾问式销售方法的使用，提高解决方案销售的效率。

第三节　研究的局限性及进一步研究方向

一、研究的局限性

本书在案例研究和理论推导上虽然力求符合质的研究的原则，也初步得出了一些对解决方案现象有价值的理论和启示，但由于多方面的原因，不可否认，本书也存在着以下局限性：

（1）样本本身的局限性。本书所选择的个案是一家大型制造企业，公司机构构成比较复杂，人员数量众多，本书主要以营销部门为缩影展开研究（虽然事实上也涉及了整个公司），在采访对象选择上，虽然也考虑了横向和纵向不同层级的职能部门和员工，但毕竟只是主要的铁三角部门和其他核心部门，并且这些采访对象多数为自己熟悉的对象，相对限定了样本的范围。同时，样本企业目前仍处在向解决方案供应商转型的进程中，虽然也取得了一些成绩，但毕竟解决方案部门的影响力在整个公司中还需要进一步提升，解决方案的销售模式还需要进一步探索，所取得的销售业绩还需要进一步证明其价值，因此，对样本企业仍旧需要跨越更长时间进一步展开研究以增加研究结论的可靠性。另外，身为“局内人”，在参与式观察中，笔者无法参与到所有部门中，能参加的会议还有调研时间都会受到限制，对所观察和经历现象的解释也会有局限性。还有，受到公司保密机制的限制，有些历史文件笔者无法查阅或者不便说明。

（2）样本数量的局限性。本书只选取了一家汽车行业的大型制造企业进行案例研究，得出的研究结论是否适用于其他行业和企业，还有待进一步探讨和验证。如果不受研究样本选择和研究者精力的局限，应该选取多个案例展开跨案例的研究，例如，在汽车行业再选择 2～4 家同类企业，进行同行业的比较研究，再在另外两个行业各选取 2～4 家同类企业展开同行业的比较研究，最后再进行跨行业的案例比较研究，这样得出的研究结论其推广度将大大增加。

（3）研究方法的局限。本书所得到的结论只是针对一家大型汽车制造企业的探索性的案例研究成果，还需要基于这些成果开发量表、编制问卷，采用定量调查的方式，收集大量样本的数据，进一步验证研究结论的可靠性，也就是将质的研究方法同量的研究方法结合起来使用。

二、未来研究的方向

正如笔者在解决方案的文献综述中谈到的一样，目前关于解决方案的总体研究结论非常少且不成体系，尚有很大的研究空间，本书只是针对传统企业基于解决方案供应商的转型进行了探索性的研究，并且也只是研究了转型主导逻辑、组织结构、营销组合策略三个方面的问题，除了在解决方案文献综述中谈到的需要进一步拓展的研究外，本书认为至少还有以下问题有待深化：

（1）企业内部的业务流程研究。传统企业的很多业务流程可能都是关于产品的规划、开发、生产、上市、服务等，但向解决方案供应商的转型，必然要求一些新的流程，比如，由于团队式的销售方法，在向客户提供解决方案时，需要多部门的专业技能人员参与解决方案的销售与开发，也就是说专业技能人员可能既要被传统的产品为中心的部门所用，又要被多个解决方案项目团队所用，怎样做才能让部门之间减少人才的争夺以及更有利于专业技能人才的长期发展，企业显然需要新的业务流程来处理这些问题。这里只是举了一个例子，其他还有很多流程需要调整和建立，因此，对业务流程的进一步研究也是一个急迫的问题。

（2）销售人员的技能研究。解决方案是为了解决客户面临的问题，因此，解决方案供应商要比客户更了解客户面临的问题才可能打动客户，那么如何才能做到准确了解客户需求呢？目前，研究者们提出，比较好的方法是请咨询顾问或者客户所属行业的从业人员来担当行业客户经理从事销售工作。由于解决方案一般采用的是团队销售的方法，那么这些销售人员除了需要具备团队工作技巧、项目管理技巧、客户关系管理技巧、多种产品与服务知识外，还需要具备哪些技能，这是企业界最关心的、非常值得探究的问题。

（3）企业的渠道管理研究。现有的研究成果谈论的都是传统企业自己应该如何转型为解决方案供应商，但事实上，很多传统企业都是依靠经销商和服务商来代理自己的销售与服务业务，而不是本企业人员直接与最终客户发生接触。如果要转型为解决方案供应商，传统企业必须同时引导经销商的转型，还必须自己从事大客户的直接销售，这自然会引发两个问题，一是如何培养经销商对最终客户也采取解决方案式的营销方法；二是如何处理企业直接从事大客户销售对经销商业务产生的竞争冲击，这些问题都涉及传统企业的渠道管理变革，需要进一步研究。

（4）解决方案的品牌战略研究。由于解决方案对传统企业来说是一项新的业务，有的企业使用企业品牌作为解决方案业务的品牌（如 IBM 交通运输业解决方案），还有的企业可能使用联合品牌（如谷歌金山词霸），那么这两种品牌战略对客户带来的感知是什么样的（使用企业品牌时，客户可能认为这是企业提供的最好产品，有利于提升企业品牌形象；使用联合品牌时，客户既可能认为企业缺乏产品整合能力，还得借助别人的力量，对企业品牌产生了消极影响，也可能认为企业有能力跟某个行业的知名厂商合作，增强了对企业品牌形象的信任感），究竟哪一种更有效，还需要进一步研究其适用范围和有效性。

（5）制造业和服务业向解决方案供应商转型路径的差异研究。现有的研究结论只是大致地认为，向解决方案供应商的转型需要组织和业务双重变革，但并没有区分从制造业向解决方案供应商转型和从服务业向解决方案供应商转型的差异问题。但事实上，制造业由于具有实物产品基础，向解决方案供应商转型可能首先需要考虑的是服务要素的增加，而服务业由于缺乏实物产品基础，解决方案供应商转型可能首先需要考虑的是通过兼并重组等方式增加有形的产品，因此，传统企业是制造业还是服务业背景，对其朝着解决方案供应商转型的实施路径可能存在差异，值得进一步探讨。

（6）全面质量营销和解决方案之间的关系研究。全面质量营销的核心是“基于顾客价值的质量”，而解决方案强调为顾客“创造价值”，因此二者具有契合点。那么，全面质量营销和解决方案之间存在何种关系，如何构建全面质量营销和解决方案之间的理论模型，通过全面质量营销最终提供给顾客解决方案，值得进一步研究。

（7）解决方案与企业绩效的关系研究。解决方案能明确顾客需求和期望，提供顾客满意的产品/服务，创造顾客价值。而在向顾客提供产品和服务的过程中，解决方案提供者可以逐渐掌握顾客的经营流程，提高顾客转换成本，从而增强顾客忠诚。另外，由于解决方案销售通常要求整合大量的产品和服务，所以可能利润比较丰厚。但是，解决方案与企业绩效之间到底有无关系，是何种关系，这些是企业界最关心的话题，但理论界至今尚未进行过探讨。Sittimalakorn 和 Hart（2004）的研究提供了很好的思路，即解决方案对企业绩效的影响极可能是通过其他中介变量来实现的。那么，解决方案对绩效的影响是通过哪些中介变量来实现的，对不同行业中介变量及其影响有无差异，这些问题也是解决方案研究和实践中需要探讨和解决的问题，需要通过理论和实证方法进行研究。

参考文献

[1] Adelman C., Jenkins D., Kemmis S.. Rethinking Case Study: Notes from the Second Cambridge Conference. Cambridge Journal of Education, 1977, 6 (3): 139-150.

[2] Andrew M. Pettigrew. Longitudinal Field Research on Change: Theory and Practice. Organization Science, 1990, 1 (1): 267-292.

[3] Aiken L. H., Clarke S. P., Sloane D. M.. Hospital Staffing, Organization, and Quality of Care: Cross - Nationalfindings. Nursing Outlook, 2002, 50 (5): 187-194.

[4] Allen C. Reddy. Total Quality Marketing: The Key to Regaining Market Shares. Westport, CT: Quorum, 1994.

[5] Angel R.. Martinez - Lorente, Frank. W. Dewhurst and Alejandrion Gallego - Rod., Relating TQM, Marketing and Business Performance: An Exploratory Study. International Journal of Production Research, 2000, 38 (14): 3227-3246.

[6] Anderson James C.. An Approach for Confirmatory Measurement and Structural Equation Modeling of Organizational Properties. Management Science, 1987, 33 (4): 525-541.

[7] Anderson J. C., Gerbing D. W.. Structural Equation Modeling in Practice: A Review and Recommends Two - step Approach. Psychological Bulletin, 1988, 103 (3): 411-423.

[8] Andrew M. Pettigrew. Longitudinal Field Research on Change: Theory and Practice. Organization Science, 1990, 1 (1): 267-292.

[9] Armand V. Feigenbaum.. Changing Concepts and Management of Quality Worldwide. Quality Progress, 1997, 30 (12): 45-48.

[10] Armstrong, Overton. Estimating Nonresponse Bias in Mail Survey. Journal of Marketing Research, 1977, 14 (3): 396-402.

[11] Aysar Philip Sussan, William C. Johnson. The Impact of Market /Quality Orientation on Business Performance. International Conference on Computers and Industrial Engineering, 1997.

[12] Anthony R. Bennett. The Five Vs – a Buyer's Perspective of the Marketing Mix. Marketing Intelligence & Planning, 1997, 15 (3): 151 – 156.

[13] Arnoldo C. Hax, Dean L. Wilde II. The Delta Model: Adaptive Management for a Changing World. Sloan Management Review, 1999: 11 – 28.

[14] Bacharach Bamberger, Sonnenstuh. The Organizational Transformation Process: The Micropolitics of Dissonance Reduction and the Alignment of Logics of Action. Administrative Science Quarterly, 1996, 41 (3): 477 – 478.

[15] Balasubramanian S. K. , C. Cole. Consumers' Search and Use of Nutrition Information: The Challenge and Promise of the Nutrition Labelling and Education Act. Journal of Marketing, 2002, 66 (3): 112 – 117.

[16] Ballantyne David, Richard J. Varey. Creating Valuein – Use through Marketing Interaction: The Exchange Logic of Relating Communicating and Knowing. Marketing Theory, 2006, 6 (3): 335 – 348.

[17] Baker W. E. , Sinkula J. M. . The Synergistic Effect of MarketOrientation and Learning Orientation on Organizational Performance. Academy of Marketing Science Journal, 1999, 27 (4): 411 – 427.

[18] Baker W. E. , James M. Sinkula. Learning Orientation, Market Orientation, and Innovation: Integrating and Extending Models of Organizational Performance. Journal of Market Focused Management, 1999, 4 (4): 295 – 308.

[19] Bayton J. A. . Motivation, Cognition, Learning – Basic Factors in Consumer Behavior. Journal of Marketing, 1958, 22 (3): 282 – 289.

[20] Bennett J. , Sharma D. , Tipping A. . Customer Solutions: Building a Strategically Aligned Business Model. Booz Allen & Hamilton, 2001.

[21] Bernard Cova, Robert Salle. Rituals in Managing Extrabusiness Relationships in International Project Marketing: A Conceptual Framework. International Business Review, 2000, 9 (6): 669 – 685.

[22] Bernard Cova, Robert Salle. Marketing Solutions in Accordance with the S – D Logic: Co – Creating Value with Customer Network Actors. Industrial Marketing Management, 2008, 37 (3): 270 – 277.

[23] Bernd Gtinter, Andrea Bonaccorsi. Project Marketing and Systems Selling in Search of Frameworks and Insights. International Business Review, 1996, 5 (6): 531 –

537.

[24] Beckett Sandra Blodgett. Achieving Competitive Advantage through Customer Value: Exploring Mass Customization as a Strategy for Service Organizations. Ph. D. The University of Texas at Arlington, 1996.

[25] Brady T., Davies A., Gann D.. Creating Value by Delivering Integrated Solutions. International Journal of Project Management, 2005, 23 (7): 360-365.

[26] Berghman L., Matthyssens P.. Building Competences for New Customer Value Creation: An Exploratory Study. Industrial Marketing Management, 2006, 35 (8): 961-973.

[27] Bird. Towards a Theory of Entrepreneurial Competency: Advances in Entrepreneurship, Firm Emergency and Growth. Greenwich: JAI Press, 1995.

[28] Bolton Ruth N., James H. Drew. A Longitudinal Analysis of the Impact of Service Changes on Customer Attitudes. Journal of Marketing, 1991, 55 (1): 1-10.

[29] Buckley P. J., Clegg J., Tan H.. Reform and Restructuring in a Chinese State-Owned Enterprise: Sinotrans in the 1990s. Management International Review, 2005, 45 (2): 147-172.

[30] Brian Thomas. The Human Dimension of Quality. New York: McGrow-Hill Book Company, 1994.

[31] Buzzell Robert D., Bradley T. Gale. The PIMS Principles: Linking Strategy to Performance. New York: Free Press, 1987.

[32] Black S. A., Porter L. J.. Identification of the Critical Factors of TQM. Decision Science, 1996, 27 (4): 1-21.

[33] Boulding W., Kalra A., Richard S., Zeithaml V. A.. A Dynamic Process Model of Service Quality: From Expectations to Behavioral Intentions. Journal of Marketing Research, 1993, 30 (1): 7-27.

[34] Cameron K., Freeman S.. Culture, Congruence, Strength and Type: Relationships to Effectiveness. Reseach in Organizational Change and Develment, 1991, 50 (5): 23-58.

[35] Carol A. Reeves, David A. Bednar. Defining Quality: Alternatives and Implications. The Academy of Management Review, 1994, 19 (3): 419-445.

[36] Carol A. Reeves, David A. Bednar. Defining Quality: Alternatives and Implications, Academy of Management Review, 1994, 19 (3): 419-445.

[37] C. Fornell, D. F. Larcker. Evaluating Structural Equation Models with Unobservable Variables and Measurement Error. Journal of Marketing Research, 1981

(18): 39 -50.

[38] C. Fornell, M. D. Johnson, E. W. Anderson, J Cha B. E.. The American Customer Satisfaction Index: Nature, Purpose, and Findings. Journal of Marketing, 1996 (60): 7 -18.

[39] C. Windahl, P. Andersson, C. Berggren, C. Nehler. Manufacturing Firms and Integrated Solutions: Characteristics and Implications. European Journal of Innovation Management, 2004, 7 (3): 218 -228.

[40] C. K. Prahalad, Richard A. Bettis. The Dominant Logic: A New Linkage between Diversity and Performance. Strategic Management Journal, 1986, 7 (6): 485 - 501.

[41] Charlotta Windahl. Integrated Solutions in the Capital Goods Sector: Exploring Innovation, Service and Network Perspectives. Linköping University, 2007 Doctoral Dissertation.

[42] Charlotta Windahl. Suppliers in the Privatised UK Wastewater Market and Their Possible Moves towards Integrated Solutions. Water Policy, 2006 (8): 559 -572.

[43] Charlotta Windahl, Nicolette Lakemond. Developing Integrated Solutions: The Importance of Relationships within the Network. Industrial Marketing Management, 2006 (35): 806 -818.

[44] Christian Grönroos. The Marketing Strategy Continuum: A Marketing Concep t for the 1990 s, Management Decision, 1991, 29 (1): 7 -13.

[45] Christian Grönroos. A Service Quality Model and its Marketing Implications. European Journal of Marketing, 1984, 18 (4): 36 -44.

[46] Clare Chow - Chua, Mark Goh and Tan Boon Wan. Does ISO 9000 Certification Improve Business Performance? . International Journal of Quality & Reliability Management, 2003, 20 (8): 936 -953.

[47] Cravens D. W. , Holland C. W. , Lamb Jr. C. W. , Moncrief III W. C.. Marketing's Role in Product and Service Quality. Industrial Marketing Management, 1988 (4): 285 -304.

[48] Creswell John W.. Research Design: Qualitative, Quantitative, and Mixed Method Approaches (2nd Ed) . Thousand Oaks, CA: Sage. 2003.

[49] Cristina Mele. The Synergic Relationship between TQM and Marketing in Creating Customer Value. Managing Service Quality, 2007, 17 (3): 240 -258.

[50] Cuieford J. P.. Fundamental Statistics in Psychology and Education. New York: McGraw Hill, 1965.

[51] Cornet E., Katz R., Molloy R., Schädler J., Sharma D., Tipping A.. Customer Solutions: From Pilots to Profits. Booz Allen & Hamilton, 2000: 1 – 15.

[52] D. Sharma, C. Lucier, R. Molloy. Strategy and Business. Booz Allen & Hamilton, 2002.

[53] Daniel Cernas Ortiz. The Impact of Dominant Logic Orientation (Exploitation Vs Exploration) on the Firm's Real Options Recognition. Working Paper Series, 2009: 700 – 710.

[54] Daniel Doster, Eric Roegner. Marketing Strategies: Setting the Pace with Solutions. Marketing Management, 2000, 9 (1): 51 – 54.

[55] Davies A.. Moving Base into High – Value Integrated Solutions: A Value Stream Approach. Industrial and Corporate Change, 2004, 13 (5): 727 – 756.

[56] Davies A., Brady T., Hobday M.. Charting a Path toward Integrated Solutions. MIT Sloan Management Review, 2006, 47 (3): 39 – 48.

[57] Davies A., Brady T.. Organisational Capabilities and Learning in Complex Product Systems: Towards Repeatable Solutions. Research Policy, 2000, 29 (7 – 8): 931 – 953.

[58] Day G. S.. Achieving Advantage with a New Dominant Logic, in: Invited Commentaries on "Evolving to a New Dominant Logic for Marketing". Journal of Marketing, 2004, 68 (1): 18 – 27.

[59] Dieter Ahlert, Florian von Wangenheim, Julian Kawohl, Marcus Zimmer. The Concept of Solution Selling: Theoretical Considerations and Methods, 2008: 1 – 5.

[60] Dijksterhuis, Van Den Bosch, Volberda. Where Do New Organizational Forms Come From? Management Logics as a Source of Coevolution. Organization Science, 1999, 10 (5): 570.

[61] E. Cornet, R. Katz, R. Molloy, J. Schädler, D. Sharma, A. Tipping. Customer Solutions: From Pilots to Profits. Booz Allen & Hamilton, 2000: 1 – 15.

[62] Elliott Ettenberg. The Next Economy: Will You Know Where Your Customers Are?. McGraw – Hill, 2001: 137 – 168.

[63] Eric V. Roegner, Torsten Seifert, Dennis D. Swinford. Putting a Price on Solutions. The Mckinsey Quarterly, 2001 (3).

[64] Evert Gummesson. Implementing the Marketing Concept: From Service and Value to Lean Onsumption, in "Invited Commentaries on the Service – Dominant Logic by Participants in the Otago Forum. Marketing Theory, 2006, 6 (3): 289 – 298.

[65] Foote N. W., Galbraith J., Hope Q., Miller D.. Making Solutions the Answer. McKinsey Quarterly, 2001 (3): 84 - 93.

[66] Galbraith J.. Organizing to Deliver Solutions. Organizational Dynamics, 2002, 31 (2): 194 - 207.

[67] Gall M. D., Borg W. R., Gall J. P.. Educational Research: An Introduction (6th ed.). Longman Publishers USA, 1996.

[68] Gilbert D. R. Jr., Hartman E., Mauriel J. J., Freeman E.. Logic for Strategy, Cambridge, Massachusetts: Ballinger Publishing Company, 1988: 5.

[69] Harold H. Kassarjian. Content Analysis in Consumer Research. Journal of Consumer Research, 1977, 14 (1): 8 - 18.

[70] Haversjo T.. The Financial Affects of ISO9000 Registration for Danish Companies. Managerial Auditing Journal, 2000, 15 (1): 47 - 53.

[71] Hendricks K. B., Singhal V. R.. Does Implementing An Effective TQM Program Actually Improve Operating Performance: Empirical Evidence from Firms that Have Won Quality Awards?. Management Science, 1997, 43 (9): 1258 - 1274.

[72] Heras I., M. Casadesus, Dick G. P. M.. ISO 9000 Certification and the Bottom Line: A Comparative Study of the Profitability of Basque Region Companies. Managerial Auditing Journal, 2002, 17 (1): 8 - 72.

[73] Homburg C., Workman J. P. Jr, Krohmer H.. Marketing's Influence with in the Firm. Journal of Marketing, 1999 (2): 1 - 17.

[74] Hogan J., Lehmann D. R., Merino M., Srivastava R. K, Thomas J. S., P. C. Verhoef. Linking Customer Assets to Financial Performance. Journal of Service Research, 2002, 5 (1): 26 - 38.

[75] Holm Desiree B., Kent Eriksson, Jan Johanson. Business Networks and Cooperation in International Business Relationships. Journal of International Business Studies, 1996, 27 (5): 1033 - 1053.

[76] Hubert Gatignon, Jean - Marc Xuereb. Strategic Orientation of the Firm and New Product Performance. Journal of Marketing Research, 1997, 34 (1): 77 - 90.

[77] Hurley R. F., Laitamaki J. M.. Total Quality Research: Integrating Market and the Organization. California Management Review, 1995, 38 (1): 59 - 78.

[78] Idris - Ashari M., Zairi M.. Achieving Sustainable Performance through TQM and Market Orientation: A Proposed Framework for Empirical Investigations. International Journal of Applied Strategic Management, 1999 (2): 1 - 33.

[79] Iris Mohr - Jackson. Quality Function Deployment: A Valuable Marketing

Tool. Journal of Marketing Theory and Practice, 1996 (4): 60 –67.

[80] Iris Mohr – Jackson. Conceptualizing Total Quality Orientation. European Journal of Marketing, 1998 (32): 13 –22.

[81] Jagdish N. Sheth, Can Uslay. Implications of the Revised Definition of Marketing: From Exchange to Value Creation. Journal of Public Policy & Marketing, 2007, 26 (2): 58 –69.

[82] Jaworski B. J. , Kohli A. K. . Market Orientation: Antecedents and Consequences. Journal of Marketing, 1993, 57 (3): 53 –70.

[83] J. Daniel Beckham. Running with the Herd: Building a Business Strategy. Health Forum Journal, 1995, 38 (2): 62 –69.

[84] Jeff Bennett, Deven Sharma, Andrew Tipping. Customer Solutions: Building a Strategically Aligned Business Model. Booz Allen & Hamilton, 2001: 1 –6.

[85] Johansson J. E. , Krishnamurthy C. , Schlissberg H. E. . Solving the Solutions Problem. McKinsey Quarterly, 2003 (3): 116 –125.

[86] John S. Carroll. Organizational Learning Activities in High – hazard Industries: The Logics Underlying Self – analysis. Journal of Management Studies, 1998, 35 (6): 699 –700.

[87] Juliet E. Johansson, Chandru Krishnamurthy, Henry E. Schlissberg. Solving the Solutions Problem. The McKinsey Quarterly: The Online Journal of McKinsey & Co. 2007: 1 –5.

[88] J. F. Hair, R. E. Anderson, R. L. Tatham, W. C. Black. Multivariate Data Analysis. New York: Prentice Hall, 1998.

[89] Joseph M. Juran. The Upcoming Century of Quality. Quality Progress, 1994, 27 (8): 29 –37.

[90] Kapil R. Tuli, Ajay K. Kohli, Sundar G. Bharadwaj. Rethinking Customer Solutions: From Product Bundles to Relational Processes. Journal of Marketing, 2007 (71): 1 –17.

[91] Kathleen M. Eisenhardt. Building Theories from Case Study Research. The Academy of Management Review, 1989, 14 (4): 548 –549.

[92] Kee –hung Lai. Total Quality Management and Organizational Performance: A Marketing Perspective. Unpublished Doctoral Dissertation, Hong Kong Polytechnic University, 1999.

[93] Kent Byus. The Marketing Concept and Quality Function Deployment: An Investigation of the Profitability of a Market Oriented New Product Development Tech-

nique. Unpublished Doctoral Dissertation, New Mexico State University, 1998.

[94] Klaus Krippendorff. Content Analysis: An Introduction to Its Methodology. California: Sage Publications, 2002.

[95] Kohli A. K., Jaworski B. J.. Market Orientation: The Construct, Research Propositions, and Managerial Implications. Journal of Marketing, 1990, 54 (2): 1-18.

[96] Lai Kee-hung, Weerakoon Thilaka S.. Total Quality Management and Marketing: Complementary Business Philosophies. International Journal of Management, 1998 (15): 414.

[97] Leugenia Ham, Steven Hayduk. Gaining Competitive Advantages in Higher Education: Analyzing the Gap between Expectations and Perceptions of Service Quality. International Journal of Value-Based Management, 2003, 16 (3): 223-242.

[98] Lumpkin G. T., Gregory G. Dess. Clarifying the Entrepreneurial Orientation Construct and Linking it to Performance. The Academy of Management Review, 1996, 21 (1): 135-172.

[99] Lun Hou, Xiaowo Tang. Gap Model for Dual Customer Value. Tsinghua Science & Technology, 2008, 13 (3): 395-399.

[100] Lauterborn R.. New Marketing Litany: Four Ps Passé: C-words Take over. Advertising Age, 1990, 61 (41): 26.

[101] Majda Bastic, Gabrijela Leskovar-Spacapan. What Do Transition Organizations Lack to Be Innovative. Information and Knowledge Management, 2006, 35 (7-8): 972-992.

[102] McCune J. T.. Customer Satisfaction as a Strategic Weapon: The Implications for Performance Management. Human Resource Planning, 1989 (12): 195-204.

[103] Michael Naor. The Relationship between Culture, Quality Management Practices and Manufacturing Performance. Unpublished Doctoral Dissertation, The University of Minnesota, 2006.

[104] Michael Hobday, Andrew Davies, Andrea Prencipe. Systems Integration: A Core Capability of the Modern Corporation. Industrial and Corporate Change, 2005, 14 (6): 1109-1143.

[105] Mike Hobday. The Project-Based Organisation: An Ideal Form for Managing Complex Products and Systems? . Research Policy, 2000, 29 (7-8): 876-879.

[106] Miles M., Huberman A. M.. Qualitative Data Analysis. Beverly Hills, CA: Sage, 1984.

[107] Miller D., Hope Q., Eisenstat R., Foote N., Galbraith J.. The Prob-

lem of Solutions: Balancing Clients and Capabilities. Business Horizons, 2002, 45 (2): 3 - 12.

[108] Morgan Neil A., Nigel F. Piercy. Market Led Quality. Industrial Marketing Management, 1992 (21): 111 - 118.

[109] Mohr - Jackson. Conceptualizing Total Quality Orientation. European Journal of Marketing, 1998, 32 (1): 13 - 22.

[110] Murthy D. N. P., Kumar K. R.. Total Product Quality. International Journal of Production Economics, 2000 (3): 253 - 267.

[111] Neil H. Borden. The Concept of the Marketing Mix. Journal of Advertising Research, 1964, 4 (6): 2 - 7.

[112] Neil Rackham, John De Vencentis. Rethinking the Sales Force. McGraw - Hill, Inc. 1999.

[113] Narver J. C., Slater S. F.. The Effect of a Market Orientation on Business Profitability. Journal of Marketing, 1990, 54 (2): 20 - 35.

[114] Neil A. Morgan, Nigel F. Piercy. Interactions between Marketing and Quality at the SBU Level: Influences and Outcomes. Journal of the Academy of Marketing Science, 1998 (26): 190 - 208.

[115] Oakland J. S.. Total Quality Management. London: Pitman Publishing, 1992.

[116] O' Neal C. R., LaFief W. C.. Marketing' s Lead Role in Total Quality. Industrial Marketing Managment, 1992: 133 - 143.

[117] Orsini J. L.. Make Marketing Part of the Quality Effort. Quality Progress, 1994, 27 (4): 43 - 46.

[118] Parasuraman A.. Reflection on Gaining Competitive Advantage through Customer Value. Joumal of the Academy of Marketing Science, 1997, 25 (2): 154 - 161.

[119] Paul Kenneth Eugene. Market Orientation, Quality and Customer Satisfacton. Unpublished Doctoral Dissertation, The University of Memphis, 1994.

[120] P. S. Raju, Subhash C. Lonial. Impact of Quality Context and Market Orientation on Organizational Performance in a Service Environment. Journal of Service Research, 2001, 14 (2): 140 - 154.

[121] Philip Roller. Megamarketing. Harvard Business Review, 1986 (3 - 4): 117 - 124.

[122] Richard A. Bettis, C. K. Prahalrd. The Dominant Logic: Retrospective and Extension. Strategic Management Journal, 1995 (16): 5 - 14.

[123] Richard Wise, Peter Baumgartner. Go Downstream: The New Profit Imperative in Manufacturing. Harvard Business Review, 1999 (9-10): 133-141.

[124] Rogelio Oliva, Robert Kallenberg. Managing the Transition From Products to Services. International Journal of Service Industry Management, 2003, 14 (2): 160-172.

[125] Russell Eisenstat, Nathaniel Foote, Jay Galbraith, Danny Miller. Beyond the Business Unit. McKinsey Quarterly, 2001 (1): 54-63.

[126] Sawhney M.. Going beyond the Product. Defining, Designing, and Delivering Customer Solutions, in: Lusch, R. F.; Vargo, S. L. (eds.): The Service Dominant Logic of Marketing: Dialog, Debate, and Directions, 2006.

[127] Schultz Don E.. Perhaps the 4 Ps Should Be the 4 Rs. Marketing News, 1999, 33 (11): 7.

[128] Sebastian Raisch. Balanced Structures: Designing Organizations for Profitable Growth. Long Range Planning, 2008, 41 (5): 483-508.

[129] Schmalensee D. H.. Marketers Must Lead Quality Improvement or Risk Becoming Irrelevant. Services Marketing Newsletter, 1991, 7 (1): 1-3.

[130] Sharma D., Molloy R.. The Truth about Customer Solutions. Booz Allen & Hamilton, 1999.

[131] Sheperd C., Ahmed P. K.. From Product Innovation to Solutions Innovation: A New Paradigm for Competitive Advantage. European Journal of Innovation Marketing, 2000, 3 (2): 100-106.

[132] Singels J., Rüel G., Van der Water H.. ISO 9000 Series. Certification and Performance. International Journal of Quality & Reliability Management, 2001, 18 (1): 62-75.

[133] Sougata Ray. Re-Evaluating the Concept of Dominant Logic-An Exploratory Study of an Indian Business Group. Working Paper Series, 2005: 1-26.

[134] Srivastava R. K., Tasadduq A. S., Fahey L.. Marketing, Business Processes, and Shareholder Value: An Organizationally Embedded View of Marketing Activities and the Discipline of Marketing. Journal of Marketing, 1999 (63): 168-180.

[135] Stake R. E.. The Art of Case Study Research. Sage Publications, 1995.

[136] Stephen Vargo, Robert Lusch. Evolving to a New Dominant Logic for Marketing. Journal of Marketing, 2004, 68 (1): 1-17.

[137] Stephen L. Vargo, Robert F. Lusch. Service-Dominant Logic: Continuing the Evolution. Journal of the Academy of Marketing Science, 2008, 36 (1): 1-10.

[138] Tim Brady, Andrew Davies, David M. Gann. Creating Value by Delivering Integrated Solutions. International Journal of Project Management, 2005, 23 (5): 360 – 365.

[139] Velavan Subramaniam. In Investigation into the Culture of Quality Oriented Firms. Unpublished Doctoral Dissertation, The University of Houston, 1997.

[140] Webster F. E. Jr. . The Changing Role of Marketing in The Corporation. Journal of Marketing, 1992 (4): 1 – 17.

[141] Venkatraman N. . The Concept of Fit in Strategy Research: Toward Verbal and Statistical Correspondence. Academy of Management Review, 1989, 14 (3): 423 – 444.

[142] Venkatraman N. . Performance Implications of Strategic Coalignment: A Methodological Perspective. Journal of Management Studies, 1990, 27 (1): 19 – 41.

[143] W. C. Johnson, R. J. Chvala. Total Quality in Marketing. Florida: CRC Press, 1996.

[144] Weber R. P. . Basic Content Analysis. California: Sage Publications, 1990.

[145] Weerakoon T. S. . Organizational Performance – A Stakeholder Concept. International Research Conference on Quality Management Proceeding, 1996: 80 – 90.

[146] Wolfgang Ulaga. Customer Value in Business Markets. Industrial Marketing Management, 2001 (30): 315 – 319.

[147] Woodruff B. R. . Customer Value: the Next Source for Competitive Advantage. Journal of the Academy of Marketing Science, 1997, 25 (2): 139 – 153.

[148] Wuthichai Sittimalakorn, Susan Hart. Marketing Orientation Versus Quality Orientation: Sources of Superior Business Performance. Journal of Strategic Marketing, 2004, 12 (4): 243 – 253.

[149] Zaithaml, Parasuraman, Barry. Delivering Quality Service – Balancing Customer Perceptions and Expectation. New York: Free Press, 1990.

[150] Zeithaml V. A. . Consumer Perception of Price, Quality and Value: A Means – End Model and Synthesis of Evidence. Journal of Marketing, 1998, 52 (2): 2 – 21.

[151] Yin R. K. . Case Study Research: Design and Methods. Sage Publications, 1994.

[152] 艾尔·巴比：《社会研究方法》（第十版），邱泽奇译，华夏出版社 2005 年版。

[153] A. V. 费根堡姆：《全面质量管理》，杨文士、廖永平译，机械工业出

版社 1991 年版。

[154] 本·M. 恩尼斯等：《营销学经典》，东北财经大学出版社 2000 年版。

[155] 伯纳德·科法、珀维茨·盖瑞、罗伯特·塞尔：《项目营销——如何在大型招标项目中进行市场营销工作的学问》，企业管理出版社 2004 年版。

[156] 曹振华：《企业转型战略管理模型构建与实证研究》，复旦大学博士学位论文，2006 年。

[157] 陈斌：《面向用户整体解决方案的战略聚焦组织的构建研究》，东南大学硕士学位论文，2006 年。

[158] 陈劲：《复杂产品系统创新管理》，科学出版社 2008 年版。

[159] 陈炜：《论质量管理与营销管理的契合与互动》，《新疆财经学院学报》，2003 年第 2 期。

[160] 陈玳：《全面质量营销实施评价模型初探》，华中科技大学硕士学位论文，2003 年。

[161] 陈向明：《旅居者和“外国人”——留美中国学生跨文化人际交往研究》，教育科学出版社 2004 年版。

[162] 陈向明：《质的研究方法与社会科学研究》，教育科学出版社 2001 年版。

[163] 陈向明：《质性研究：反思与评论（第 2 卷）》，重庆大学出版社 2010 年版。

[164] 成思危：《认真开展案例研究，促进管理科学及管理教育发展》，《管理科学学报》，2001 年第 4 期。

[165] 大前研一：《策略家的智慧》，中国友谊出版公司 1985 年版。

[166] 丁兴良、龙丁健：《解决方案营销》，经济管理出版社 2007 年版。

[167] 丁兴良：《4E 营销：工业品战略营销新模式》，经济管理出版社 2008 年版。

[168] 丁兴良：《深度：解决方案式营销》，经济管理出版社 2007 年版。

[169] 杜鹏、万后芬：《市场导向、质量导向与企业绩效关系的研究》，《中大管理研究》，2008 年第 1 期。

[170] 杜鹏、万后芬：《组织学习与新产品成功：市场驱动视角》，《经济管理》，2008 年第 19 ~ 20 期。

[171] 杜鹏、万后芬：《市场导向与创新导向的融合研究》，《管理评论》，2008 年第 11 期。

[172] 杜鹏、万后芬：《市场导向、质量导向与企业绩效》，《管理学报》，2008 年第 11 期。

［173］杜鹏、万后芬：《市场驱动的组织学习与新产品成功的关系研究》，《现代管理科学》，2008 年第 11 期。

［174］杜鹏、万后芬：《创新导向与市场导向的融合：一个实证研究》，《管理科学》，2007 年第 1 期。

［175］杜鹏、万后芬：《企业营销战略的转型：从市场驱动到驱动市场》，《市场营销导刊》，2007 年第 1 期。

［176］菲利普·科特勒：《营销管理》（第 10 版），中国人民大学出版社 2001 年版。

［177］菲利普·科特勒、凯文·莱恩·凯勒：《营销管理》（第 12 版），上海人民出版社 2006 年版。

［178］格罗鲁斯：《服务管理与营销：基于顾客关系的管理策略》，电子工业出版社 2002 年版。

［179］郭士纳：《谁说大象不能跳舞：IBM 董事长郭士纳自传》，中信出版社 2003 年版。

［180］侯历华：《基于规范的案例研究方法操作过程设计》，《华东经济管理》，2010 年第 6 期。

［181］黄芳铭：《结构方程模式:理论与应用》，中国税务出版社 2005 年版。

［182］黄祖辉、吕佳、刘东英：《农产品质量营销：理论与实证分析》，《福建论坛》（人文社会科学版），2004 年第 8 期。

［183］黄静、王家国：《内部营销理论及其运用》，《中国软科学》，2003 年第 4 期。

［184］黄朝斌：《有一种销售力叫解决方案》，《销售与市场·战略版》，2007 年第 11 期。

［185］黄旭：《中国企业战略变革：思维逻辑与方法路径》，西南财经大学博士学位论文，2004 年。

［186］候杰泰、温忠麟、成子娟：《结构方程模型及其应用》，教育科学出版社 2004 年版。

［187］侯贵生：《论全面质量营销战略》，《四川商业高等专科学校学报》，2000 年第 6 期。

［188］侯海青：《顾客满意与营销质量》，《中国质量》，2001 年第 10 期。

［189］侯历华：《基于规范的案例研究方法操作过程设计》，《华东经济管理》，2010 年第 6 期。

［190］洪贵忠：《TQM 和质量绩效与 ISO9000 之关系：以台电公司为例》，台湾国立中山大学硕士学位论文，2005 年。

［191］基斯·依迪斯：《再造销售奇迹》，中国财政经济出版社 2005 年版。

［192］江靖芬：《企业转型策略、员工激励制度、组织生涯发展与组织绩效关系之研究》，台湾国立中山大学硕士学位论文，民国九十五年。

［193］姜红：《集成化营销组合及其应用》，《市场营销导刊》，2008 年第 3 期。

［194］姜红：《整体营销组合：营销组合的集成化与定制化》，《浙江树人大学学报》，2008 年第 7 期。

［195］杰弗里·普费弗：《用权之道——机构中的权利斗争与影响》，新华出版社 1998 年版。

［196］景卓：《中国保险保障基金管理组织结构探讨》，南开大学硕士学位论文，2008 年。

［197］克里斯廷·格罗鲁斯：《为营销理论发展寻找新的"路标"》，《天津商业大学学报》，2008 年第 1 期。

［198］孔造杰、郝永敬：《使用 QFD 促进营销设计过程的一体化》，《系统工程理论与实践》，2001 年第 6 期。

［199］陆幼桃、尤建新：《面向全面质量管理的营销体系——对中国轿车工业营销体系改革的思考》，《中国质量》，2001 年第 9 期。

［200］刘广第：《质量管理学》，清华大学出版社 2003 年版。

［201］刘艳红等：《质量营销及质量营销战略的实现》，《世界标准化与质量管理》，2003 年第 3 期。

［202］刘原超：《全面质量管理情景因素在中部某医学中心实施之探讨》，台湾大叶大学博士学位论文，2001 年。

［203］刘艳红、张平淡：《质量营销与质量营销战略的实现》，《企业管理》，2003 年第 3 期。

［204］莱维特：《营销想象力》，机械工业出版社 2007 年版。

［205］李兵：《企业项目管理（EPM）的组织结构研究》，四川大学硕士学位论文，2006 年。

［206］李静：《谈谈方案营销》，《商场现代化》，2006 年第 6 期（下旬刊）。

［207］李随成、沈洁、杨婷：《复杂产品系统集成解决方案理论综述》，《研究与发展管理》，2009 年第 4 期。

［208］李烨：《动态环境下企业业务转型与持续成长研究》，重庆大学博士学位论文，2005 年。

［209］李烨、李传昭：《透析西方企业转型模式的变迁及其启示》，《管理现代化》，2004 年第 3 期。

[210] 李怀组：《管理研究方法论》（第 2 版），西安交通大学出版社 2004 年版。

[211] 李建英：《质量管理评价体系研究》，湖南大学硕士学位论文，2004 年。

[212] 李随成、沈洁、杨婷：《复杂产品系统集成解决方案理论综述》，《研究与发展管理》，2009 年第 4 期。

[213] 罗伯特·K. 殷，《案例研究：设计与方法》，周海涛译，重庆大学出版社 2005 年版。

[214] 罗伯特·F. 德威利斯：《量表编制：理论与应用》，魏勇刚、龙长权、宋武译，重庆大学出版社 2004 年版。

[215] 理查德·斯格特：《组织理论》，黄洋等译，华夏出版社 2002 年版。

[216] 凌鸿、赵付春、邓少军：《双元性理论和概念的批判性回顾与未来研究展望》，《外国经济与管理》，2010 年第 1 期。

[217] 刘松博、胡威：《国内组织设计研究的发展与现状》，《经济理论与经济管理》，2006 年第 9 期。

[218] 刘祖轲、陈国峰：《项目营销成功的三大关键》，中国营销传播网，2005 年 8 月 11 日。

[219] 陆卫平、晁钢令：《营销组合理论演变的内在逻辑：基于交换障碍克服的视角》，《市场营销导刊》，2006 年第 6 期。

[220] 罗文坤：《21 世纪品牌行销新主张》，《动脑》，1999 年第 7 期。

[221] 马克·塞拉塞尔、默林·斯通：《IBM 按需解决之道》，上海译文出版社 2006 年版。

[222] 迈尔克·J. 贝克：《市场营销百科》，辽宁教育出版社 1998 年版。

[223] 孟慧霞：《4Ps 营销组合理论的演进及争论解析》，《山西大学学报》，2009 年第 7 期。

[224] 米尔斯等：《社会学与社会组织》，浙江人民出版社 1986 年版。

[225] 尼尔马利亚·库马尔：《营销思变：七种创新为营销再造辉煌》，商务印书馆 2006 年版。

[226] 欧阳桃花：《试论工商管理学科的案例研究方法》，《南开管理评论》，2004 年第 2 期。

[227] 潘九堂：《展讯解密 total solution 差异化多级平台》，国际电子商情网，2006 年。

[228] 皮泊斯、容格斯：《客户关系管理》，中国金融出版社 2005 年版。

[229] 普拉哈拉德、文卡特·拉马斯瓦米：《消费者王朝：与顾客共创价

值》，机械工业出版社 2005 年版。

［230］乔时、曹家为、王菁娜：《新的营销主导逻辑下营销组合的拓展：一个整合交易营销和关系营销的框架》，《中央财经大学学报》，2008 年第 11 期。

［231］邱海雄、梁倩瑜、徐建牛：《国有企业组织结构改革的逻辑——对广州一家国有企业的个案研究》，《中国制度变迁的案例研究（广东卷）（第六集）》，中国财政经济出版社 2008 年版。

［232］斯莱沃斯基：《利润模式》，中信出版社 2007 年版。

［233］孙海法、刘运国、方琳：《案例研究的方法论》，《科研管理》，2004 年第 2 期。

［234］汤定娜：《零售企业空间扩张：竞争优势的转移与创新》，中国财政经济出版社 2007 年版。

［235］万后芬、汤定娜、杨智：《市场营销教程》，高等教育出版社 2003 年版。

［236］万后芬、杜鹏：《全面质量营销：理论回顾与展望》，《中南财经政法大学学报》，2008 年第 3 期。

［237］万后芬：《论全面质量营销》，《武汉大学学报》（社会科学版），2003 年第 7 期。

［238］万后芬：《创建顾客价值主导的全面质量营销系统的设想》，海峡两岸管理与会计学术研讨会，2005 年。

［239］万后芬：《顾客导向的变更与质量意识的变革》，《市场营销导刊》，2005 年第 1 期。

［240］万后芬：《适应新形势的要求树立新型质量观》，《理论月刊》，2001 年第 5 期。

［241］王成慧：《市场营销理论的演进逻辑与创新研究》，中国财政经济出版社 2003 年版。

［242］王凤彬：《科层组织中的异层级化趋向：基于宝钢集团公司管理体制的案例研究》，《管理世界》，2009 年第 2 期。

［243］王金红：《案例研究法及其相关学术规范》，《同济大学学报》（社会科学版），2007 年第 3 期。

［244］王俊杰：《国有公司治理结构与现实运作关系个案研究》，知识产权出版社 2008 年版。

［245］王俊杰：《制度合法性与国有公司治理的“选择性”路径研究——以石家庄市 S 公司为例》，上海大学博士学位论文，2008 年。

［246］王乐星：《基于权变领导理论的领导风格与组织变革的案例研究》，

电子科技大学硕士学位论文，2008 年。

［247］王敏：《基于二元组织的企业颠覆性和维持性创新研究》，上海交通大学博士学位论文，2009 年。

［248］王新新：《从制造产品到提供方案》，《经济纵横》，2000 年第 1 期。

［249］王友超：《传统组织向解决方案供应商的转型研究述评》，《市场营销导刊》，2009 年第 6 期。

［250］王友超：《解决方案供应商的能力理论研究综述》，《管理观察》，2009 年第 9 期。

［251］王越子：《企业权力论》，西南财经大学博士学位论文，2007 年。

［252］魏光兴：《营销组合的一个理论综述》，《商业研究》，2006 年第 1 期。

［253］沃麦克、琼斯：《精益解决方案：公司与顾客共创价值与财富》，机械工业出版社 2006 年版。

［254］W. 钱・金、勒妮・莫博涅：《蓝海战略》，吉宓译，商务印书馆 2005 年版。

［255］吴冬友、杨玉坤：《统计学》，中国税务出版社 2005 年版。

［256］裴羽中、张斌、陈军华：《论企业营销战略转型——从数量营销到全面质量营销》，《商业研究》，2005 年第 3 期。

［257］吴金明：《新经济时代的“4V”营销组合》，《中国工业经济》，2001 年第 6 期。

［258］吴春波、曹仰锋、周长辉：《企业发展过程中的领导风格演变：案例研究》，《管理世界》，2009 年第 2 期。

［259］项目管理协会：《项目管理知识体系指南》（第 4 版），电子工业出版社 2009 年版。

［260］谢春昌：《营销组合理论的回顾与展望》，《商业研究》，2009 年第 3 期。

［261］谢芳：《案例研究方法》，《北京石油管理干部学院学报》，2009 年第 3 期。

［262］休伯特、凯普、皮尔西：《整体营销》，中国青年出版社 2008 年版。

［263］徐理：《企业项目管理的组织结构研究》，西安建筑科技大学硕士学位论文，2005 年。

［264］晏国祥：《营销组合理论演变的动因分析及其对我国企业营销实践的启示》，湘潭大学硕士学位论文，2003 年。

［265］叶康涛：《案例研究：从个案分析到理论创建——中国第一届管理案

例学术研讨会综述》,《管理世界》,2006 年第 2 期。

[266] 叶志桂:《分工发展与企业组织结构的演变》,《福州大学学报》(哲学社会科学版),2002 年第 3 期。

[267] 殷(Yin, R. K.):《案例研究:设计与方法》(第 3 版),重庆大学出版社 2004 年版。

[268] 薛微:《SPSS 统计分析方法与应用》,电子工业出版社 2004 年版。

[269] 颜帮全、蒲晓东:《营销质量观》,《商业研究》,2002 年第 9 期。

[270] 约翰·W. 克雷斯威尔:《研究设计与写作指导:定性、定量与混和研究的路径》,崔延强译,重庆大学出版社 2007 年版。

[271] 于畅海:《创新型组织研究的新动态:创新型组织研究的新动态》,《科学学与科学技术管理》,2007 年第 3 期。

[272] 余菁:《案例研究与案例研究方法》,《经济管理》,2004 年第 20 期。

[273] 岳澎、任浩:《公共组织结构的发展趋势研究》,《运城学院学报》,2006 年第 6 期。

[274] 张建:《企业营销质量研究》,吉林大学博士学位论文,2006 年。

[275] 张婧:《内部市场导向的理论模型构建思路》,《预测》,2006 年第 1 期。

[276] 张明立、樊华、于秋红:《顾客价值的内涵、特征及类型》,《管理科学》,2005 年第 18 期。

[277] 朱文辉:《全面质量营销及其模型研究》,四川大学硕士学位论文,2007 年。

[278] 诸葛良、俊芳:《现代企业质量营销体系的构建》,《上海企业》,2002 年第 2 期。

[279] 卓德保、陈良猷:《质量评价及其模型研究》,《北京航空航天大学学报》,2000 年第 4 期。

[280] 卓德保、徐济超:《面向过程改进的诊断性质量评价》,机械工业出版社 2005 年版。

[281] 詹姆斯·C. 安德森、詹姆斯·A. 纳罗斯:《组织市场管理——理解、创造和传递价值》(第 2 版),机械工业出版社 2007 年版。

[282] 张洪石:《突破性创新动因与组织模式研究》,浙江大学博士学位论文,2005 年。

[283] 张翃:《国家发改委主任张平详解"4 万亿"投资构成》,新华网云南频道,http://www.yn.xinhuanet.com/topic/2008-11/28/content_15041828.htm,2008 年 11 月 28 日。

［284］张梦中、马克·霍哲：《案例研究方法论》，《中国行政管理》，2002年第1期。

［285］张晓峰：《基于权力视角下的公司治理研究》，山东大学博士学位论文，2008年。

［286］张玉利、李乾文：《双元型组织研究评介》，《外国经济与管理》，2006年第1期。

［287］张莺迁：《产业市场营销中如何构筑“解决方案”的价值体系》，《特区经济》，2005年第5期。

［288］中华人民共和国国家统计局：《中国统计年鉴2010》，中国统计出版社2010年版。

［289］中国汽车工业协会：《中国汽车工业产销快讯》，1999~2010年。

［290］中小企业事业团：《中小企业转型策略》，中国生产力中心出版社1992年版。

［291］周俊、薛求知：《双元型组织构建研究前沿探析》，《外国经济与管理》，2009年第1期。

［292］周艳春：《关于二元组织模式的研究综述》，《科技进步与对策》，2008年第7期。

［293］周雪光：《组织社会学十讲》，社会科学文献出版社2003年版。

［294］周长辉：《中国企业战略变革过程：基于中国五矿集团的研究》，《管理世界》，2005年第12期。

［295］庄贵军：《四P营销组合模型的不足及其修正》，《北京商学院学报》，1998年第6期。

后 记

值此书即将面市之际，恰逢中国“十三五”规划开局之年，中国经济开始从“数量经济”向“质量经济”转型，企业经营也开始由单纯从量的方面追求财务绩效，向追求质与量相结合的以顾客满意为目标的综合绩效转型。顾客价值的时代正在来临，许多处于彷徨中的企业亟须一种新的战略来武装自己。全面质量营销是创造价值和顾客满意的关键，以市场为导向的全面质量营销战略正成为企业的一项基本的组织和市场战略。

本书是万后芬教授主持的国家自然科学基金项目——“顾客价值主导的全面质量营销管理系统及评价模型研究”（70672114）的研究成果之一，围绕该主题，近年来研究团队已相继出版《全面质量营销》（万后芬、杜鹏，科学出版社，2012 年 9 月）、《市场导向、营销质量驱动的顾客价值实证研究——以制造业为例》（熊艳，中国地质大学出版社，2012 年 6 月）两本专著。本书得到了国家自然科学基金项目“顾客价值主导的全面质量营销管理系统及评价模型研究”（70672114）、中南财经政法大学基本科研业务费创新团队培育项目及中南财经政法大学 MBA 学术基金的资助。同时，笔者要特别感谢项目组的全体成员：中南财经政法大学市场营销系欧阳卓飞副教授、张伟年副教授、马瑞婧副教授、袁春平博士，中国地质大学（武汉）工商管理系熊艳副教授，湖北经济学院财税系李新教授，硕士潘敏、戴昆鹤、李超、赵朝云、顾言慧、刘俊舟等，他们不仅做了大量的工作，而且书中不少观点都体现了他们的真知灼见。

在本书的写作和出版过程中，还得到了中南财经政法大学彭星闾教授、万后芬教授、张新国教授、宁昌会教授、王新刚博士，武汉大学甘碧群教授，华中科技大学田志龙教授，中山大学于洪彦教授，香港理工大学陆定光教授、叶世中教授，香港城市大学窦文宇教授，岭南大学李令仪教授，湖南大学杨智教授，河北大学沈占波教授，湖北中烟工业公司办公室副主任，黄鹤楼漫天游文化传播有限公司张小平总经理，湖北中烟工业公司技术中心市场部刘畅，上海格略企业管理咨询有限公司郭金山总经理，新华信国际信息咨询有限公司上海分公司董昌林高级分析师，宝骐市场咨询顾问有限公司汪洋波助理的支持和帮助。科学出版社闫陶编辑也提出了一些宝贵的修改意见，并对本书做了不少文字修改工作。在本书付梓之时，再次向所有帮助完成本项研究的学者、研究生、企业人士表示衷心的感谢。

尽管我们对本书的内容进行了多次修改，但不足之处在所难免。诚恳地欢迎广大营销管理理论工作者批评指正，欢迎读者提出宝贵的意见。

杜 鹏 王友超

2015 年 10 月于中南财经政法大学